Von Mann zu Mann

Die Wahrheit über Männer in der Midlife-Crisis

Mein Ratgeber mit schonungslosem Blick auf eine Lebensphase

Warum ich dieses Buch schreibe?

Konfuzius sagt: Selbst der längste Weg beginnt mit dem ersten Schritt. Ich musste mich überwinden, mit diesem Buch anzufangen. Erstens, weil ich eigentlich keine Lust hatte, mich mit allem auseinanderzusetzen, und zum anderen, weil ich Bammel vor der riesigen Arbeit mit diesem Buch hatte. Erst auf Drängen meiner Frau konnte ich dieses Buch in Angriff nehmen und hoffe, dass es euch hilft.

Es war ein schwerer Weg und ein schleichender Prozess, der einen unmerklich zu etwas anderem werden lässt, und das muss nicht unbedingt etwas Gutes sein. Wenn ihr euch so fühlt, wie ich es in diesem Buch beschreibe, verhaltet ihr euch ebenso oder lernt aus meinen Fehlern und macht es besser.

Nur wegen ein paar verdammter Hormone alles zu verlieren, ist es nicht wert. Also, Jungs, lest weiter und achtet auf euch. Wer dieses Buch gekauft oder geschenkt bekommen hat, dem geht oder ging es wohl genau wie mir: Midlife-Krise oder Wechseljahre. Noch bevor wir mit 50 Jahren zum Urologen gehen, haben wir schon viel erlebt.

Wir rasten wegen jeder Kleinigkeit aus, fühlen uns krank, denken, wir haben Fieber, weil wir das Gefühl haben, zu verbrennen, und dann ist plötzlich wieder alles gut. Man kann nicht mehr schlafen, ist ständig unruhig, hat ständig Gedankenblitze und kommt nicht mehr ins Gleichgewicht. Diese Achterbahnfahrt ist anstrengend, zermürbend und hat auch mich an meine Grenzen gebracht.

In diesen Jahren verändert sich das Leben. Um einen Einblick in die Wechseljahre eines Mannes zu geben und was ich so alles durchgemacht habe, erzähle ich dir meine Geschichte: meine Todesangst, Manneskraft bis zum Totalverlust meiner Ehe. Nie hätte ich gedacht, dass es auch uns Männer trifft.

Es gibt viele Bücher über die Wechseljahre einer Frau, aber keine Ratgeber für uns Männer. Dieses Thema ist bei Männern ein Tabu, und darüber zu reden, ist verpönt. Nicht einmal unter guten Freunden wird dieses Thema besprochen. Das Bild vom ständig starken und kontrollierten Mann fällt auseinander, wenn man offen zugibt, dass auch wir nicht unverwundbar sind. Ich will damit Schluss machen und dir zeigen, was ich erlebt habe und wie auch du mit diesem sensiblen Thema umgehen kannst. Siehst du, du bist nicht allein. Die Wechseljahre sind eine harte Zeit voller Veränderungen. Verdrängen unter dem Motto „Bei uns Männern gibt es das nicht" ist keine Lösung.

Heute sehe ich das Thema Wechseljahre bei Männern mit anderen Augen. Heute frage ich mich rückblickend, was nur mit mir los war und warum ich mich nicht mit dem Thema auseinandergesetzt habe. Es war Stolz, es war Ignoranz und vielleicht auch Angst vor dem Unbekannten. Man muss sich Zeit nehmen und nicht dagegen arbeiten, denn am Ende kann man sagen, dass es nur besser werden kann. Ein Leben nach den Wechseljahren gibt es. Das Leben geht weiter. Bei mir wurde es mit einer neuen Liebe zu meiner Frau.

Die Wechseljahre sind ein schleichender Prozess, den ich nicht bemerkt habe. Bei mir begann es mit 49, ich wurde unausgeglichen, launisch, aufbrausend, impulsiv. Sexuelle Unlust und Verlust von Fitness waren die Folge. Ich, der immer sportlich war und auf meinen Körper geachtet hat, sah plötzlich die Muskeln weichen und die Energie schwinden. Die Männer, die sich zu cool für diese Themen halten, möchte ich warnen: Dieser Wandel holt jeden ein.

Ständig gab es Streit und Auseinandersetzungen mit meinen Kunden. Ich war 30 Jahre selbstständig als Webdesigner und Fotograf. Jeder, der mir auch nur ein wenig auf den Sack ging, bekam meine Aggressionen zu spüren. Oft gipfelte eine Auseinandersetzung in purem Hass und endete beim Rechtsanwalt. Ich wollte mir nicht an den Karren fahren lassen, weder privat noch im Job. Ein sanfterer Weg kam mir nie in den Sinn. Der Krieger in mir zog das Breitschwert und haute anderen, metaphorisch gesprochen, in den Schädel. Meine Frau bekam die Aggressionen an solchen Tagen voll zu spüren, und ich ließ meine Wut an ihr aus. Kurzum, ich war ein Vollarsch.

Für vernünftige Argumente war ich nicht mehr zugänglich, obwohl meine Frau mir oft nur helfen wollte und mit ihrer lieben Art mich nur beschützen wollte. Hätte ich ihren Rat beherzigt, wäre mir Geld für Anwälte und Gerichte, sowie verärgerte Kunden und Freunde erspart geblieben. Aber der Vollarsch war der Allergrößte, und alle anderen nur Maden. Aber das habe ich so alles nicht reflektiert.

Herumgejammer ist etwas für Weicheier, sagte ich mir. Mich holten immer öfter negative Gedanken ein. Es kochten sogar Dinge aus meiner Schulzeit und Jugend hoch, Leute, die mich geärgert oder ungerecht behandelt hatten. Ich hasste sie alle. Depressionen, Schlafmangel und Wut plagten mich. Im nächsten Augenblick war ich wieder super drauf. Ein ständiges Auf und Ab der Gefühle. Es musste sich etwas grundlegend ändern. Ich wollte das in der Jugend Verlorene wiederhaben und all die Dinge erleben, die ich auf der Liste stehen hatte, bevor der Deckel zugeht. Also traf ich eine Entscheidung.

Die Wechseljahre sind ein schleichender, unmerklich verlaufender Prozess, der mich im Denken und Handeln umgeworfen hat. Aber sie sind auch ein Wendepunkt. Ein Moment, in dem man die Chance hat, sich selbst besser zu verstehen und neu zu definieren. Ich schreibe mir mal alles von der Seele, um dir zu zeigen: Es gibt ein Danach. Und es kann ein verdammt gutes Danach sein, wenn man den ersten Schritt wagt.

Du bist die Summe Deiner Erfahrungen der Vergangenheit

Erster Auslöser: Vaterersatz. In der ersten Dekade der Zweitausenderjahre war ich ein echter Workaholic. Ich hatte mehrere Firmen am Laufen: eine Finanzberatungsagentur, ein Immobilienunternehmen und eine Webdesign-Klitsche. Finanziell lief es hervorragend. Vom Typ her war ich ein überheblicher, arroganter Affe. Wer schon einmal den Film „Wolf of Wall Street" gesehen hat – ich war wie Jordan Belfort, einfach der Größte (der größte Blödmann).

Für monatlich 30.000 Euro war aber auch eine Siebentagewoche angesagt. In der Woche habe ich die Finanz- und Webklitsche am Laufen gehalten und am Wochenende Besichtigungen für die Immobilienfirma durchgeführt. Zeitgleich kamen 1998 und 2001 unsere Söhne zur Welt, und zu allem Überfluss wollte meine erste Frau zu diesem Zeitpunkt ein Haus. Einfach damit die Kids nicht in der Stadt aufwachsen müssen und eine schöne Umgebung haben.

Gesagt, getan: Wir kauften ein Haus am Stadtrand von Berlin, allerdings war es nur halbfertig. Es war noch eine Menge daran zu machen. Eigentlich waren nur ein Dach und die Fassade vorhanden. Alle Verwandten rieten uns ab, dieses Haus zu kaufen, allen voran mein Schwiegervater. Das Haus war im Prinzip ein Rohbau. Er erkannte sofort, dass dieses Haus ein Millionengrab werden würde. Ich bin auf dem Land groß geworden und hatte einige handwerkliche Erfahrung. Mein Schwiegervater wusste das, aber er erkannte auch, wie viel Arbeit in dieses Haus gesteckt werden müsste. Aber die Lage und der Stil des Hauses sowie das große Grundstück waren ein gewichtiges Argument für den Kauf. Das Haus war sehr groß, mit fast 300 qm Wohnfläche. Allein das Wohnzimmer war 120 qm groß, mit einer Fensterfront über die gesamte Breite und Blick in den

Wald. Das Wohnzimmer war durch das Schleppdach sehr hoch, rund sieben Meter, und hatte oben eine umlaufende Galerie. Das war schon ein echter Hingucker.

Der Verkäufer war ein windiger Typ, der sich kurz vor der Insolvenz befand und in Scheidung lebte. Dass wir diesem Typen vor dem Kauf des Hauses nicht mehr „auf den Zahn gefühlt" haben, sollte sich noch bitter rächen.

Meine damalige Frau wollte das Haus unbedingt und drängte mich, mit meiner Bank zu sprechen. Ich wollte vorab ein Gutachten machen lassen, sie war dagegen und drängte mich fast täglich zum Kauf. Die Bank gab für 375.000 DM innerhalb von wenigen Tagen ihre Zustimmung. Da ich zu dieser Zeit gut verdiente, war eine Monatsrate von 1700 DM kein Problem.

Wir zogen dann Mitte 2000 in das Haus ein. Ich fing sofort an mit der Renovierung und machte Raum für Raum fertig. Ich habe nach Feierabend oder am Vormittag am Haus gewerkelt, bin dann arbeiten gefahren und spät abends wieder heimgekommen.

Meist waren das zehn- bis zwölf-Stunden-Tage. Ich bin handwerklich sehr begabt, da ich auf dem Land aufgewachsen bin und mein Vater mir sehr viel beigebracht hat. So konnte ich fast alles, außer

Fliesenlegen, das war mir immer zu fummelig, darauf hatte ich keine Lust. Ich habe sogar den Kamin im Wohnzimmer völlig allein gebaut.

Es gab damals tatsächlich Selbstbausätze – so ein bisschen wie Lego für Erwachsene, nur ohne Spaß und in XXL. Man kann es sich so vorstellen: Die liefern dir eine riesige Palette mit Porenbetonsteinen, Säcken voller Gips, ein paar Marmorbänken und einem monströsen gusseisernen Einsatz. Ach ja, und als Krönung gab's noch ein VHS-Video dazu. Darin wurde jeder Schritt erklärt, als ob man das mal eben im Schlaf hinkriegt. Von wegen!

Du musstest wirklich alles selbst machen: Die Steine zuschneiden, die Teile passgenau zusammenfügen, und dann noch diese verflixt schweren Marmorbänke heben, die so sperrig waren, dass man dachte, sie stammen aus einem antiken Tempel.

Aber ich wäre ja nicht ich, wenn ich mich davon hätte unterkriegen lassen. Mit einem selbstgebauten Flaschenzug – ja, das Ding war echt Marke Eigenbau – hab ich das komplette Teil allein hochgezogen. Keine Hilfe von Freunden, keine Nachbarschaftshilfe, gar nichts. Nur ich, mein Wille und dieses unfassbar schwere Monstrum.

Ich schwöre, als ich endlich fertig war, hab ich mich gefühlt wie ein verdammter Held. Jeder, der das Ding heute sieht, denkt wahrscheinlich: „Ach, das war bestimmt ein Fachmann." Aber nein, das war ich. Ein Typ mit einer VHS-Kassette und einer guten Portion Wahnsinn!

Der Schornsteinfeger war bei der Abnahme begeistert, er konnte nicht glauben, dass ich das zum ersten Mal und allein geschafft hatte.

Aber nun zurück zum Thema Hauskauf.

Die ersten Probleme traten schon nach ein paar Wochen nach dem Kauf auf. Es regnete rein. Wir ließen einen Dachdecker kommen, der feststellte, dass ein Teil des Schindeldaches beschädigt war, was uns der Verkäufer natürlich verschwiegen hatte. Und hier rächte sich der überhastete Kauf ohne Gutachten.

Das Ende vom Lied: Ein neues Dach für 18.000 DM musste her. Dabei sollte es nicht bleiben. Bei jedem Projekt in diesem Haus, das ich anpackte, uferte es in eine Odyssee aus. Egal, wo man anfing, etwas zu öffnen oder freizulegen, überall Murks. Der Vorbesitzer kannte als Baumaterial offensichtlich nur Bauschaum, Kabelbinder, Panzertape und Silikon.

Letztendlich hat mich das Haus bis zu meinem Auszug 2008 insgesamt 795.000 Euro gekostet. Dafür hätte ich auch ein nagelneues Stil-Haus bekommen. Die größte Geldabschaffungsaktion meines Lebens. Mich wurmte das ungemein, mein Erspartes schmolz dahin und damit auch meine Altersvorsorge. Dass ich einmal nicht mehr als 165.000 Euro für das Haus erhalten würde, wusste ich bis zu diesem Zeitpunkt noch nicht und konnte es mir auch nicht vorstellen.

Ich konnte gar nicht so viel arbeiten, wie ich Geld ranschaffen musste, um diese verflixte Bude am Laufen zu halten. Auch die Heizkosten waren immens, aufgrund der Größe des Hauses und der Tatsache, dass die Bude nur unzureichend gedämmt war. Da meine damalige Frau und meine Kinder den ganzen Tag daheim waren und es immer um die 25 Grad im Haus waren, zog die Heizung die Tanks im Handumdrehen leer. Ich habe so an die 12.000 Liter Heizöl im Jahr verballert. Ein enormer Kostenfaktor.

Die Unzufriedenheit mit meinem Leben wuchs aber stetig und ständig. Denn was nützt die ganze Kohle, wenn man dafür kein Leben mehr hat?

Jetzt mehr zum Thema: Mit zu viel Arbeit versaut man sich sein ganzes Leben

Meinen Schwiegervater liebte ich sehr. Ein toller, einfacher, bodenständiger Mann. Er war wie ein Magnet, der die ganze Familie zusammenhielt. Wir hatten von Anfang an einen guten Draht zueinander, und er war mir mehr Vater als mein leiblicher Vater. Wenn ich einen Ratschlag brauchte, hatte er immer ein offenes Ohr für mich. Die Ratschläge waren oft einfach und trafen ins Schwarze.

Was ich immer klasse fand, war seine patriarchalische Art: Wenn ein Familientreffen angesagt war, ließ er nicht zu, dass jemand fehlte. Da ich immer schon ein totaler Familienmensch war, folgte ich gern Vaters „Befehlen". Meine Schwiegereltern wohnten in der Uckermark, sehr idyllisch auf einem uralten Bauernhof.

Ich liebte es dort, weil mich vieles an meine Kindheit auf dem Land erinnerte. Der Hof lag direkt an einem Wald, mit Ausblick auf eine Flussbiegung – einfach klasse.

Mein Schwiegervater war wie ich ein totaler Workaholic. Im Hauptjob Forstwirt, hielt er nach Feierabend noch die heimische Landwirtschaft am Laufen. Er arbeitete wie ich auch zehn bis zwölf Stunden am Tag. Er war sehr sparsam und fuhr mit meiner Schwiegermutter selten in den Urlaub, und dann maximal an die Ostsee oder in den Harz. Es durfte nichts kosten. Den Rest der Welt hat mein Schwiegervater nie gesehen, obwohl er das Geld dafür gehabt hätte. Kurzum: nur ackern, nicht leben. Genau das gleiche Leben, wie ich es gerade führte.

Diesen großartigen Vaterersatz verlor ich 2001 durch eine Krebserkrankung. Sein Tod riss ein Loch in mein Leben, das ich lange nicht füllen konnte. Er war nicht nur wie ein Vater für mich, sondern auch mein Mentor, mein Halt, mein Rückzugsort, wenn alles andere aus den Fugen geriet. Als er ging, fühlte es sich an, als hätte ich meinen Kompass verloren.

Ich fiel in ein tiefes Loch. Die Trauer war erdrückend, und plötzlich war all das, was mich sonst so sehr angetrieben hatte – Arbeit, Erfolg, Status – bedeutungslos. Seine Abwesenheit war wie ein Echo in meinem Alltag, das mich immer wieder daran erinnerte, wie viel von meinem Leben ich verpasst hatte, weil ich ständig „busy" war.

Hier kamen mir zum ersten Mal echte Zweifel, ob ich mein Leben in dieser Form weiterführen will. All die Stunden, die ich in Büros, auf Geschäftsreisen oder in Meetings verbracht hatte, wirkten plötzlich wie verschwendete Zeit. Wofür das Ganze? Für ein volles Konto? Für einen dickeren Wagen? Für ein Ego, das ständig nach Bestätigung giert?

Ich kam zu dem Schluss, dass ich dringend etwas ändern muss. „Scheiß auf die Kohle und fang an zu leben", dachte ich mir. Aber wie setzt man so einen Gedanken in die Tat um, wenn man jahrelang nichts anderes gemacht hat als ackern? Es war wie der Versuch, eine schwere Lokomotive plötzlich in die andere Richtung zu lenken. Schwer, aber nicht unmöglich.

Ich entschied mich, das Tempo zu drosseln, Dinge bewusster zu erleben und Zeit für die Familie und meine kleinen Söhne zu schaffen. Denn sein Tod hatte mir auf brutale Weise gezeigt, dass unser Leben endlich ist – und dass die Frage, ob wir unser Leben wirklich gelebt haben, am Ende wichtiger ist als jede Provisionsabrechnung.

Leben nach dem Tod – Gibt es so etwas wirklich?

Ich war ein gläubiger Mensch, überzeugt davon, dass es nach dem Tod etwas geben muss. Jedenfalls klammerte ich mich an diese Hoffnung, denn ohne sie erschien mir das Leben schlicht sinnbefreit.

Im Jahr 2004 stand eine größere Operation an: die Entfernung aller vier Weisheitszähne. Es sollte eine ambulante OP unter Vollnarkose sein. Der Raum war kühl, die Luft erfüllt von dem leisen Summen medizinischer Geräte. Der Anästhesist beugte sich über mich, sein Lächeln professionell, aber distanziert. „Ich zähle jetzt bis drei, Sie werden gleich einschlafen", sagte er, seine Stimme ruhig und kontrolliert. Ich hörte ihn zählen, und kaum hatte er die Zahl drei ausgesprochen, schien sich die Welt um mich herum aufzulösen.

Der nächste Moment war ein Rätsel. Ein Augenblick später – oder so empfand es sich für mich – wurde ich von einer Schwester sanft geweckt. Ihre Stimme war warm, als sie sagte: „Die OP ist schon lange vorbei, Sie haben es geschafft." Ich blinzelte und suchte in der völligen Orientierungslosigkeit nach einem Anhaltspunkt. „Wann fangen wir an?", fragte ich verwirrt. Sie lachte leicht und wiederholte, dass alles längst vorbei war.

Das Erstaunlichste an dieser Erfahrung war nicht die körperliche Genesung oder der Erfolg der Operation. Es war das Gefühl des absoluten Nichts, das mich während der Narkose durchzogen hatte. Kein Traum, kein Zeitgefühl, keine Schatten von Gedanken – nur eine alles umfassende Dunkelheit, die ohne Vorwarnung begann und endete. „So muss der Tod sein", dachte ich mir. Ein abruptes Ende, in dem die Lichter einfach ausgehen, und dahinter herrscht Stille. Kein Weiterleben, kein Übergang – nur ein Loch, tief und still.

Diese Erkenntnis ließ mich erschauern. Wenn das Leben nur diese begrenzte Zeitspanne umfasst, ein Flickenteppich aus Verpflichtungen, Arbeit und der Jagd nach Anerkennung, was bleibt dann? Der Tod meines Schwiegervaters, der immer noch wie eine Wunde in meiner Seele pochte, rückte plötzlich in ein noch schärferes Licht. Sein Leben, das nur aus Arbeit und dem ständigen Bemühen, die Familie finanziell abzusichern, bestand, erschien mir in all seiner Tragik. Er hatte nie das Glück gekannt, einfach zu *sein*. Er war der Fels, der alle trug, aber nie loslassen konnte.

Ich schwor mir, dass ich nicht denselben Weg gehen würde. Das Leben musste mehr sein als nur Zahlen, Tabellen und die schier endlose Wiederholung derselben Abläufe. Zum ersten Mal wagte ich es, darüber nachzudenken, was wirklich zählt. War es das Lächeln meiner Kinder, das ich zu selten sah, weil ich schon vor Sonnenaufgang das Haus verließ und erst spät in der Nacht zurückkam?

Ich wollte nicht länger ein Schatten sein, der durch die Tage hetzt, getrieben von der Angst, nicht genug zu sein. Stattdessen wollte ich spüren, leben, atmen – all die Dinge tun, die in meiner Vorstellung immer zu kurz gekommen waren. Und wenn die Lichter eines Tages wieder ausgehen würden, wollte ich nicht in die Dunkelheit treten und bedauern, dass ich die Glut des Lebens nie wirklich gespürt hatte.

Drum prüfe wer sich ewig bindet...

Keine Ahnung, warum ich mich in sie verliebt hatte. Vom Naturell her war sie eher spröde und unterkühlt, wie eine kalte Brise an einem Wintermorgen.

Emotionale Wärme war selten zu spüren, richtige Tiefe gab es nie. Dennoch hatte sie ihre Vorzüge. Was ich an ihr geschätzt hatte, war ihr unbestreitbarer Sinn für schöne Dinge, ihre Gabe, ein gemütliches Heim zu schaffen, und ihr ausgeprägter Familiensinn. Diese Eigenschaften zogen mich in einer Zeit an, in der ich nach Stabilität und Struktur suchte. Wir begegneten uns Mitte der Neunziger auf einem Finanzkongress – einem dieser steifen Events, bei dem die Luft von ehrgeizigen Gesprächen schwanger ist.

Sie war eine beeindruckende Erscheinung, eine erfolgreiche Geschäftsfrau mit brünettem Haar, schlanker Figur und ausdrucksstarken, dunklen Rehaugen, die man nicht so schnell vergaß. Ihr Lächeln war selten, aber wenn es kam, war es wie ein flüchtiger Sonnenstrahl durch dicke Wolken. Ihre Ausstrahlung war eine Mischung aus Eleganz und Kälte, und das faszinierte mich damals mehr, als es sollte.

Wir fanden schnell einen guten Draht zueinander. Es stellte sich heraus, dass wir nicht weit voneinander wohnten, und so ergaben sich weitere Treffen, die in einer Beziehung mündeten.

Diese Beziehung war von Anfang an wie ein loderndes Feuer – heiß und zerstörerisch zugleich. Es gab viele Trennungen, gefolgt von der unausweichlichen Rückkehr. Damals hielt ich das für Leidenschaft. Gegensätze ziehen sich an, dachte ich. Erst Jahre später erkannte ich, dass das, was uns anzog, auch das war, was uns trennte. Auf Dauer zählen Gemeinsamkeiten mehr und alles andere wird zur ständigen Reiberei.

1997 beschlossen wir zu heiraten. Diese Entscheidung brachte einen Sturm in meine Familie. Meine Eltern waren strikt gegen diese Ehe. Die Ablehnung ging so weit, dass sie weder zum Polterabend noch zur Hochzeit kamen. Der Rest meiner Verwandtschaft wurde von ihnen und meiner Schwester beeinflusst und blieb ebenfalls fern. Keine Anrufe, keine Glückwünsche, nur Stille, die schwerer wog als jede Auseinandersetzung.

Diese Ablehnung zerriss etwas in mir, und in meinem Stolz und meiner Enttäuschung brach ich den Kontakt ab. Der Bruch war endgültig. Mein Vater starb 2017, ohne dass ich je wieder mit ihm gesprochen hatte… scheiß drauf.

Zurück zu meiner Frau: 1998 kam unser erster Sohn zur Welt, und ich war stolzer, als Worte es beschreiben können. Mein Herz füllte sich mit einem Glück, das ich bis dahin nicht gekannt hatte. 2001 folgte unser zweiter Sohn. Das Leben fühlte sich in jenen ersten Jahren wie ein perfekt orchestriertes Stück an – Beruf, Familie, das neu gekaufte Haus in der Nähe von Berlin. Alles schien in bester Ordnung. Aber unter der glänzenden Oberfläche begannen Risse sichtbar zu werden.

Mit der Geburt unserer Kinder und dem Leben als Hausfrau begann meine Frau, sich zu verändern. Sie wurde immer tüddeliger und wirkte zunehmend wie ein typisches Hausmütterchen, das sich nur noch um Heim und Herd kümmert. Ihre einst so eloquente und schlagfertige Art schien wie ausgelöscht. Stattdessen trat eine Engstirnigkeit zutage, gepaart mit einer beunruhigenden Uninformiertheit.

Das machte sich besonders bei geschäftlichen Treffen bemerkbar, zu denen ich sie manchmal mitnahm. Anfangs dachte ich noch, dass sie vielleicht einfach einen schlechten Tag hatte, aber es wurde mit der Zeit immer offensichtlicher – und, ehrlich gesagt, auch peinlicher. Sie brachte oft völlig zusammenhangslose Kommentare, war schlecht vorbereitet oder wirkte desinteressiert.

Ich merkte, wie sich meine Geschäftspartner immer öfter fragend ansahen, und ich versank innerlich vor Scham. Es tat mir weh, sie so zu erleben, denn das war nicht die Frau, die ich einst kennengelernt hatte. Ihre früher so scharfsinnige und gewinnende Persönlichkeit war wie weggewischt. Stattdessen blieb der Eindruck einer Frau, die sich selbst verloren hatte – und uns beide gleich mit.

Ich war derjenige, der die finanzielle Last trug, und mein Job lief hervorragend, brachte mir 20.000 bis 30.000 Euro monatlich ein. Sie genoss diesen Wohlstand, davon war ich überzeugt. Das Geld wurde in feinste Kleidung, hochwertige Einrichtung und kostspielige Ausflüge investiert. Der Nachschub war immer da, wie eine unerschöpfliche Quelle. Aber es fehlte an den Dingen, die kein Geld kaufen konnte: Nähe, Zärtlichkeit, Worte wie „Ich liebe dich".

Nach der Geburt unseres zweiten Kindes verschwand auch die Intimität. Zwei Jahre lang gab es keine körperliche Nähe, und jeder Versuch von meiner Seite wurde mit einer kalten Mauer des Schweigens abgeblockt. Ich suchte nach Antworten, fragte mich, was sich verändert hatte, aber ein offenes Gespräch war nicht möglich.

Der Tag, der mein Leben in eine völlig falsche Bahn lenkte

Dann kam jener Sonntagmorgen. Wir saßen am Frühstückstisch, die Kinder spielten in ihren Zimmern. Ich nahm meinen Mut zusammen und sprach das Thema an: „Schatzi, ich vermisse unsere Nähe. Es ist, als ob da nichts mehr zwischen uns wäre. Findest du das normal?"

Ihre Antwort die mich bis ins Mark traf.

„Du Weichei, reiß dich zusammen. Ich habe keinen Bock auf dich. Komm klar damit."

Ich war geschockt von der abgrundtiefen Bösartigkeit dieser Aussage. Ich konnte es nicht fassen, wie sie drauf war. Das zeigte mir, dass irgendetwas ganz und gar nicht stimmte zwischen uns. Ich saß dann noch eine Stunde still und ruhig am Tisch, ohne noch einmal mit ihr zu reden. Sie kümmerte sich fünf Meter neben mir um ihren Haushaltskram und bedachte mich keines Blickes. Sie musste ja gemerkt haben, wie es mir ging, aber eine Entschuldigung oder Ähnliches gab es nicht.

Da saß ich, der Mann, der alles für seine Familie gab, und hörte, dass die Frau, die ich liebte, nichts mehr für mich empfand.

Die Tage danach war ich wie betäubt, sprach nur das Nötigste mit ihr. Ich wartete auf ein Zeichen von Reue, ein Wort des Bedauerns. Aber es kam nichts. Also zog ich meine Konsequenzen.

Ich beschloss, dass unsere Ehe innerlich beendet war, auch wenn ich äußerlich noch da war. Damit begann mein Abstieg in eine Welt, die mich ebenso faszinierte wie zerstörte. Ich meldete mich auf einer Partnerbörse an und fand schnell Frauen, die mir gaben, wonach ich mich sehnte: Bestätigung, Wärme, Zärtlichkeit.

Es dauerte nicht lange, bis sich die ersten Damen meldeten und die ersten Dates verabredet wurden. Ich traf mich in den nächsten Monaten mit unzähligen Frauen, und ich war erstaunt, wie leicht es war, die Damen ins Bett zu bekommen. Vormittags im Büro geschrieben, nachmittags zum Essen verabredet und dann meist kurze Zeit später bei der Maus im Bett gelandet. Ich hatte meinen Spaß und Sex ohne Ende. Ich konnte das alles leicht kaschieren, da ich ja ohnehin viel unterwegs war und auch über Nacht auf „Konferenzen" war. Das war ehrlich gesagt eine sehr, sehr geile Zeit. Allerdings auch mit schwerwiegenden Konsequenzen, wie sich in den nächsten Kapiteln noch zeigen wird.

Außerdem zeigte es mir, dass ich als Mann noch attraktiv auf andere Frauen wirkte – genau das Gefühl, das ich bei meiner Frau nicht mehr hatte.

Meine Kindheit in der DDR

Okay, meine Kindheit war im Großen und Ganzen normal. So normal, wie sie in der ehemaligen DDR eben verlaufen konnte. Trotz des verordneten Sozialismus und der angeblichen „Gleichheit aller Menschen" war die Gesellschaft tief gespalten. Die Ungleichheiten waren überall zu spüren, ein ständiger Unterton im Alltag, der die Menschen in drei ungleiche Klassen trennte.

Die erste Klasse bestand aus den Politbüro-Kommissaren, den Unantastbaren, den Auserwählten des Systems. Sie lebten abgeschottet in Villen, geschützt hinter hohen Mauern und bewacht von Sicherheitskräften. Man erinnere sich nur an die Honecker-Siedlung in Wandlitz, wo die Partei-Elite ihre Privilegien genoss – Swimmingpools, importierte Lebensmittel, medizinische Versorgung auf Westniveau. Ihre Kinder gingen auf spezielle Schulen, wo sie von den Problemen des gewöhnlichen Lebens verschont blieben. Sie lebten in einer eigenen, fast surrealen Welt, in der die Ideale des Sozialismus lediglich als Kulisse dienten.

Dann kam die zweite Klasse – die Menschen, die West-Verwandtschaft hatten und durch deren Devisen Zugang zu den „Intershops" erhielten. Diese Geschäfte, ein Mysterium für uns, die wir nur die Schaufenster kannten, boten Waren an, von denen der durchschnittliche DDR-Bürger nur träumen konnte: Schokolade aus Belgien, Jeans aus den USA, Parfum aus Frankreich. Diese Leute waren die Krönung der Schöpfung, und sie zeigten es auch. Man sah sie in ihren glänzenden Autos und mit den neuesten Errungenschaften aus dem Westen – Kassettenrekorder, Markenklamotten, Nylonstrümpfe. Diese Leute fühlten sich als etwas Besseres und blickten mit Überheblichkeit auf die Normalos herab. In der Disco trugen sie ihre Levis-Jeans und waren die Größten. Ich hingegen stand da in meinen Pfeffer-und-Salz-Hosen aus billigem, schlecht sitzendem Flanellstoff.

Die Botschaft war klar: „Seht her, was ich habe, und was ihr niemals haben werdet." Diese demonstrative Überlegenheit war eine ständige Erinnerung daran, dass Gleichheit nur auf dem Papier existierte.

Und dann war da die dritte Klasse, zu der meine Familie gehörte. Die Klasse, die sich mit der grauen Realität der Mangelwirtschaft zufriedengeben musste. Wir hatten keine Verwandten im Westen, die uns mit Paketen voller Wohlstand und Duft von Freiheit versorgten. Unsere Einkäufe waren ein ständiger Kampf. Wir standen stundenlang in endlosen Warteschlangen, nur um am Ende zu hören, dass Dinge schon ausverkauft war. Das Versprechen des Sozialismus, die Gleichheit und Gerechtigkeit für alle, war nichts als ein hohler Slogan. Ein System, das predigte, den Menschen zu befreien, hatte uns in Wahrheit in unsichtbare Ketten gelegt, gefangen in einem Käfig aus Entbehrungen.

Aber zurück zu meiner Mutter. Sie wollte immer dazugehören. Sie wollte Teil der glitzernden, zweiten Klasse sein, wollte dazugehören zu denen, die mit einem selbstgefälligen Lächeln an uns vorbeigingen, während wir unsere dünnen Jacken enger zogen und den Mangel akzeptierten.

Warum dieser Wunsch? Vielleicht, weil die Nachbarn links und rechts von uns zur zweiten Klasse gehörten. Sie fuhren West-Autos, die selbst in der DDR aufsehenerregend waren. Einer unserer Nachbarn fuhr sogar einen Mercedes – ein Symbol des Luxus und ein Schlag ins Gesicht derer, die im Trabant oder Wartburg unterwegs waren, sofern sie das Glück hatten, überhaupt ein Auto zu besitzen. Daneben stand ein Moto-Guzzi-Motorrad, ein Prachtexemplar, das die Blicke magisch anzog.

Der Typ liebte es, diese Symbole seines Wohlstands zur Schau zu stellen. Er ließ die Fahrzeuge bewusst draußen stehen, damit jeder Vorbeigehende die kostbaren Besitztümer bewundern konnte. Es war, als wollte er uns sagen: „Ihr könnt lange von Gleichheit träumen, aber hier bin ich, und ich bin besser als ihr." Es war ein Schauspiel der Arroganz, das mein junges Ich mit einer Mischung aus Bewunderung und Wut erfüllte. Was für ein selbstgefälliges Arschloch.

Um das zu verstehen, muss man wissen, was Genex war. Genex war eine Handelsgesellschaft, ein Kanal zwischen den Welten, durch den Bürger der BRD für ihre Verwandten im Osten Waren kaufen konnten. Natürlich zu überhöhten Preisen, die sich kaum jemand leisten konnte. Diese Waren – ob es nun ein Paar nagelneue Adidas-Schuhe, Kaffee oder ein Auto war – wurden dann feierlich an die Ost-Verwandten übergeben, die sie wie einen Schatz behandelten. Und dieser Nachbar, dieser Typ, war der lebende Beweis dafür, wie ungerecht das System war.

Er prägte meine Kindheit mehr, als es mir damals bewusst war. Sein ständiges Zurschaustellen von Wohlstand verstärkte den unstillbaren Wunsch meiner Mutter, sich zu beweisen und mitzuhalten. Sie wollte dazugehören, koste es, was es wolle.

Sie wollte auch ein „West-Auto" haben, wollte dieses Gefühl erleben, Teil dieser zweiten Klasse zu sein. Es gab auf dem Schwarzmarkt die Möglichkeit, ein heruntergekommenes Fiat-Modell zu kaufen – für 150.000 Ostmark, ein Preis, der jenseits aller Vernunft lag, für ein Auto, das im Westen kaum 2.000 DM wert war. Aber dieser Traum fraß unsere Ersparnisse auf.

Meine Mutter wollte immer dazugehören. Dieser Drang, sich in die glänzende Welt derer einzugliedern, die mehr hatten, die über uns standen, trieb sie zu allem möglichen an. Ein „West-Auto" war für sie mehr als nur ein fahrbarer Untersatz – es war ein Symbol, ein Statussymbol, das zeigen sollte: „Seht her, ich bin nicht weniger als ihr." Das Auto war ihre Eintrittskarte zu einem Club, der in ihrer Vorstellung nur den Auserwählten offenstand.

Es war die Zeit, in der das Streben nach diesen Symbolen bedeutete, Opfer zu bringen, und das taten wir. Der abgerockte Fiat, den meine Mutter auf dem Schwarzmarkt erstanden hatte, verschlang all unsere Ersparnisse. 150.000 Ostmark für ein Auto, das im Westen kaum 2.000 DM wert war. Die Zahl allein war grotesk, doch für meine Mutter war es ein Preis, den sie bereit war zu zahlen. Der Traum von Anerkennung, von Respekt, hatte seinen Preis – und wir alle zahlten ihn mit. Sparen bedeutete, dass es immer nur das Billigste zu essen gab – und davon auch noch viel zu wenig. Kein Wunder, dass ich mit 16 Jahren gerade einmal 45 Kilogramm wog. Auch bei den Klamotten wurde gespart: Es gab nur die billigsten Sachen, die weder gut saßen noch besonders schick waren. Ich sah aus wie ein „Lui", wie man bei uns sagte. Logisch, dass ich wegen meines Aussehens oft das Ziel von Spott und Mobbing wurde. Die anderen hatten es leicht, über mich herzuziehen – ich war ein gefundenes Fressen.

Das Geld, das mein Vater in unzähligen Nachtschichten erarbeitet hatte, indem er Möbel fertigte, wurde in dieses Auto gesteckt. Ich erinnere mich an den Geruch von Sägespänen und Lack, der unser Haus erfüllte, und das stetige Surren der selbstgebauten Drechselbank.

Die Möbel waren seine Meisterwerke, liebevoll gefertigt, um uns über Wasser zu halten. Und obwohl diese Stücke in der Mangelwirtschaft der DDR eine Rarität und fast ein Schatz waren, hatte er nie den Glanz in den Augen, den meine Mutter hatte, als der Fiat endlich in unserer Einfahrt stand.

Mann, war sie stolz. Stolz wie eine Königin in ihrem Reich, die endlich ihre Krone trug. Der Nachbar, der immer den Ton angab, kam tatsächlich herüber und sprach mit ihr, wenn auch nur ein paar flüchtige Worte.

Er würdigte sie eines anerkennenden Nicken, und in diesem Moment war für sie alles erreicht. Der Nachbar, der seine schicke Moto-Guzzi und seinen Mercedes wie Juwelen zur Schau stellte, zollte ihr Respekt. Doch dieser kleine Triumph meiner Mutter hatte seinen Preis – und ich war es, der ihn zahlte.

Mit meinen mageren 45 Kilo war ich in der Schule ein leichtes Ziel für die Starken. Das Mobbing war unerbittlich, die Hänseleien schmerzhaft, und die Lehrer schauten weg, wie es so oft in jener Zeit der Fall war.

Zu Hause suchte ich Schutz, aber da war nichts als Leere. Meine Eltern hatten kein Ohr für meine Klagen. Wenn ich weinend vor ihnen stand und um Hilfe bat, war die Antwort immer die gleiche: „Stell dich nicht so an, komm damit klar." Also lernte ich, zu schweigen. Ich lernte, Schmerzen zu ertragen und meine Angst zu verstecken. Ich lernte, dass ich auf mich allein gestellt war.

Da sehen wir es: Narzissten sind empathielos. Sie können nicht über ihre eigene Welt hinausblicken, und meine Mutter war das Paradebeispiel dafür. Ihre Stimme hallte täglich durch das Haus, schrill und fordernd, begleitet von den harten Schlägen ihrer Hand, wenn sie die Beherrschung verlor. In meiner Teenagerzeit verging kaum ein Tag, an dem sie mich nicht anbrüllte oder mich schlug. Manchmal glaubte ich, sie hasste mich wirklich.

Es war eine grausame Ironie, dass ich in der Schule gemobbt wurde und zu Hause keinen sicheren Hafen fand. Das Haus, das anderen Kindern Schutz und Wärme bot, war für mich ein weiterer Ort des Schreckens. Ich kann mich beim besten Willen nicht daran erinnern, wann meine Mutter mich je in den Arm genommen hat oder mir gesagt hat, dass sie mich liebt. Diese Worte, die so leicht über die Lippen kommen sollten, blieben in ihrem Inneren gefangen. Für meine jüngere Schwester war das anders. Sie war das „Nesthäkchen", das nie falsch sein konnte. Sie war das strahlende Zentrum, um das sich alles drehte.

Auch später, als Erwachsene, setzte sich diese Ungerechtigkeit fort. Meine Eltern bevorzugten das Kind meiner Schwester, schenkten ihr Liebe und Aufmerksamkeit, die meine Kinder niemals kannten. Sie fuhren mit meiner Nichte in den Urlaub, während meine Kinder kaum wussten, wie ihre Großeltern aussahen. Kein Anruf, keine Karte zu Geburtstagen oder Feiertagen – nichts. Es war, als ob wir nicht existierten, und das nagte an mir, ließ eine Wut in mir aufsteigen, die ich kaum kontrollieren konnte.

Meine Mutter, da bin ich mir heute sicher, hatte psychische Probleme. Jeder, der ihr zu nahe kam und nicht ihren Vorstellungen entsprach, wurde aus ihrem Leben verbannt. Freunde, Nachbarn, selbst Familienmitglieder – sie alle fielen ihrer Launenhaftigkeit und ihrem Drang zur Kontrolle zum Opfer. Mein Vater, der sanfte Mann, der sich in der Werkstatt hinter Sägespänen und Holzspänen versteckte, hatte nicht die Kraft, sich ihr entgegenzustellen. Seine Stille war sein Schutz, sein Versuch, in einer Ehe zu überleben.

Manchmal sah ich, wie meine Mutter ihn schlug, ihn demütigte, während er still blieb, die Schultern leicht gesenkt, der Blick auf den Boden gerichtet.

Er war ein Gentleman der alten Schule, der nie die Hand gegen eine Frau erhoben hätte, und das bewunderte ich. Aber es machte mich auch wütend. Denn wenn er es bei sich ertrug, bedeutete das auch, dass er nicht eingriff, wenn sie mich schlug, wenn sie mir wehtat. Vielleicht, weil er selbst nicht wusste, wie man gegen so einen inneren Dämon kämpft.

Ich lernte von meinem Vater Geduld und handwerkliches Geschick, aber ich lernte auch, was es heißt, im Schatten der Angst zu leben. Ich lernte, wie man schweigt, um den Frieden zu bewahren, und wie man unsichtbar wird, um nicht Zielscheibe zu sein. Es war eine Lektion, die mich prägte – eine Lektion, die ich später schwer abschütteln konnte.

Du bist das, was Dich geprägt hat – entschuldige Dich niemals dafür.

Alles, was Du erlebt hast, jeder Schmerz, jedes Glück, jede Entscheidung, hat Dich zu dem Menschen gemacht, der Du heute bist.

Es gibt keinen Grund, Dich für Deine Vergangenheit zu rechtfertigen. Deine Erfahrungen, ob gut oder schlecht, sind der Grundstein Deines Charakters, Deiner Stärke und Deiner Einzigartigkeit. Sie gehören zu Dir wie Dein Name. Also steh zu dem, was Dich geformt hat, und lass Dir von niemandem einreden, Du müsstest Dich dafür entschuldigen.

Ich denke, viele meiner Verhaltensweisen und Aggressionen sind aus den negativen Erfahrungen meiner Kindheit, den Mobbingerfahrungen und der Ungleichbehandlung entstanden. Diese prägenden Jahre, in denen ich lernte, dass Liebe an Bedingungen geknüpft ist und Schutz eine Illusion bleibt, hinterließen Spuren, die mich lange begleiteten. Als Erwachsener trug ich diese Narben wie ein unsichtbares Gewicht mit mir herum, und letztlich führten viele weitere negative Erlebnisse dazu, dass ich den Kontakt zu meinen Eltern und meiner Schwester abbrach.

Ein besonders prägender Moment war die Hochzeit, die meine Eltern ignorierten, als wäre sie eine beiläufige Randnotiz meines Lebens. Es war, als hätten sie einen unsichtbaren Schlussstrich unter unsere Beziehung gezogen – nur, dass dieser Strich von Anfang an da war, ich hatte ihn nur nie richtig gesehen. Aber dazu komme ich in einem späteren Kapitel. Das Unverständnis, das mich all die Jahre gequält hatte, wuchs zu einer bitteren Erkenntnis heran: Ich wusste nicht, was ich falsch gemacht hatte oder warum meine Eltern mich nie so akzeptierten, wie ich war.

Irgendwann musste ich einsehen, dass es nicht an mir lag. Meine Mutter war keine normale Frau. Ihre Persönlichkeitsstruktur – narzisstisch und manipulativ – war wie ein Netz, in dem sich die Menschen um sie herum verfingen und hilflos zappelten. Sie spielte die Karten des emotionalen Missbrauchs mit einer meisterhaften Perfektion, die mich erst viel später als Erwachsener erkennen ließ, wie krank die Dynamik wirklich gewesen war. Seit 2011 habe ich kein Wort mehr mit ihr gewechselt und werde es auch nicht mehr tun. Manchmal sind Schnitte notwendig, um zu überleben.

Mein Vater, der leise Held meiner Kindheit, starb 2019 an Demenz. Es ist eine Ironie des Lebens, dass der Mann, der so viel ertrug, seine letzten Momente in einem Zustand verbrachte, in dem er sich wahrscheinlich an kaum etwas erinnern konnte.

Er starb, ohne dass ich ihn noch einmal sehen durfte. Meine Mutter und Schwester, immer bedacht darauf, die Kontrolle zu behalten, verhinderten meinen Besuch im Krankenhaus. Sie schnitten mich heraus wie eine unerwünschte Fußnote. Ich erfuhr erst Wochen später vom Tod meines Vaters – über das Nachlassgericht, als ob es eine beiläufige Information in einem Verwaltungsakt wäre. Seine Asche wurde in der Schweiz auf einer Almwiese verstreut. Das bedeutete, dass es keinen Ort gab, an den ich gehen konnte, um Abschied zu nehmen. Kein Grabstein, keine Blumen, nur eine Leere, die in mir wuchs.

Dieses letzte Kapitel der Entfremdung verstärkte meinen Groll und meine Aggressivität. In dieser Zeit fühlte ich mich von allem und jedem verraten, sogar von meiner eigenen Geschichte. Was macht so etwas mit einem Menschen? Es zersetzt einen von innen. Du fängst an, den Wert aller Beziehungen zu hinterfragen. Gibt es überhaupt noch Ehrlichkeit? Gibt es echte, tiefe und unverfälschte Gefühle? Wenn selbst die, die dich gezeugt und aufgezogen haben, dich im Stich lassen, wie kann man dann jemand anderem vertrauen?

Von diesem Punkt an war Misstrauen mein ständiger Begleiter. Beziehungen, die einst Bedeutung hatten, wurden zu Spielplätzen der Vorsicht. Ich erlaubte mir keine tiefen Gefühle mehr, zwang mich selbst, Abstand zu halten. Es war ein Mechanismus, um nicht noch einmal so verletzt zu werden wie zuvor. Die Liebe wurde für mich ein Schauspiel, eine Rolle, die ich spielte, weil sie von mir erwartet wurde. **Ich imitierte, wie Liebe aussehen sollte**, zeigte das, was andere sehen wollten, aber dahinter war nichts. Nur Leere.

Das Merkwürdige daran war, dass diese Distanz, diese subtile Kälte, die ich ausstrahlte, die Frauen noch mehr anzog. Es war, als ob mein zurückhaltendes Verhalten ein Rätsel war, das sie lösen wollten, ein Feuer, das sie entfachen wollten. Ich genoss die Aufmerksamkeit, die Bewunderung, das Gefühl, begehrt zu sein, aber sie kamen nie näher an mich heran. Letztendlich sah ich die Menschen um mich herum nur noch als Mittel, um meine Bedürfnisse zu befriedigen. Die Distanz war mein Schutzschild, und ich hielt es für die einzige Möglichkeit, mich selbst zu bewahren.

Hier griff der „Lutscher-Effekt". Wer ihn nicht kennt, hier eine kurze Erläuterung dazu: Stell dir vor, du hältst einem Kind einen Lutscher hin, weil du ihn verschenken willst. Das Kind, trotzig und eigensinnig, sagt „Nein". Du ziehst den Lutscher zurück und sagst beiläufig „Na dann eben nicht", drehst dich um und gehst weg. Und was passiert dann? Genau – das Kind fängt an zu heulen, die kleine Hand ausgestreckt, und will den Lutscher nun umso mehr.

Dieses Paradoxon des menschlichen Verlangens zeigt sich nicht nur bei Kindern, sondern in vielen Facetten des Lebens. Der Mensch strebt danach, das zu besitzen, was sich entzieht, was unerreichbar scheint. Diese Dynamik lässt sich als subtile Form der Manipulation nutzen, ob bewusst oder unbewusst, und sie funktioniert erstaunlich gut.

Das Paradoxe daran ist, dass viele Menschen eher bereit sind, zehn Kilometer zurückzulaufen, um etwas Verlorenes wiederzufinden, als einen einzigen Kilometer vorwärtszugehen, um etwas Neues zu gewinnen.

Diese Tatsache beschreibt eine tiefe, grundlegende Wahrheit über menschliche Natur: der instinktive Drang, das Verlorene zurückzugewinnen, selbst wenn der Weg dorthin mühsam und schmerzhaft ist. Und genau das war es, was mich lange prägte. Der Wunsch nach Anerkennung und das Festhalten an dem, was einmal war, lähmte mich. Doch irgendwann lernte ich, mich von diesen Geistern der Vergangenheit zu lösen.

Letztendlich war es gut, diese Menschen aus meinem Leben auszuschließen. Verwandtschaft mag für viele als unantastbare Bindung gelten, als Freifahrtschein für Nachsicht und Vergebung. Doch diese Annahme hielt ich irgendwann für einen fatalen Fehler. Blut mag dicker sein als Wasser, doch es ist kein Garant für Respekt oder Menschlichkeit.

Menschen, die dich immer wieder verletzen, die dein Vertrauen brechen und dich in den Schatten stellen, verdienen keinen Platz in deinem Leben – egal, ob sie Verwandte sind oder nicht. Also sage ich zu diesen Leuten: „Fickt euch." Das mag hart klingen, aber es war eine Befreiung. Der Abschied von falscher Loyalität war ein Akt des Überlebens.

Die Trauer um den Verlust meines Vaters jedoch bleibt ein offenes Kapitel, das bis heute in meinem Inneren widerhallt. Ich kann mit diesem Thema nicht richtig abschließen, weil so viele Fragen ungeklärt blieben. Bin ich ein schlechter Sohn? Hätte ich trotz all der negativen Erlebnisse und der endlosen Enttäuschungen den Kontakt suchen sollen? War es meine Pflicht, der Brücke zu sein, die Verbindung zu halten, selbst wenn ich es war, der ständig verletzt wurde? Diese Fragen nagen an mir, wie ein stilles Gift, das nie ganz verschwindet. Diese Gedanken ploppen ständig von Neuem auf, wenn ich ehrlich bin, so gut wie jeden Tag. Nichts ist grausamer als ungelöste Konflikte mit geliebten Menschen. Sie verfolgen dich, zerren an dir, fressen sich wie ein rostiger Nagel in deine Seele. Es gibt nichts Schwereres, als zu wissen, dass man vielleicht nie mehr die Gelegenheit bekommt, Dinge zu klären, die gesagt oder getan werden mussten.

Deshalb: Nutzt die Chance, Eure Konflikte zu lösen, solange die Menschen noch da sind. Redet, schreit, weint, aber klärt es. Es mag unangenehm sein, es mag weh tun, aber es ist der einzige Weg, Frieden zu finden – mit Euch selbst und mit denen, die Euch wichtig sind. Die Zeit läuft, und wenn sie abgelaufen ist, bleibt nur das schale Gefühl der Reue. Also macht den ersten Schritt, bevor es zu spät ist.

Die Bibel sagt: „Du sollst deinen Vater und deine Mutter ehren." Ein einfacher Satz, der in seiner Klarheit so schwer wiegt. Doch was bedeutet Ehre, wenn der Respekt nicht auf Gegenseitigkeit beruht? Ich habe diese Frage in meinem Kopf hin- und hergewälzt, in schlaflosen Nächten und in Momenten stiller Selbstreflexion. Bisher habe ich darauf keine Antwort gefunden, die mir Frieden gibt. Und vielleicht werde ich sie auch nie finden.

Doch am Ende ist es egal. Denn die Zeit verrinnt, unaufhaltsam und erbarmungslos. Die Jahre sind vergangen, und mit ihnen die Chancen, noch einmal etwas zu ändern. Die Realität ist, dass ich meinem Vater nie wieder in die Augen sehen konnte, und dieser Gedanke hat mich lange gequält. Doch ich musste akzeptieren, dass jeder Mensch am Ende für sich allein stirbt. Wir zerfallen zu Staub, und mit der Zeit werden wir alle vergessen. Spätestens wenn unsere Kinder und Enkel ebenfalls gegangen sind, erlischt die Erinnerung an uns vollständig, und alles, was uns einst ausmachte, wird vom Fluss der Zeit mitgenommen.

Diese Erkenntnis hat etwas Unausweichliches, etwas Ernüchterndes. Aber sie birgt auch eine Art Freiheit: Lebe dein Leben, solange du es hast, und tue es so, dass du am Ende nicht bereust, was du getan oder nicht getan hast. Das Leben ist sinnfrei, wenn man es durch die Augen der Ewigkeit betrachtet. Warum das so ist, erfährst du im nächsten Kapitel.

Männer und ihre Väter – Der Generationenkonflikt

Wie gesagt: mein Vater war ein sehr fleißiger und handwerklich begabter Mann. Seine ruhige Art hat mich immer beeindruckt. Egal, was er angepackt hat – es funktionierte einfach. Er war jemand, der nie viel Aufhebens um seine Fähigkeiten gemacht hat, aber sein Können sprach für sich. Ich erinnere mich daran, wie er ein altes, marodes Haus gekauft hat, das andere längst aufgegeben hätten. Doch für ihn war es eine Herausforderung, der er sich mit Hingabe stellte. Stück für Stück hat er das Haus instand gesetzt – kein einfaches Unterfangen in der ehemaligen DDR, wo Baustoffe oft Mangelware waren. Doch mein Vater fand immer einen Weg.

Er war ein Ingenieur im Hauptberuf, und seine Fähigkeiten, technische Pläne zu lesen und umzusetzen, halfen ihm nicht nur bei der Planung des Baus. Sie ermöglichten es ihm auch, durch Tauschgeschäfte an Materialien zu kommen, die sonst kaum erhältlich waren. Er tauschte sein Wissen gegen das, was er brauchte, und so nahm das Projekt Gestalt an.

Als ich ein Teenager war, begann eine neue Phase unserer Beziehung. Wir begannen, gemeinsam Möbel zu bauen. Er hatte sich eine Drechselmaschine selbst gebaut – ein weiteres Beispiel für seine handwerkliche Kreativität und seinen Erfindungsreichtum.

Diese Maschine war beeindruckend, und mit ihr hat er wunderschöne Möbelstücke hergestellt, die in der DDR, wo Mangel allgegenwärtig war, fast wie ein kleines Wunder wirkten. Möbel dieser Qualität konnte man nicht einfach kaufen. Und so verkaufte mein Vater einige der Stücke für gutes Geld – sie waren echte Raritäten.

Von ihm habe ich definitiv mein handwerkliches Geschick geerbt. Diese Stunden, die wir zusammen in der Werkstatt verbrachten, sind bis heute ein wertvoller Schatz für mich. Der Geruch von Holz, das Surren der Maschine, die Momente, in denen ich ihm über die Schulter schauen konnte – das waren Augenblicke, in denen ich stolz war, sein Sohn zu sein. Es fühlte sich so an, als würde er mir etwas Einzigartiges beibringen, etwas, das nicht jeder lernen konnte.

Ein weiteres Beispiel war mein erstes Moped, und es gehört zu den schönsten Erinnerungen, die ich an meinen Vater habe. Ich war 14 Jahre alt, als er eines Tages sagte: „Komm mal mit zu Opa." Mein Opa wohnte ein paar Häuser weiter, auf einem großen Hof mit einer riesigen Garage. Mein Vater führte mich in die Garage, ging zu einem alten Regal und zerrte zwei riesige, verstaubte Kisten heraus. „Was ist das?" fragte ich neugierig. Er öffnete die Kisten, und darin lag, in unzählige Einzelteile zerlegt, ein Moped – eine komplette **SR2**, ein Modell aus den 60er Jahren.

Er grinste und sagte: „Sohnemann, das wird unser nächstes Projekt, und ich bringe dir das Fahren bei." Ich konnte es kaum fassen. Ein eigenes Moped! Von da an waren wir ein Team. Wir nahmen alle Teile heraus, sandstrahlten sie sorgfältig und lackierten sie in einem schimmernden Blaugrau. Jedes Teil wurde inspiziert, jedes kaputte Stück repariert oder ersetzt. Sogar den Motor nahmen wir auseinander. Das Ganze zog sich über Wochen hin, denn wir arbeiteten immer nach Feierabend daran – immer dann, wenn mein Vater Zeit hatte.

Eines Tages, mitten im Sommer, war es soweit. Das Moped war endlich fertig. Wir füllten Benzin ein, drückten dreimal den Vergaser und traten den Kickstarter. Nach dem dritten Versuch sprang der Motor tatsächlich an. Es war ein magischer Moment. Der alte Motor knatterte, als hätte er nur darauf gewartet, wieder zum Leben erweckt zu werden. Mein Vater ließ sie ein paar Minuten im Leerlauf laufen und drehte dann den Hahn zu. „Sohnemann," sagte er, „wir schieben das Ding jetzt in den Wald."

Da ich natürlich keine Fahrerlaubnis hatte, schoben wir das Moped die 500 Meter bis zum Waldrand. Dort angekommen, auf einem Waldweg, zeigte er mir, wie alles funktioniert. Ich setzte mich auf die SR2, und mein Vater erklärte mir die Handschaltung, die aussah wie ein Bremshebel. „Du ziehst den Hebel, drehst gleichzeitig den Griff nach unten für den ersten Gang, lässt die Kupplung langsam los und gibst Gas. Und dann – ab dafür!"

Mit klopfendem Herzen machte ich alles genau so, wie er es erklärt hatte. Und tatsächlich, das Moped setzte sich in Bewegung. **Ich fuhr das erste Mal in meinem Leben Moped!** Meine Fresse, war das ein geiles Gefühl! Ich fuhr den Waldweg entlang, langsam, während mein Vater neben mir herlief und Anweisungen rief. Nach etwa 400 Metern hielt ich an, und er zeigte mir, wie man in den nächsten Gang schaltet. Dann ermunterte er mich, weiterzufahren, und ich drehte ein paar Runden auf dem Waldweg.

Das ging zwei Stunden lang so. **Die besten zwei Stunden meines Lebens.** Es war nicht nur das Fahren, sondern das gemeinsame Erlebnis mit meinem Vater, das diesen Tag so unvergesslich machte. Eine der wenigen Erinnerungen, die ich heute noch so klar an ihn habe. Es war ein Moment purer Freude, und es fühlte sich an, als gehörte uns die Welt.

Doch obwohl ich viel von ihm gelernt habe – wie man Probleme löst, wie man mit den eigenen Händen etwas erschafft, das Bestand hat – gab es auch etwas, das ich vermisste.

Mein Vater war ein Meister in handwerklichen Dingen, aber wenn es darum ging, mir beizubringen, wie man zum Mann wird, ließ er mich oft allein. Seine ruhige Art, die ich immer bewundert habe, zeigte auch hier ihre Schattenseite. Es gab selten Gespräche über das Leben, über die Herausforderungen, die ich als junger Mann zu bewältigen hatte. Sicherlich hätte es mir geholfen, hier mehr „Weisheiten" eines Vaters zu erhalten. Manchmal wünschte ich mir, er hätte mir erklärt, was es bedeutet, ein Mann zu sein, wie man sich in schwierigen Situationen verhält oder wie man mit den eigenen Gefühlen umgeht – Dinge, die jenseits von Werkstatt und Bauplan liegen.

Stattdessen war sein Ansatz oft ein wortloses Vorbild. Er lebte vor, was es hieß, fleißig, beständig und ruhig zu sein. Er zeigte mir, wie man Probleme angeht, aber er sprach selten darüber. Vielleicht war es einfach seine Art. Vielleicht dachte er, dass ich durch Beobachtung lernen würde, dass sein Beispiel reichen würde, um mir den Weg zu weisen. Aber als junger Mann, der seinen eigenen Platz in der Welt suchte, hätte ich mir manchmal mehr gewünscht – mehr direkte Worte, mehr Orientierung, wenn es darum ging, die Unsicherheiten des Lebens zu meistern.

Rückblickend verstehe ich besser, warum er so war, wie er war. Er selbst ist in einer Zeit und unter Umständen aufgewachsen, in denen Männer selten über Gefühle oder persönliche Herausforderungen sprachen. Es ging ums Überleben, ums Schaffen, und Gefühle wurden oft beiseitegeschoben, weil es dafür keinen Raum gab. Aber in meiner Jugend, als ich versuchte herauszufinden, wie ich mich als Mann in der Welt behaupten sollte, habe ich mich manchmal allein gelassen gefühlt. Handwerkliche Fähigkeiten waren wertvoll – und ich bin ihm dankbar dafür. Aber wie man mit dem Druck des Lebens umgeht, wie man als Mann stark und gleichzeitig verletzlich sein kann, das habe ich mir mühsam selbst erarbeiten müssen.

Es ist nicht so, dass ich ihm Vorwürfe mache. In vielerlei Hinsicht bewundere ich meinen Vater noch heute – für seine Fähigkeit, in einer schwierigen Zeit Lösungen zu finden, für seine Geduld und seinen Fleiß. Aber ich glaube, dass viele Männer in meiner Generation ähnliche Erfahrungen gemacht haben. Wir haben von unseren Vätern oft praktische Fähigkeiten gelernt, aber die emotionale Seite der Männlichkeit blieb oft unausgesprochen. Wir mussten selbst herausfinden, wie wir uns als Männer in einer Welt zurechtfinden, die sich ständig verändert.

Vielleicht ist das einer der Gründe, warum ich in den Wechseljahren so oft über diese Dinge nachdenke. Ich frage mich, wie ich als Vater gewesen bin, ob ich es besser gemacht habe. Habe ich meinen Kindern nicht nur gezeigt, wie man Dinge repariert oder Probleme löst, sondern auch, wie man mit Unsicherheiten und Ängsten umgeht? Habe ich die emotionale Verbindung geschaffen, die mir selbst oft gefehlt hat? Diese Fragen begleiten mich, denn während ich meinem Vater in vielerlei Hinsicht dankbar bin, weiß ich auch, dass die heutige Männlichkeit mehr erfordert als nur handwerkliches Geschick und Durchhaltevermögen.

Ich habe vier Söhne, und es war mir immer wichtig, bei ihrer Erziehung die Fehler meines eigenen Vaters zu vermeiden. Ich wollte nicht nur der stille Beobachter sein, sondern ein aktiver Ratgeber, jemand, zu dem sie kommen konnten, wenn sie Rat brauchten. Jeder, der in meinem Alter Söhne hat, weiß, wie rebellisch sie sein können – besonders in der Jugend, wenn sie versuchen, ihre eigene Identität zu finden und sich gegen das auflehnen, was sie als elterliche Kontrolle empfinden.

Aber genau in diesen Momenten war es mir wichtig, eine andere Art von Führung zu zeigen. Gewalt habe ich bei der Erziehung nie angewendet. Es war für mich kein Weg, Respekt zu gewinnen oder eine Verbindung zu meinen Söhnen aufzubauen. Stattdessen versuchte ich ihnen immer zu zeigen, dass es andere Wege gibt, ein Problem zu lösen – Wege, die auf Vernunft und Dialog basieren, nicht auf Zwang.

Natürlich gab es, wie bei jeder Erziehung, auch bei uns Momente, in denen Konsequenzen nötig waren. Wenn sie partout nicht hören wollten oder sich bewusst gegen das stellten, was ich ihnen beizubringen versuchte, musste ich Grenzen setzen. Aber ich habe immer den Weg gewählt, ihnen etwas zu entziehen, was ihnen wichtig war, statt Gewalt anzuwenden.

Das wirkte oft wahre Wunder. Wenn das Handy oder die PlayStation plötzlich nicht mehr da war und sie für eine Weile auf ihre Lieblingsspiele verzichten mussten, wurde ihnen schnell klar, dass ihre Handlungen Konsequenzen hatten. Oder wenn ich das Motorrad mit einem Schloss sicherte und sie es nicht benutzen durften, merkten sie, dass ihre Freiheit nicht selbstverständlich war. Auch das Taschengeld war ein effektives Mittel, um ihnen Verantwortung beizubringen.

Es war keine Strafe im klassischen Sinne, sondern eine Lektion: Entscheidungen haben Konsequenzen, und manchmal muss man den Preis dafür zahlen, wenn man die falschen Entscheidungen trifft.

Ich könnte unzählige Anekdoten dazu zu Papier bringen. Es gab Momente, in denen ich mich insgeheim über ihre kreativen Versuche, die Regeln zu umgehen, amüsierte, aber letztlich waren diese kleinen Schlachten Teil des größeren Prozesses, sie zu verantwortungsbewussten jungen Männern zu formen. Mit Fantasie kann sich wohl jeder sein eigenes Bild von diesen Situationen machen. Die Kämpfe um das letzte Wort, die Verhandlungen um Ausgehzeiten und die unzähligen Male, in denen sie versucht haben, mich mit ihren Argumenten zu überzeugen, sind unvergessen.

Aber im Nachhinein sehe ich, dass all diese Auseinandersetzungen wertvoll waren. Sie haben ihnen beigebracht, dass das Leben nicht immer nach den eigenen Wünschen verläuft und dass man sich an Regeln halten muss, auch wenn sie einem manchmal unvernünftig erscheinen.

Am Ende des Tages habe ich Glück gehabt. Meine Söhne sind allesamt gut geraten. Sie haben sich nicht nur in der Schule angestrengt, sondern auch in ihren Ausbildungen bewiesen, dass sie bereit sind, Verantwortung zu übernehmen. Alle vier haben eine vernünftige Ausbildung abgeschlossen und heute einen festen Arbeitsplatz. Das ist keine Selbstverständlichkeit in einer Welt, die sich ständig wandelt und in der die Konkurrenz härter wird.

Meine Partnerin und ich hatten das Glück, dass wir am Stadtrand wohnen, wo unsere Kinder behütet aufwachsen konnten, fernab von den Problemen und Einflüssen, die in manchen Stadtteilen vielleicht anders gewesen wären. Sie sind nie in den Kontakt mit kriminellen Chaoten geraten, wie man es manchmal in den Nachrichten hört, und dafür bin ich dankbar. Natürlich kann man nie alle Risiken im Leben ausschließen, aber ich glaube, unser Umfeld hat dazu beigetragen, dass sie sich zu den verantwortungsbewussten jungen Männern entwickelt haben, die sie heute sind.

Manchmal denke ich darüber nach, wie anders das Leben meiner Söhne verlaufen wäre, wenn sie in einem weniger behüteten Umfeld aufgewachsen wären. Aber letztlich war es nicht nur das Umfeld, das den Unterschied gemacht hat – es war auch die Art und Weise, wie wir als Eltern auf ihre Bedürfnisse reagiert haben.

Meine Exfrauen und ich, wir haben versucht, immer präsent zu sein, immer zuzuhören und ihnen gleichzeitig den Raum zu geben, ihre eigenen Fehler zu machen. Das war nicht immer leicht, denn es gibt diesen schmalen Grat zwischen loslassen und festhalten, den man als Vater jeden Tag aufs Neue ausbalancieren muss. Aber ich glaube, dass wir diesen Grat ganz gut gemeistert haben.

Es ist ein merkwürdiges Gefühl, jetzt zurückzublicken und zu sehen, wie aus den kleinen Jungen, die einst ihre ersten Schritte machten, erwachsene Männer geworden sind. Männer, die ihren eigenen Weg gehen, die ihre eigenen Entscheidungen treffen und – so hoffe ich – einige der Lektionen, die ich ihnen beigebracht habe, in ihrem Leben anwenden. Natürlich bin ich mir bewusst, dass sie nicht immer nach meinen Vorstellungen handeln werden. Aber das ist in Ordnung. Denn letztlich habe ich ihnen nicht beigebracht, blind meinen Weg zu folgen, sondern ihren eigenen Weg zu finden – und darauf bin ich stolz.

Meep-Meep-Meep -der Roadrunner-

2022 stand ein Termin beim Urologen an. Meine Frau hatte ihn vereinbart; ich sträubte mich jahrelang gegen eine Untersuchung, weil ich ein gewisses Schamgefühl hatte. Der Gedanke allein, dass mir ein anderer Mann in meinem Allerwertesten herumfummelt, ließ mir jedes Mal die Haare zu Berge stehen. Dieses Gefühl, diese tief verwurzelte Abneigung, war mehr als nur Scham – es war eine Mischung aus Stolz und einer Art unlogischem Trotz. Als ob ich, indem ich diesen Besuch vermied, die Kontrolle über meine eigene Unversehrtheit behalten könnte.

„Hast du noch alle Tassen im Schrank?" fragte mich meine Frau, als ich ihr meine Beweggründe schilderte. Ihre Stimme war eine Mischung aus Ungeduld und Besorgnis, diese Art von Ton, die nur jemand annehmen kann, der einen wirklich liebt und sich sorgt. „Ihr Männer seid echt bekloppt. Lieber bekommt ihr Krebs?" Da war er, der unangenehme Moment der Wahrheit. Eine Krebserkrankung wäre zweifellos der Super-GAU. Ihr Einwand brachte mich dazu, kurz innezuhalten. Der Gedanke, durch meinen Stolz mein Leben aufs Spiel zu setzen, war absurd. Also willigte ich ein, aber an dem Tag des Termins schritt ich mit schwerem Herzen in die Praxis – als ob ich ein Schlachtfeld betreten würde.

Die Praxis war modern, die Luft erfüllt vom typischen Geruch nach Desinfektionsmittel, der von einem dieser kleinen Plastikspender kam, die niemand ernst nimmt. Die Wände waren in einem beruhigenden Blau gestrichen, als sollte die Farbe meine innere Anspannung mildern. Die Untersuchung selbst war unangenehm, aber bei weitem nicht so schlimm, wie ich es mir ausgemalt hatte. Der Arzt, ein Mann mittleren Alters mit freundlichen Augen und einem unaufdringlichen Lächeln, fragte mich, wie es mir geht.

„Och, gut, alles tutti", sagte ich, wobei ich mir Mühe gab, so locker wie möglich zu klingen. Ein schiefes Grinsen erschien auf seinem Gesicht, und er erwiderte: „Da sind Sie aber der erste Mann in Ihrem Alter, der so etwas sagt." Es war dieser Moment, in dem ich einen Funken Humor entdeckte, den ich nicht erwartet hatte.

„Ach echt?", fragte ich mit einem kurzen Lachen, das meine eigene Nervosität überdeckte.

„Ich bin Ihr Arzt, und wie Ihr Zahnarzt kann ich Ihnen nur helfen, wenn Sie Ihren Mund aufmachen", sagte er trocken und mit einem Augenzwinkern. Der Satz war so unerwartet, dass ich lachen musste. Das Eis war gebrochen, und plötzlich fühlte ich mich, als könnte ich endlich reden.

Es sprudelte aus mir heraus, wie Wasser aus einem alten, rostigen Rohr, das zu lange verschlossen war. Ich redete über die letzten Monate, die Stimmungsschwankungen, das Gefühl der Unruhe, das mich quälte, und die Schatten, die sich in meiner Psyche ausgebreitet hatten. Auch über die schleichende sexuelle Unlust, die wie ein unsichtbarer Keil zwischen meine Frau und mich getrieben wurde. Der Arzt nickte verständnisvoll und stellte gezielte Fragen, die mir das Gefühl gaben, ernst genommen zu werden. Es war, als würde sich ein Gewicht von meinen Schultern heben.

Nach dieser ersten, ungewohnten Offenheit schlug er mir eine Hormonbehandlung vor. Er erklärte geduldig, dass ein Ungleichgewicht im Testosteronspiegel nicht nur körperliche, sondern auch psychische Auswirkungen haben kann. Ich stimmte einer Blutabnahme zu, die erste Hürde war genommen. Drei Wochen später saß ich wieder in seiner Praxis, diesmal mit einer gewissen Unruhe, die aus einer Mischung aus Neugier und Angst bestand.

„Ihr Testosteronspiegel liegt bei 3,0 nmol/l", sagte er, während er das Laborblatt auf seinem Schreibtisch ausbreitete. Der Normbereich liege zwischen 12 und 35 nmol/l. Das erklärte vieles – die Müdigkeit, die ständige Gereiztheit, das Gefühl, dass mein Körper und mein Geist nicht mehr synchron liefen. Der Arzt schlug eine Testosteron-Behandlung mit dem Präparat Nebido vor und erklärte mir, wie es wirken würde und welche möglichen Nebenwirkungen auftreten könnten.

„Es liegt in Ihrer Hand", sagte der Arzt, „aber ich glaube, Sie werden es nicht bereuen."

Er gab mir sofort das Rezept und ich ging sofort zur Apotheke und danach mit dem Testosteron wieder in die Praxis. Der Arzt sah mich mit einem prüfenden Blick an, als hätte er Zweifel, ob ich wirklich bereit für diesen Schritt war. Er wollte den Termin verschieben, um sicherzustellen, dass wir nichts überstürzten. Doch ich ließ nicht locker, beharrte darauf, es sofort zu machen. Die Hoffnung, dass sich all meine Probleme endlich in Luft auflösen würden, war stärker als jede Vorsicht.

Gesagt, getan – die Spritze in den Allerwertesten und dann ab nach Hause. Ich war gespannt, fast aufgeregt, aber die wahre Überraschung kam erst am nächsten Morgen.

Ich wachte auf, als hätte jemand einen Hebel in meinem Kopf umgelegt. Eine ungewohnte, fast elektrische Energie durchflutete meinen Körper. Es fühlte sich an, als wäre ich aus einem langen, dunklen Schlaf erwacht. Der erste Gedanke, der mir durch den Kopf schoss, war: „Meep, meep, der Roadrunner ist unterwegs." Ein Lächeln breitete sich auf meinem Gesicht aus, das ich seit Jahren nicht mehr so gespürt hatte. Es war mehr als nur Energie – es war pure Lebenslust, als hätte jemand die Glut in mir wieder angefacht.

Dieses Gefühl verstärkte sich in den nächsten Tagen noch weiter. Eine innere Wärme durchströmte meinen Körper, wie ein sanfter

Strom, der meine Muskeln, meine Haut, meinen gesamten Organismus in Schwingung versetzte. Es war, als hätte ich in eine Steckdose gegriffen und wäre plötzlich an das Netz des Lebens angeschlossen. Das Blut pulsierte mit einer Kraft, die ich längst verloren geglaubt hatte, und es trieb mich an, endlich wieder aktiv zu werden.

Ich schnappte mir meine Sportausrüstung, die in den letzten Monaten verstaubt war, und machte mich auf den Weg ins Fitnessstudio. Dort angekommen spürte ich sofort, dass dieser Tag anders werden würde.

Die gewohnte Routine fühlte sich plötzlich leicht an, fast mühelos. Beim Bankdrücken, wo ich normalerweise mit 80 kg kämpfte, hob ich an diesem Tag ohne Mühe 110 kg. Es war, als hätte der Hulk persönlich meinen Körper übernommen. Ich übertreibe nicht, wenn ich sage, dass die Wirkung des rezeptpflichtigen Testosterons drastisch und spürbar war.

Anders als bei meiner ersten Testo-Kur mit dem Polen-Testovor einigen Jahren, das, wie ich jetzt wusste, offensichtlich minderwertig war, war diese neue Behandlung rein und kraftvoll. Die Kraftsteigerung war nicht nur physisch, sondern auch mental zu spüren. Die Zweifel, die mich jahrelang begleitet hatten, schienen sich im Licht dieser neu entfachten Vitalität aufzulösen.

Die Nebenwirkungen waren zudem nicht so extrem wie bei dem gepanschten Polen-Testo, das ich vor Jahren ausprobiert hatte. Damals hatte ich immer wieder mit plötzlichen Schweißausbrüchen, Herzrasen und einer unkontrollierten Gereiztheit zu kämpfen. Doch diesmal war es anders. Klar, die Wirkung war stark, fast beängstigend stark, aber sie kam ohne das Gefühl, dass mein Körper gegen mich arbeitete. Es war, als hätte ich die Kontrolle zurückgewonnen – als wäre mein Körper endlich mein Verbündeter und nicht mehr mein Gegner.

Und jetzt? Jetzt ging der Punk erst richtig ab. Diese neue Energie war mehr als nur ein körperliches Phänomen. Sie war wie ein Funke, der meine Lebensgeister weckte und mich aus einer jahrelangen Lethargie riss. Alles fühlte sich intensiver, lebendiger an. Ich konnte spüren, wie sich mein Blick auf die Welt veränderte, wie der graue Schleier, der sich über meine Gedanken gelegt hatte, langsam verschwand. Ich fühlte mich wie der Mann, der ich immer sein wollte: stark, selbstbewusst, bereit, die Herausforderungen des Lebens mit erhobenem Kopf anzugehen.

Ein paar Jahre zuvor, im Jahr 2008, hatte ich bereits erste Erfahrungen mit einer Testosteron-Kur gemacht. Damals war ich es leid, mit meinen mageren 55 kg wie ein Spargeltarzan auszusehen.

Der Drang, endlich kräftig und selbstbewusst aufzutreten, war übermächtig geworden. Ich wollte nicht länger der Typ sein, der immer übersehen wurde, sondern jemand, der die Aufmerksamkeit auf sich zog, ein Mann, der im Raum auffiel und Respekt einflößte.

Der Auslöser für diese Entscheidung war ein Treffen mit einem alten Freund, den ich lange nicht mehr gesehen hatte. Als er zur Tür hereinkam, traute ich meinen Augen kaum: Wo früher ein schmaler, unscheinbarer Nerd stand, stand jetzt ein 105 kg schwerer Muskelprotz, der aussah, als hätte er direkt aus einem Comic von Miraculix' Zaubertrank getrunken.

Ich wollte auch so aussehen. Ich wollte mich endlich wie ein „richtiger" Mann fühlen und nicht zuletzt bei den Damen besser ankommen.

Gesagt, getan: Mit einem Freund machte ich mich auf den Weg nach Polen, wo auf dem Polenmarkt in Slubice so gut wie alles erhältlich war. Zwischen Ständen mit Lederjacken und billigen Elektronikgeräten kaufte ich meine ersten Testosteron-Spritzen. Zurück zuhause kam dann der Moment der Wahrheit: Spritze raus, rein in den Allerwertesten. Es braucht eine gehörige Portion Überwindung, sich selbst eine Spritze zu setzen, aber das hielt mich nicht auf. Zum Glück war ich immer jemand, der mit Zahnarztbesuchen, Spritzen und Blutabnahmen keine Probleme hatte. Ich erinnere mich, wie meine Mutter sich bei Arztbesuchen darüber amüsierte, wie „cool" ich als kleiner Knirps war, während andere Kinder schreiend wegrannten oder weinten. Ich saß ruhig auf meinem Stuhl und ließ alles über mich ergehen. Diese Gelassenheit zahlte sich jetzt aus.

Am Tag nach der ersten Injektion ging es mit neuem Elan ins Fitnessstudio. Schon auf dem Weg dorthin kochte in mir die Vorfreude. Ich war fest entschlossen, den Spieß umzudrehen und den hämischen Blicken der anderen Typen, die mich bis dahin belächelt hatten, etwas entgegenzusetzen. „Ihr Bastarde, ihr werdet noch sehen, was jetzt passiert", dachte ich mir, während ich das Studio betrat. Es war ein inneres Mantra, das mich in den kommenden Wochen zu Höchstleistungen antrieb. Ich trainierte jeden Tag wie ein Besessener, füllte meinen Körper mit Eiweißshakes und stapelte Teller voller Fleisch und Reis. Die Tage verflossen in einem Rausch aus Schweiß, Muskelkater und dem zufriedenen Gefühl, dass sich endlich etwas veränderte.

Nach nur 30 Tagen war das Ergebnis nicht zu übersehen. Ich hatte fast 80 kg erreicht und war voller Energie. Mein Umfeld staunte nicht schlecht, und selbst meine damalige Ehefrau, die sonst eher zurückhaltend mit Komplimenten war, konnte sich ein anerkennendes Nikken nicht verkneifen.

Die körperliche Veränderung zog auch andere Veränderungen nach sich: Ich fühlte mich voller Leben, hatte Selbstbewusstsein wie nie zuvor und war voller Tatendrang – auch in Sachen Sexualität. Ich war konstant aufgeladen, immer bereit, immer hungrig nach mehr.

Die Testosteron-Kur dauerte sechs Wochen, und danach fühlte ich mich wie neugeboren. Ich behielt das Gewicht und die Muskelmasse bei und trainierte auch in den folgenden Jahren weiter. In meinen Hochzeiten wog ich stolze 107 kg bei einer Größe von 175 cm. Heute, viele Jahre später, wiege ich immer noch solide 93 kg.

Doch Anfang 2019 kam die dunkle Seite der Geschichte zurück. Meine Stimmungsschwankungen wurden extremer, ich war gereizt, ungeduldig und fand mich oft in Momenten wieder, in denen mir alles und jeder auf die Nerven ging. Die vertraute Anspannung und das emotionale Auf und Ab erinnerten mich an die Zeit vor meiner ersten Testosteron-Kur. Ich dachte an 2008 zurück und beschloss, es noch einmal zu versuchen – allerdings diesmal auf legale und sichere Weise. Der Gedanke, noch einmal nach Polen zu fahren und mir die Spritzen auf dem Schwarzmarkt zu besorgen, schien mir jetzt töricht und gefährlich.

Denn eines muss man wissen: Das Deca-Durabolin und ähnliche Mittel, die man auf den polnischen Märkten günstig erwerben kann, mögen verlockend sein, aber ihre Qualität und Herkunft sind oft fragwürdig. Die Ampullen könnten alles Mögliche enthalten – von Verunreinigungen bis hin zu schädlichen Substanzen, die potenziell tödliche Risiken bergen. Es war mir nun klar: Wer mit seiner Gesundheit spielt, riskiert mehr als nur seinen Ruf. Deswegen lautet mein Rat: Finger weg von Polendreck.

Wenn das Buch an einigen Stellen zu krass oder beleidigend geschrieben ist, möchte ich mich dafür entschuldigen. Es war nie meine Absicht, jemanden zu verletzen oder Anstoß zu erregen. Mein Ziel war es, meine damaligen Erfahrungen so authentisch wie möglich zu schildern – roh, ehrlich und ungefiltert, so wie ich sie in jenem Moment empfunden habe. Dazu gehört auch ein etwas derber Slang, den manche als „Berliner Proleten-Großschnauze" bezeichnen würden. Diese Ausdrucksweise ist ein Teil meiner Herkunft, sie ist direkt, unverblümt und manchmal auch hart.

Ich habe mich entschieden, diesen Ton beizubehalten, weil ich glaube, dass er am besten transportiert, was ich durchgemacht habe. Die Gefühle, die Wut, die Verletzung – all das lässt sich nicht immer in sanfte Worte kleiden. Es wäre nicht echt. In einem Leben, das oft voller Komplexität und Kontraste ist, spiegelte sich diese direkte Sprache wider, und sie half mir, meine Emotionen zu ordnen und zu verarbeiten.

Wenn also manche Passagen zu unverblümt oder provokant erscheinen, bitte ich um Verständnis. Manchmal ist das Leben nicht nur schwarz und weiß, sondern laut, unbändig und ungeschönt. Es ist mir wichtig, die Wahrheit meiner eigenen Geschichte zu erzählen, so wie ich sie erlebt habe – nicht, um zu schockieren, sondern um ehrlich zu sein. Und manchmal gehört dazu auch ein bisschen mehr Kanten und Ecken.

Wie funktioniert die Testosteronproduktion im männlichen Körper?

Die Testosteronproduktion im männlichen Körper ist ein komplexer Prozess, der hauptsächlich in den Hoden stattfindet. Hier sind die wichtigsten Aspekte:

Produktionsort und -menge

Testosteron wird zu etwa 90% in den Leydig-Zellen der Hoden produziert. Die restlichen 10% werden in den Nebennieren gebildet. Der Ausgangsstoff für die Testosteronbiosynthese ist Cholesterin.

Hormonelle Steuerung

Die Testosteronproduktion wird durch das Zusammenspiel mehrerer Hormone gesteuert:

1. Gonadotropin-Releasing-Hormon (GnRH): Wird vom Hypothalamus ausgeschüttet.

2. Luteinisierendes Hormon (LH): Wird von der Hypophyse als Reaktion auf GnRH freigesetzt.

3. Follikelstimulierendes Hormon (FSH): Ebenfalls von der Hypophyse produziert.

LH stimuliert die Leydig-Zellen zur Testosteronproduktion, während FSH zusammen mit Testosteron für die Spermienproduktion verantwortlich ist.

Negative Rückkopplung

Testosteron reguliert seine eigene Produktion durch einen negativen Rückkopplungsmechanismus. Ein hoher Testosteronspiegel hemmt die Ausschüttung von GnRH im Hypothalamus und LH in der Hypophyse, was wiederum die Testosteronproduktion reduziert.

Biosynthese

Die Testosteronbiosynthese erfolgt in mehreren Schritten:

1. Cholesterin wird zu Pregnenolon umgewandelt.

2. Über verschiedene Zwischenschritte entsteht Androstendion.

3. Das Enzym Testosteron-17β-Dehydrogenase katalysiert den letzten Schritt von Androstendion zu Testosteron.

Transport und Wirkung

Nach der Produktion wird Testosteron ins Blut abgegeben und zu den Zielorganen transportiert. Dabei ist es größtenteils an Proteine wie das Sexualhormon-bindende Globulin (SHBG) und Albumin gebunden. Nur etwa 1-2% des Testosterons zirkuliert frei im Blut. In den Zielgeweben wird ein Teil des Testosterons durch das Enzym 5α-Reduktase in das noch wirksamere Dihydrotestosteron (DHT) umgewandelt.

Die Testosteronproduktion und -wirkung variiert im Laufe des Lebens. Sie beginnt in der Embryonalentwicklung, steigt während der Pubertät stark an und bleibt im Erwachsenenalter relativ stabil, bevor sie im Alter langsam abnimmt.

Wie kann ein Mann die körpereigene Testosteronproduktion ankurbeln?

Es gibt viele natürliche Möglichkeiten, den Testosteronspiegel zu steigern, ohne auf Medikamente oder Hormonersatztherapien zurückzugreifen. Hier sind einige der besten Ansätze:

---

1. Sport und Bewegung

Regelmäßige körperliche Aktivität ist einer der effektivsten Wege, um die Testosteronproduktion anzuregen:

- **Intervalltraining:** Eine Kombination aus intensiven und ruhigen Trainingsphasen, wie zum Beispiel beim HIIT (High-Intensity Interval Training), kann die Testosteronwerte um bis zu 40% steigern. Schon 20 Minuten, dreimal die Woche, sind ausreichend.

- **Krafttraining:** Fokus auf Übungen für große Muskelgruppen (z. B. Kniebeugen, Kreuzheben, Bankdrücken) mit kurzen Pausen. Dies stimuliert die Testosteronproduktion besonders effektiv.

- **Ausgewogenes Training:** Zu viel oder zu langes Training kann kontraproduktiv wirken und den Cortisolspiegel erhöhen, was die Testosteronausschüttung hemmt. Ein Mix aus Kraft- und Ausdauertraining ist ideal.

---

2. Ernährung

Eine bewusste Ernährung kann ebenfalls dabei helfen, die Testosteronwerte auf natürliche Weise zu verbessern:

- **Haferflocken:** Sie enthalten Avenacoside, die die Umwandlung von inaktiven Testosteronvorstufen in biologisch aktives Testosteron fördern.

- **Grünes Gemüse:** Brokkoli, Grünkohl und Spinat liefern Indol-3-Carbinol, das die Umwandlung von Testosteron in Östrogen hemmt.

- **Gesunde Fette:** Ungesättigte Fettsäuren aus Nüssen, Mandeln, Hanföl oder Distelöl sind essenziell für die Hormonproduktion.

- **Zinkhaltige Lebensmittel:** Zink ist ein Schlüsselnährstoff für die Testosteronproduktion und steckt in Lebensmitteln wie Austern, Kürbiskernen oder Rindfleisch.

---

3. Lebensstil-Anpassungen

Ein gesunder Lebensstil ist entscheidend, um die Testosteronproduktion aufrechtzuerhalten:

- **Stressreduktion:** Chronischer Stress erhöht den Cortisolspiegel, der die Testosteronproduktion blockiert. Yoga, Meditation oder regelmäßige Auszeiten können helfen.

- **Ausreichend Schlaf:** Der Großteil des Testosterons wird im Tiefschlaf produziert. 7-9 Stunden Schlaf pro Nacht sind ideal.

- **Gewichtsmanagement:** Übermäßiges Bauchfett fördert die Umwandlung von Testosteron in Östrogen, was die Hormonbalance stört.

- **Intervallfasten:** Fastenphasen, besonders am Abend, können die morgendlichen Testosteronspiegel positiv beeinflussen.

---

4. Nahrungsergänzungsmittel

Unterstützend können auch Supplemente helfen:

- **Vitamin D:** Ein Mangel an diesem „Sonnenvitamin" kann zu niedrigeren Testosteronwerten führen. Besonders im Winter ist eine Supplementierung oft sinnvoll.

- **Ashwagandha:** Ein pflanzliches Adaptogen, das Stress abbaut und nachweislich die Testosteronproduktion steigern kann.

- **Zink und Magnesium:** Beide Mineralien sind essenziell für die Hormonproduktion und oft in Multivitaminpräparaten enthalten.

---

5. Vermeidung von Schadstoffen

Chemikalien aus Kunststoffen können den Hormonhaushalt negativ beeinflussen:

- **Plastikprodukte reduzieren:** Phthalate und Bisphenol-A (BPA), die in vielen Plastikprodukten enthalten sind, wirken wie künstliche Östrogene und senken den Testosteronspiegel.

- **Natürliche Materialien bevorzugen:** Glas, Edelstahl oder BPA-freie Alternativen sind hier die bessere Wahl.

Schatz, ich glaube ich habe Fieber

Es war 2019, der letzte Auslandsurlaub vor der Covid-19-Pandemie. Ein Urlaub, der so normal begann wie viele davor, aber sich später als ein weiterer Baustein in meiner persönlichen Geschichte der Selbsterkenntnis herausstellen sollte. Der Tag fing großartig an: Es ging nach Antalya, in die Sonne, die uns so verlockend wie ein Versprechen auf Erholung und Freiheit rief. Der frühe Flug, geplant um 08:00 Uhr, bedeutete, dass wir noch den ganzen Tag vor uns hatten, um das Hotel zu erkunden, den ersten Drink am Pool zu genießen und tief einzuatmen, dass das Leben gerade gut war.

Der Wecker klingelte im Morgengrauen, und wir standen zeitig auf, begleitet von der angenehmen Aufregung, die nur der Beginn eines Urlaubs mit sich bringt. Der Koffer stand bereits gepackt im Flur, bereit für das nächste Abenteuer. Wir frühstückten in aller Ruhe, nippten an unserem Kaffee, tauschten ein paar Pläne für die ersten Tage aus und genossen das Prickeln der Vorfreude. Pünktlich um 06:00 Uhr klingelte es, und unser Sohn, der sich freundlicherweise als Chauffeur angeboten hatte, stand vor der Tür. Der BER, dieser riesige, ungeliebte Flughafen, lag nur 15 Minuten Autofahrt entfernt, und die Straßen waren noch ruhig.

Nach dem üblichen Eincheck-Prozedere, das immer eine Mischung aus Geduld und genervtem Augenrollen ist, hatten wir noch genug

Zeit bis zum Abflug. Also setzten wir uns in ein Flughafen-Café, bestellten Cappuccino und beobachteten die Reisenden um uns herum, die hastig mit Rollkoffern vorbeizogen oder schlaftrunken an ihren Getränken nippten. Alles war gut. Bis plötzlich ein seltsames Gefühl in mir hochstieg. Ohne Vorwarnung überkam mich eine Hitzewelle, als ob jemand einen Schalter umgelegt und die Heizung in meinem Körper auf volle Kraft gedreht hätte. Mein Hemd klebte an meinem Rücken, Schweißperlen bildeten sich auf meiner Stirn, und meine Gedanken rasten. „Au Backe, bitte nicht jetzt, ich will in den Urlaub", dachte ich panisch.

Ich wandte mich zu meiner Frau und murmelte: „Schatz, ich glaube, ich habe Fieber." Der Ausdruck auf ihrem Gesicht wechselte von Besorgnis zu amüsiertem Unglauben. Sie legte ihre Hand auf meine Stirn, lächelte breit und meinte: „Schatz, das ist kein Fieber, du hast eine Wallung."

Man muss dazu sagen, meine Frau ist Krankenschwester. Sie hat ein medizinisches Wissen, das in solchen Momenten unübertroffen ist, und dazu kommt ihr trockener Humor. „Wallung? Was für eine Wallung?" Ich war völlig verwirrt. Der Gedanke, dass Männer so etwas wie Wallungen haben könnten, war mir bis zu diesem Moment völlig fremd.

Sie grinste und sagte, „Du machst dich doch immer lustig über mich, wenn ich sage, ich habe eine Wallung. Tja, Schatz, willkommen im Club. Du bist in den Wechseljahren." Es war, als hätte jemand den Boden unter meinen Füßen weggezogen. Ich dachte nur: „Ach du Sch... Werde ich jetzt langsam ein alter Tattergreis?"

Im Flieger, nachdem sich meine Panik gelegt hatte und die Klimaanlage mich halbwegs abgekühlt hatte, suchte meine Frau auf ihrem Handy einen medizinischen Artikel über die männlichen Wechseljahre heraus. Ich fing an zu lesen, skeptisch, doch je weiter ich kam, desto mehr erkannte ich die Symptome: Müdigkeit, Reizbarkeit, Stimmungsschwankungen und eben diese verfluchten Hitzewellen. Unverkennbar – der feine Herr war nun offiziell in den Wechseljahren.

In den folgenden Monaten traten die Wallungen sporadisch auf, wie ungebetene Gäste, die einfach vorbeikommen, um sich bemerkbar zu machen und dann wieder zu verschwinden. Diese plötzlichen Hitzeschübe sind mehr als nur unangenehm. Sie sind, als würde ein unsichtbarer Ofen in deinem Inneren angezündet, der alles in dir zum Glühen bringt. Die gute Nachricht ist: Sie vergehen nach ein paar Minuten, aber diese Minuten fühlen sich wie eine kleine Ewigkeit an.

Die Wallungen halten bis heute an, aber die Abstände sind größer geworden. Mit der Zeit habe ich gelernt, damit umzugehen, sie als Teil dieses neuen Kapitels meines Lebens zu akzeptieren. Meine Frau, die immer noch hin und wieder mit ihrer eigenen Erfahrung kämpft, kann sich ein Schmunzeln nicht verkneifen, wenn sie merkt, dass es mich wieder erwischt hat. Sie sagt dann mit einem Augenzwinkern: „Na, mein Lieber, wer hat jetzt das letzte Wort?" Und trotz allem muss ich dann auch lächeln.

Sie dann immer mit einem breiten Grinsen: „Na, Kugelfisch, haste wieder Fieber? Soll ich zur Apotheke?" Echt ein Doofi, meine Süße, aber ihre Späße lockern die Stimmung immer auf. Diese kleinen Neckereien sind Teil unserer Dynamik, die uns auch in den grauen Momenten des Alltags immer wieder zum Lachen bringt. Und ja, wir haben gegenseitige Kosenamen füreinander, die wahrscheinlich bei Außenstehenden für Kopfschütteln sorgen würden, aber für uns sind sie pure Liebe. Sie ist mein „Schneckchen" und ich ihr „Kugelfisch".

Warum „Schneckchen"? Der Name hat seine Wurzeln in einer Geschichte, die so typisch für uns ist, dass ich sie immer wieder gerne erzähle. Meine Frau hat die Angewohnheit, mich ab und zu mit spontanen Sexeinlagen zu überraschen. Ohne Vorwarnung, völlig ungeniert – und das unabhängig davon, was ich gerade tue.

Einmal war ich im Homeoffice, vertieft in eine endlose Teams-Sitzung mit Kollegen, die alle wichtige Gesichter machten und mit ernsten Stimmen ihre Punkte vortrugen. Und plötzlich, wie aus dem Nichts, stand sie nackt im Türrahmen, ihre Augen blitzten verschmitzt, und ohne zu zögern kam sie auf mich zu. Mein Herz machte einen Satz, und ich musste alles in mir mobilisieren, um die

Kamera und das Mikrofon rechtzeitig auszuschalten, bevor die Sitzung eine unerwartete Wendung nahm. Der Chat und die Besprechung waren mir plötzlich vollkommen egal – mein „Nacktschnegge" war da. Der Name war geboren und blieb haften, ein kleiner Insider, der immer ein Lächeln auf unsere Gesichter zaubert, wenn er fällt.

Und warum „Kugelfisch"? Diese Geschichte führt uns zurück in einen unserer besten Urlaube, in Antalya. Es war ein heißer Sommertag, und wir beschlossen, das Aquarium der Stadt zu besuchen – eine Pause von der Sonne und eine Chance, etwas Neues zu erleben. Wir schlenderten durch die Gänge, betrachteten die exotischen Fische, als wir vor einem Becken mit einem besonders kuriosen Bewohner stehen blieben: einem dicken, runden Kugelfisch, der uns mit seinen glubschigen Augen anstarrte. Sie sah mich an, schmunzelte und sagte: „Der sieht dir ähnlich, mach den mal nach."

Also machte ich dicke Backen, blähte meinen Bauch auf und zog ein Gesicht, das so komisch war, dass sie in schallendes Gelächter ausbrach. Es war dieses ehrliche, hemmungslose Lachen, bei dem man merkt, dass jemand wirklich von Herzen amüsiert ist. Ihre Augen begannen zu tränen, und sie hielt sich den Bauch, während sie fast in die Knie ging vor Lachen. Die Leute um uns herum, die erst neugierig geguckt hatten, fingen an mitzulachen, und plötzlich war das ganze Aquarium erfüllt von fröhlichem Kichern und Gelächter – ausgelöst von uns zwei durchgeknallten Berlinern, die sich keinen Deut darum scherten, was andere von ihnen dachten. Das war der Moment, in dem ich meinen Spitznamen „Kugelfisch" weg hatte.

Seitdem ist „Kugelfisch" nicht nur ein lustiger Name, sondern eine Erinnerung daran, wie viel Freude wir uns machen können, selbst in den banalsten Momenten. Es ist ein Zeichen unserer unbeschwerten, albernen Liebe, die uns durch dick und dünn begleitet – sei es beim gemeinsamen Lachen im Urlaub oder beim Augenzwinkern, wenn ich in einer Wallung schwitze wie ein Marathonläufer und sie mir liebevoll sagt: „Na, Kugelfisch, wird's wieder heiß?"

Aber zurück zum Thema Wallungen. Die Erfahrung, Hitzewallungen als Mann zu haben, ist nicht nur überraschend, sondern auch verwirrend und manchmal peinlich. Es fühlt sich an, als würde man in einen Zyklus geworfen, der einem bis dahin völlig unbekannt war – und in meinem Fall dachte ich zunächst, dass nur Frauen so etwas erleben. Doch ich musste lernen, dass die Natur ihren eigenen Plan hat und die Wechseljahre auch vor Männern nicht Halt machen.

Was sind nun die Hauptmechanismen, durch die diese Hitzewallungen ausgelöst werden? Hier ein genauer Blick:

1. **Abnahme des Testosteronspiegels**: Testosteron ist das primäre männliche Sexualhormon, und es beeinflusst nicht nur die körperliche Leistungsfähigkeit und Libido, sondern auch das allgemeine Wohlbefinden. Mit zunehmendem Alter nimmt die Produktion allmählich ab, was zu einem Ungleichgewicht im Hormonhaushalt führt. Dieses Ungleichgewicht kann eine Vielzahl von Symptomen hervorrufen, darunter die gefürchteten Hitzewallungen. Es ist, als ob der Körper versucht, sich auf neue Spielregeln einzustellen, die Ihm nicht passen wollen.

2. **Veränderungen im Hypothalamus**: Der Hypothalamus ist wie das Thermostat des Körpers. Er sorgt dafür, dass die Körpertemperatur immer im Gleichgewicht bleibt. Wenn die Hormone jedoch aus dem Takt geraten, kann der Hypothalamus irritiert werden und falsche Signale senden. Er kann fälschlicherweise annehmen, dass der Körper überhitzt ist, und eine Kaskade von Reaktionen auslösen: Blutgefäße erweitern sich, Schweiß bricht aus, und der Körper versucht verzweifelt, die vermeintliche Hitze loszuwerden. Das Ergebnis ist eine Hitzewallung, die einen mit unangenehmer Wucht überrollt.

3. **Störung des autonomen Nervensystems**: Das autonome Nervensystem ist wie ein Autopilot für viele unserer unwillkürlichen Körperfunktionen – Herzschlag, Atmung und eben auch die Temperaturregulation. Wenn der Hormonhaushalt durcheinandergerät, kann auch das autonome Nervensystem beeinflusst werden. Eine solche Störung kann eine unkontrollierte Freisetzung von Adrenalin und Noradrenalin auslösen, was wiederum die typischen Hitzewallungen zur

Folge hat. Es fühlt sich an, als ob der Körper ohne Vorwarnung in den Kampf-oder-Flucht-Modus schaltet.

4. **Psychologische und emotionale Faktoren**: Stress, Angst und Depressionen können wie Katalysatoren für körperliche Reaktionen wirken. Gerade in einem Lebensabschnitt, in dem Männer oft mit beruflichem und persönlichem Druck zu kämpfen haben, wirken diese psychischen Belastungen wie ein Brandbeschleuniger auf die physiologischen Reaktionen des Körpers. Die Hormone spielen verrückt, und der Körper antwortet mit Hitzewallungen, die sich aus dem Nichts einstellen und eine schleichende Unruhe hinterlassen.

5. **Medikamenteneinnahme und Gesundheitszustände**: Ein oft übersehener Faktor sind Medikamente, die die Testosteronproduktion unterdrücken, etwa bei der Behandlung von Prostatakrebs. Diese Medikamente können als Nebenwirkung Hitzewallungen auslösen. Aber auch andere Gesundheitsprobleme wie Übergewicht, Diabetes und Schilddrüsenerkrankungen erhöhen das Risiko. Der Körper ist ein hochkomplexes System, und wenn eine Komponente aus dem Gleichgewicht gerät, kann dies weitreichende Folgen haben.

Fast alle diese Faktoren trafen zu der Zeit auf mich zu. Es fühlte sich an, als ob mein Körper ein eigenes Eigenleben entwickelte, eines, das ich nicht mehr kontrollieren konnte. Die Hitzewallungen kamen oft ohne Vorwarnung, ließen mich mitten in einer Besprechung schwitzen oder weckten mich nachts auf, wenn ich klitschnass in den Laken lag. Manchmal fühlte es sich so an, als hätte ich die Kontrolle über meinen eigenen Körper verloren, und das nagte an meinem Selbstbild.

Beam me Back in 80er – Erinnerungen an die beste Zeit meines Lebens

Sprechen wir mal über ein schwieriges Thema: Stimmungsschwankungen, insbesondere Depressionen. Wer mich kennt, weiß, dass ich ein sehr bewegtes Leben geführt habe, voller Höhen und Tiefen, voller Glanz und Dunkelheit. Schon in der DDR war ich nicht der Typ, der stillstand. Ich war immer in Bewegung, suchte nach Wegen, das Beste aus meiner Situation zu machen. Nähen war damals mein Handwerk, und damit verdiente ich nicht schlecht. Es war eine Zeit, in der Kreativität und Fleiß mehr zählten als alles andere, und ich machte daraus Kapital. Von 1989 bis 1991 arbeitete ich als Konditor im Grandhotel, einer der prestigeträchtigsten Adressen der Stadt, wo die Luft nach Zucker roch. Es war ein Job, der mir nicht nur handwerkliche Fähigkeiten, sondern auch Zugang zu besonderen Privilegien verschaffte.

Ein solches Privileg war, dass ich einen Teil meines Lohns in West-Mark bekam – 100 Westmark pro Monat, die in der DDR wie ein Schatz waren. Diese Westmark öffneten Türen, die für andere verschlossen blieben. Mit diesem Geld konnte ich in den Intershops einkaufen, Läden, die Waren aus dem kapitalistischen Westen führten: feinste Schokolade, echte Jeans, Parfum. Dinge, die der normale Bürger nur aus Erzählungen kannte. Wer keine Lust auf Intershops hatte, konnte sein Westgeld auf dem Schwarzmarkt gegen Ostmark eintauschen. Der Kurs war astronomisch – 10 Westmark brachten bis zu 300 Ostmark. Es war wie Monopoly-Geld, das mir Zugang zu einer besseren Welt verschaffte.

Ich hatte die Taschen immer voller Geld und lebte das Leben, von dem viele träumten. Nach der Arbeit saß ich in den besten Restaurants der Stadt. Das Nicolaiviertel mit seinen historischen Gassen war mein zweites Wohnzimmer, der Palast der Republik mein Spielplatz, das Operncafé meine Lieblingsdisko. Im Hotel Stadt Berlin und der Mokka-Milch-Eisbar erlebte ich schöne Stunden.

1991 änderte sich mein Leben radikal. Ich wurde auf der Straße von Vertriebsleuten angesprochen und startete eine Karriere bei einer Versicherung, die mein Leben auf den Kopf stellen sollte.

Ab 1992 verdiente ich jeden Monat nicht weniger als 20.000 D-Mark. Die 100 Westmark aus der DDR-Zeit waren plötzlich ein Klacks. Die

Jahre danach waren ein wilder Ritt. Wer „The Wolf of Wall Street" gesehen hat, kann sich ein Bild davon machen: genau so ein Typ war ich – nur noch extremer. Mein Lebensstil war ein permanenter Adrenalinschub, ein Fest, das nie endete. Partys, Frauen, schnelle Autos und der ständige Rausch des Geldes bestimmten meinen Alltag. Es war ein Tanz auf der Rasierklinge, und damals war ich überzeugt, unbesiegbar zu sein. Doch die Schattenseiten meines Lebensstils, die ich ignorierte, würden mich eines Tages einholen.

2006 beschloss ich, der Finanzbranche den Rücken zu kehren und mich nur noch auf den Verkauf von Immobilien zu konzentrieren. Die Entscheidung war goldrichtig, denn der Immobilienmarkt boomte. Ich verdiente gut, lebte in Saus und Braus und hatte mehr Geld, als ich ausgeben konnte. Mein Leben war ein endloser Strom von Reisen, teuren Restaurants und Luxushotels. Gleichzeitig jonglierte ich drei bis vier Geliebte neben meiner Ehefrau – ein Balanceakt, der auf Dauer nicht gutgehen konnte.

Dann kam 2007 der Wendepunkt. Ich trennte mich von meiner ersten Frau, gab meine Familie, mein Leben, mein Haus und den Luxus für eine andere Frau auf.

Es war ein Fehler, der mein Leben in eine Abwärtsspirale zog. Am härtesten traf es meine kleinen Söhne, die die wahre Tragik dieser Entscheidung zu spüren bekamen. Bereits kurz nach der Trennung wollte ich alles ungeschehen machen, erkannte, dass ich einen irreparablen Fehler begangen hatte, doch es war zu spät. Ein erbitterter Rosenkrieg begann, der mich am Ende alles kostete – nicht nur emotional, sondern auch finanziell.

Die Privatinsolvenz zeichnete sich am Horizont ab wie ein heraufziehendes Gewitter, das kein Entkommen zuließ. Der Verlust meiner Maklerlizenz, meiner beruflichen Existenzgrundlage, war die ultimative Konsequenz. Ohne die Gewerbeerlaubnis konnte ich nicht mehr arbeiten. In Deutschland braucht ein Immobilienmakler eine saubere Weste, eine einwandfreie Finanzhistorie, um seine Lizenz zu behalten. Und ich? Ich stand plötzlich vor den Trümmern meines Lebenswerks, sah zu, wie sich alles, was ich aufgebaut hatte, vor meinen Augen auflöste.

Die Kombination aus beruflichem Ruin, der Zerstörung meiner Familie und dem Gefühl des Scheiterns setzte einen Prozess in Gang, den ich damals nicht kontrollieren konnte: tiefe Stimmungsschwankungen und eine Depression, die mich wie ein ungebetener Gast heimsuchte.

2010 versuchte ich mit neuen Geschäftsideen wieder auf die Beine zu kommen, was mir einigermaßen gelang. Die Jahre des Umbruchs und der Suche nach Stabilität forderten mich in einer Art und Weise heraus, die ich nie zuvor erlebt hatte. Ich stürzte mich in den Handel mit Rohstoffen, insbesondere mit Abfallprodukten und Öl. Ein Geschäftsfeld, das nicht glamourös war, aber Potenzial hatte. Der Anfang war holprig, wie so oft bei neuen Unternehmungen, aber es gelang mir, ein gewisses Einkommen zu erzielen – nicht annähernd die astronomischen Beträge von früher, aber immerhin 9 bis 15K Euro im Monat. Das war genug, um meinen Lebensunterhalt zu sichern und den Glauben an meine unternehmerische Fähigkeit aufrechtzuerhalten.

Trotzdem fühlte sich der Erfolg hohl an. Die vielen falschen Entscheidungen der Vergangenheit hafteten wie ein unsichtbarer Schatten an mir. Mit 50 Jahren begann ich zu realisieren, dass ich, trotz aller Mühen und Kämpfe, nichts Vorzeigbares hatte. Keine beeindruckenden Investments, kein solides Rentenpolster. Meine Selbstständigkeit hielt mich gerade so über Wasser, doch das war nicht das, was ich mir einst erträumt hatte. Die Träume von früher waren verblasst, wie Bilder, die zu lange in der Sonne gehangen hatten. Ich kämpfte jeden Monat aufs Neue, und die Aussicht, irgendwann in einer unsicheren finanziellen Lage alt zu werden, nagte an mir.

Die Erinnerungen an bessere Zeiten verfolgten mich, wie Geister, die mich nicht in Ruhe lassen wollten. Ich sah Bilder vor meinem inneren Auge: die rauschenden Partys, die luxuriösen Reisen, das Gefühl der Unbesiegbarkeit. Doch diese Bilder wurden schnell von anderen überschattet – die verpassten Chancen, die impulsiven Entscheidungen, das ständige Fremdgehen, das meine Beziehungen zerrüttet hatte. Es war, als würde mein Leben in einem Film ablaufen, und ich saß im Publikum, unfähig, die Handlung zu ändern. Der Frust über meine eigene Unfähigkeit, mich aus diesem mentalen Sumpf zu befreien, machte es nur schlimmer. Ich hätte Jahre meines Lebens gegeben, um die Fehler rückgängig zu machen, die ich damals gemacht habe. Mit dem Wissen und der Reife von heute würde ich alles anders gestalten – bewusster, achtsamer und mit mehr Wertschätzung für die Dinge, die wirklich zählen. Es tut weh, zu wissen, dass man so viele Gelegenheiten verschwendet hat, so viele Beziehungen durch eigene Dummheit oder Egoismus beschädigt hat. Aber leider gibt es keine Zurückspulen-Taste im Leben.

Dieser Gedanke quält mich oft: **Was wäre, wenn ich damals anders gehandelt hätte?**

2009 lernte ich meine zweite Frau kennen – ein wahrer Engel in Menschengestalt. Sie trat in mein Leben zu einer Zeit, in der ich fast nichts mehr zu geben hatte. Ich war innerlich leer, ausgebrannt, ein Schatten meiner selbst.

Der Druck und die Scham über mein Scheitern hatten mich an den Rand der Verzweiflung getrieben. Ich hatte bereits Tabletten besorgt und überlegt, mich mit Autoabgasen zu vergiften. Ich wartete nur noch auf den richtigen Moment. Das Dunkel, das mich umgab, schien undurchdringlich, und ich war überzeugt, dass es keinen Ausweg mehr gab.

Doch sie, diese Frau mit den sanften Augen und der unerschütterlichen Geduld, schaffte es, mich aus dieser Dunkelheit herauszuziehen. Mit Worten, die nicht belehrend waren, mit Gesten, die mehr sagten als tausend Gespräche. Sie reichte mir die Hand, als ich schon längst aufgegeben hatte, nach einer zu suchen. Sie schaffte es, die düsteren Gedanken zu vertreiben, und half mir, mich langsam wieder aufzurichten. Es war, als ob sie in mir etwas gesehen hätte, das ich selbst längst nicht mehr erkennen konnte.

2010 heirateten wir, und von da an begann ein neuer Abschnitt meines Lebens. Langsam, Schritt für Schritt, konnte ich mir als Webdesigner und Fotograf eine neue Existenz aufbauen. Es war harte

Arbeit, und es gab viele Nächte, in denen ich am Computer saß, den Kopf voller Zweifel. Doch es ging aufwärts, und mit jedem neuen Auftrag, jedem erfolgreichen Projekt kehrte ein wenig mehr Selbstvertrauen zurück.

Unser Leben entwickelte sich in eine tolle Richtung. Die ersten Jahre waren voller Hoffnung und neuer Möglichkeiten. Doch die Dämonen meiner Vergangenheit blieben, lauerten im Hintergrund und warteten auf Momente der Schwäche. Meine Unzufriedenheit und die leise Trauer über das, was hätte sein können, ließen mich nicht los. Es war, als ob ich einen inneren Kampf führte, den niemand sehen konnte. Die Depressionen kamen zurück, tiefer und schleichender als je zuvor. Es waren nicht nur kurze Momente der Traurigkeit, sondern lange, dunkle Phasen, die mich umhüllten wie ein kalter Nebel.

Ich fühlte mich gefangen, wollte nur noch ausbrechen, irgendwo neu anfangen – allein, ohne die Last der Vergangenheit und ohne die Erwartungen, die ich mir selbst auferlegte. Ich träumte davon, alles hinter mir zu lassen, ein neues Projekt zu beginnen, an einem Ort, der nichts mit meinem bisherigen Leben zu tun hatte.

Warum ich so dachte, wusste ich nicht genau. Vielleicht war es die Hoffnung auf einen Neuanfang, die Vorstellung, dass sich irgendwo dort draußen ein einfacher Schlüssel zum Glücklichsein verbarg. Doch meine Depressionen waren hartnäckig und machten jeden Schritt schwer. Sie ließen mich nach Fluchtwegen suchen, die manchmal alles andere als gesund waren.

Einmal Easy Rider sein oder der Versuch, verpasste Träume zu verwirklichen

Ein Klischee, wie es im Buche steht: Männer in der Midlife-Crisis kaufen sich ein Motorrad. Natürlich blieb auch ich von diesem Phänomen nicht verschont. In meiner Jugend hatte ich nie die Zeit oder die Mittel, mir ein Motorrad zuzulegen, aber der Wunsch danach schlummerte immer in mir. Es war dieses Bild der Freiheit, das Gefühl von Wind und Geschwindigkeit, das mich faszinierte – ein Symbol dafür, alles hinter sich zu lassen und einfach zu fahren, ohne zurückzublicken. Doch das Leben hatte andere Pläne, und der Traum von der Maschine verschwand lange Zeit hinter den Verpflichtungen und dem Alltag.

Dann kam 2019. Ich saß eines Abends, nach einem besonders stressigen Tag, auf meiner Couch und scrollte ziellos durch meinen Feed. Plötzlich stieß ich auf einen Artikel: Mit dem Autoführerschein und dem Zusatz B196 darf man nun auch Motorräder der 125er-Klasse fahren. Das ließ mich aufhorchen. Plötzlich war dieser lang verdrängte Traum wieder da, greifbar nah. Die Entscheidung fiel schnell, wie ein innerer Impuls, den ich nicht ignorieren konnte. Gesagt, getan: Noch in derselben Woche besuchte ich einen alten Freund, der eine Fahrschule betrieb, und meldete mich für den B196-Kurs an.

Ein Wochenende lang Theorie und ein paar Fahrstunden, keine Prüfungen – nur das Gefühl, sich endlich einen Jugendtraum zu erfüllen. Es war einfach, unkompliziert und genau das, was ich in diesem Moment brauchte. Für 1.700 Euro bekam ich das, wonach ich mich gesehnt hatte: das Recht, endlich auf einem Motorrad zu sitzen. Vier Wochen später hielt ich meinen neuen Führerschein in der Hand, und mit einem Herzklopfen, das ich schon lange nicht mehr gespürt hatte, fuhr ich los, um meinen ersten Hobel zu kaufen – eine kleine 125er Suzuki. Nicht die große Maschine, von der ich einst träumte, aber genug, um mich wieder lebendig zu fühlen.

Die erste Fahrt von Spandau nach Hause war ein Erlebnis, das ich nie vergessen werde. Der Motor brummte unter mir, die Straßen zogen vorbei, und der Wind strich über mein Gesicht. Es war wie eine Zeitreise, als ob ich der 20-jährige Junge war, der sich endlich den Traum erfüllte, den er so lange mit sich herumgetragen hatte. Einmal cool sein, einmal die bewundernden Blicke der Passanten spüren, die neidischen Blicke von Autofahrern im Stau – es war wie ein stilles Nicken des Universums, das mir sagte: „Gut gemacht."

Das Motorradfahren war für mich mehr als nur ein Hobby. Es war ein Symbol meiner persönlichen Freiheit und ein Werkzeug, um die Welt mit neuen Augen zu sehen.

Mein Plan war es, mit meiner Kamera und meinem Fotoequipment auf dem Motorrad herumzufahren und nach neuen Motiven zu suchen. Zu der Zeit hatte ich das Fotografieren für mich entdeckt, und es war, als hätte ich einen verborgenen Schatz in mir gefunden. Das alte kreative Feuer, das schon seit den DDR-Tagen in mir geschlummert hatte, flackerte plötzlich wieder auf. Ich begann, Landschaften, Menschen und Straßen mit einem ganz anderen Blick zu sehen – nicht nur als Kulisse, sondern als lebendige Szenen, die darauf warteten, eingefangen zu werden.

Es gab noch einen weiteren Aspekt, der diese Zeit so besonders machte: die Menschen, die ich dadurch kennenlernen durfte. Die Motorrad-Community ist wie eine eigene kleine Welt, voller Charaktere und Geschichten. An den Wochenenden zog es mich raus – auf Treffen, Touren und kleine Entdeckungsreisen.

Und natürlich gab es da auch die Frauen, die ich immer bewundert hatte: Frauen mit eigenen Stilen, tätowierten Armen, die zeigten, dass Schönheit viele Facetten hat. Diese Frauen hatten etwas Unbändiges, etwas, das mich ansprach und mich daran erinnerte, warum ich immer schon von Menschen fasziniert war, die ihren eigenen Weg gingen.

Ich verspürte immer mehr den Wunsch nach einer neuen Erfahrung. Es war nicht so, dass mir zu Hause etwas fehlte – sexuell war alles im Lot, ich lebte in einem liebevoll eingerichteten Heim, hatte eine tolle Frau an meiner Seite, die mir Halt und Liebe schenkte. Und doch war da diese innere Unruhe, ein Flüstern im Hinterkopf, das mich dazu trieb, nach mehr zu suchen. Es war nicht einmal das körperliche Verlangen, das mich lockte, sondern vielmehr der Reiz des Unbekannten, die Aufregung, wieder bewundert zu werden und den Funken jugendlicher Abenteuerlust neu zu entfachen.

Wie soll ich es beschreiben? Meine Frau hat mir oft gesagt, dass sie mich attraktiv findet, dass sie mich begehrt und liebt. Doch das Lob von der Person, die einen seit Jahren kennt, fühlt sich irgendwann anders an, fast wie ein wohlbekannter Refrain eines alten Liedes.

Und genau hier begannen meine größten Herausforderungen. Ich sehnte mich nach Anerkennung, danach, von fremden Frauen angehimmelt zu werden, nach dem Rausch, den der Jagdinstinkt mit sich bringt.

Es war wie eine alte, archaische Sehnsucht, die in mir erwachte und sich nicht mehr zügeln ließ. Also, was tat ich? Ich lud verschiedene Dating-Apps herunter, installierte sie auf meinem Handy und begann zu chatten – zuerst aus Neugierde, dann aus einer Mischung aus Aufregung und Euphorie.

Ich denke, ich darf von mir behaupten, dass ich attraktiv und sportlich bin. Für meine 50 Jahre sehe ich, so sagen es zumindest andere, noch immer „bombig" aus. Ich habe noch alle meine Haare, kein einziges Graues ist dabei, und durch ständiges Training halte ich eine schlanke Figur mit gut definierten Muskeln. Mein Kleidungsstil tendiert Richtung Military-Style – robuste Jacken, Cargo-Hosen, coole Boots. Das hat etwas Kämpferisches und gefällt vielen Frauen. Es war nicht nur ein Look, es war eine Haltung. Eine Botschaft, die sagte: „Ich bin bereit, ich bin stark, ich bin anders."

Das spiegelte sich auch in meinen Hobbys wider. Ich war immer der Typ, der actionreiche, aufregende Aktivitäten liebte: Airsoft, Wakeboarden, Paragliding, Kiten, Bogenschießen und Jagen. Mein Kofferraum war immer gepackt, ein kleines Arsenal an Sportgeräten, bereit für den nächsten Adrenalinkick. Meine Kumpels wussten, dass ein Anruf bei mir immer eine spontane, spannende Idee zur Folge hatte. Ich war der Typ, der keine Langeweile duldete, der immer unterwegs war, der „Mr. Action", wie meine Freunde mich manchmal nannten.

Auch als Vater von vier erwachsenen Söhnen wollte ich immer ein Vorbild sein, der „coole" Papa, der am Wochenende für jedes Abenteuer zu haben war. Die Tatsache, dass ich immer nur der „Wochenend-Papa" war, trieb mich an, jede gemeinsame Minute mit meinen Kindern zu etwas Besonderem zu machen. Berlin und Brandenburg boten dafür den perfekten Spielplatz – Seen, Wälder und eine endlose Palette an Freizeitmöglichkeiten, die ich bis zum letzten Tropfen ausschöpfte. Von Kanu-Touren bis hin zu Übernachtungen im Zelt, wo wir zusammen am Lagerfeuer saßen und Geschichten erzählten – meine Jungs sollten sich immer daran erinnern, dass Papa die besten Ideen hatte.

Alle 14 Tage stand eine neue Aktion auf dem Plan. Im Laufe der Jahre haben wir fast alles ausprobiert, was man sich nur vorstellen konnte und was mit Kindern möglich war. Ich war stets in Bewegung, immer auf der Suche nach dem nächsten Höhepunkt. Und wenn ich einmal ohne die Jungs unterwegs war, wusste ich genau, wie ich auf Frauen wirke. Man hatte mir oft gesagt, dass ich ein schöner Mann sei, mit markanten Gesichtszügen und einem entschlossenen Blick. Ehrlich gesagt, ich sah mich selbst nie als Schönling. Viel mehr wollte ich als Kämpfer wahrgenommen werden – als jemand, der sich durchs Leben beißt, der trotz aller Rückschläge immer wieder aufsteht.

Und genau das suchte ich auch in den Begegnungen auf diesen Dating-Apps: Bestätigung, den elektrisierenden Moment des Flirts, das Spiel der Blicke und Worte, das mir das Gefühl gab, dass ich noch immer im Rennen war, noch immer begehrt und stark. Ein Teil von mir wusste, dass ich bereits alles hatte, was ich brauchte, aber ein anderer Teil, der Teil, der in den Wechseljahren erwacht war, wollte die Welt spüren, wollte Abenteuer und das berauschende Gefühl, neu entdeckt zu werden.

Also habe ich ein paar schicke Bilder von mir gemacht, mit meiner Kamera, die jedes Detail perfekt einfing. Ein Porträt im Military-Style-Jackett, lässig an mein Motorrad gelehnt, und ein Bild mit meinem strahlenden Lächeln– die perfekte Mischung aus Stärke und Charme. Hochgeladen, abgeschickt, und es dauerte nicht lange, bis die ersten Nachrichten von den Damen eintrudelten. Ein Kribbeln lief mir über den Rücken, als mein Handy ständig vibrierte. Es war wie ein Spiel, bei dem ich die Regeln kannte, aber das Spielfeld neu erkunden musste.

Da Mutti mich zum Gentleman erzogen hatte, schrieb ich den Damen stets mit Respekt und Anstand zurück. Keine plumpen Anmachsprüche, keine hastigen Fragen, sondern echtes Interesse und ein Hauch von Humor.

Damit schien ich mich sehr von den vielen anderen meiner Artgenossen abzuheben, jedenfalls ließen mich das die Frauen wissen. „Du bist anders", schrieben sie. „Endlich mal ein Mann, der zuhören kann." Ich musste schmunzeln. Wie wenig es doch manchmal brauchte, um sich aus der Masse hervorzutun.

Einige Frauen waren besonders hartnäckig, wollten sofort ein Date. Doch ich hielt mich zurück, tastete mich heran, chattete und telefonierte zunächst. Der Gedanke, ob ich nicht vielleicht auf einem Holzweg war, blieb im Hinterkopf. Aber ich redete mir ein, dass es nur Worte waren, kein Berühren, kein Überschreiten einer unsichtbaren Grenze. „Es ist ja nur Schreiben", sagte ich mir, „kein Ehebruch."

Mit einigen der Frauen wechselte ich zu WhatsApp, und dort wurde es intensiver. Die Nachrichten wurden persönlicher, die Emojis flirtender, und das Spiel der Worte erhielt eine neue, aufregende Dynamik.

Ich blieb ein Gentleman, zumindest anfangs, aber offenbar war das einigen Damen zu langsam. Um mich auf Trab zu halten und mir zu zeigen, dass sie ein echtes Interesse hatten, trudelten nach und nach Bilder ein – und zwar nicht irgendwelche, sondern Fotos, die so offensiv und verführerisch waren, dass es mein Herz schneller schlagen ließ. Welcher Mann kann da widerstehen, besonders, wenn eine Frau einem das Gefühl gibt, unwiderstehlich zu sein?

Dann lernte ich Isabell kennen. Ihr Profil sprang mir sofort ins Auge. Diese Frau strahlte eine Mischung aus Abenteuerlust und Geheimnis aus. Sie hatte lange, gewellte rote Haare, die auf ihren Profilbildern im Wind tanzten, und ein Lächeln, das zugleich verspielt und herausfordernd war. Es dauerte nicht lange, bis sie den ersten Schritt machte. „Na, schöner Mann, ist dir langweilig? Was machst du gerade?" Diese Nachricht war originell, anders als die üblichen, einfallslosen Begrüßungen wie „Hi" oder das dröge „Hallo".

Zufällig war ich gerade am Müggelsee, einer meiner Lieblingsorte in Berlin. Der See glitzerte im Sonnenlicht, und ich hatte mein SUP gerade aufgepumpt, bereit, ein paar Runden zu drehen. Ein einfacher Text schien mir zu langweilig. Also nahm ich mein Handy, filmte kurz den Strand, die glitzernde Wasseroberfläche, und schickte ihr das Video. Isabell war begeistert. Ihre Antwort kam prompt, eine Sprachnachricht, ihr Lachen klang darin wie Musik. „Wow, du weißt, wie man eine Frau beeindruckt!", sagte sie.

Unsere Unterhaltung nahm schnell Fahrt auf. Es war, als ob wir uns schon ewig kannten. Sie erzählte mir, dass sie ebenfalls Motorrad fuhr, eine Kawasaki Z650, und ich konnte mir das Bild sofort vorstellen: Isabell, die Haare im Wind, die Lederjacke mit den vielen Patches, die sie stolz trug. Zwei Tage später war ein großes Bikertreffen in Berlin geplant, und wir beschlossen, uns dort zu treffen und gemeinsam mit unseren Motorrädern vorzufahren.

Der Gedanke, mit ihr durch die Straßen Berlins zu fahren, den Motorenlärm im Hintergrund und den Wind im Gesicht, ließ mein Herz schneller schlagen. Es fühlte sich an wie eine Rückkehr zu etwas, das ich verloren geglaubt hatte – Freiheit, Abenteuer, ein Hauch von Rebellion.

Isabell – oder warum wir Idioten fremdgehen

Isabell – schon der Name klang wie ein Versprechen auf Abenteuer und Gefahr. Sie war 1,75 Meter groß, eine Frau, die sofort die Blicke auf sich zog, sobald sie einen Raum betrat. Ihre langen, leuchtend roten Haare fielen ihr wie ein Wasserfall über den Rücken, und ihr Körper war eine Leinwand aus Tattoos, jedes mit seiner eigenen Geschichte, jedes ein kleines Kunstwerk. Sie hatte große, wohlgeformte Brüste und eine Figur, die die perfekte Mischung aus Kurven und Fitness war. Doch es war nicht nur ihr Aussehen, das mich in ihren Bann zog. Sie hatte diesen Funken in den Augen, dieses unbändige, wilde Etwas, das jeden Moment mit ihr unvorhersehbar machte. Sie war 45, sah aber locker zehn Jahre jünger aus. Ihre Haut war glatt und straff, ohne eine einzige Falte, und ihr Po – der war einfach unglaublich, als hätte er sein eigenes Kapitel in einem Roman verdient.

Isabell war Programmiererin, genau wie ich im weitesten Sinne in der digitalen Welt tätig war. Wir verstanden uns sofort auf dieser technischen Ebene, die für Außenstehende oft trocken wirkte, aber uns ein besonderes Band gab.

Keine Kinder, erzählte sie mir, obwohl sie immer welche wollte. Doch der richtige Partner, der dieses Abenteuer mit ihr hätte teilen können, war ihr nie über den Weg gelaufen. Als ich ihr von meinen vier erwachsenen Söhnen und meiner großen Familie erzählte, strahlte sie mich an, als hätte ich ihr gerade das spannendste Buch der Welt gezeigt. Es schien, als würde sie sich in dieser Vorstellung verlieren, in einer Welt, die für sie immer nur eine Vision geblieben war.

Ihr Duft war unverkennbar. Ein Hauch von Vanille und etwas Blumiges, das ich nicht benennen konnte – es zog mich sofort in ihren Bann. Ihre Zähne waren strahlend weiß, das Lächeln total natürlich, und ihre Sommersprossen, verstreut über ein makelloses Gesicht. Sie wirkte wie ein Gesamtkunstwerk, erschaffen, um Männer wie mich um den Verstand zu bringen. Und da stand sie, die Frau, die alles in sich vereinte, was ich jemals gewollt hatte.

Offenbar gefiel ich ihr genauso gut. Sie ließ ihren Blick keine Sekunde von mir, spielte mit ihren Haaren und schenkte mir Lächeln. Mein Herz schlug schneller, meine Hände wurden feucht, und ich war wie verzaubert. In meinem Kopf malte ich mir bereits aus, wie es wäre, sie zu küssen, sie zu berühren, sie zu verführen...

Wir ließen die Motorräder stehen und setzten uns in ein kleines Café, das unweit der Straße lag. Ihre Gangart war elegant, fast tänzerisch. Alles an ihr strahlte Anmut und Selbstbewusstsein aus. Die anderen Typen beim Bikertreffen warfen mir neidische Blicke zu, als sie uns zusammen sahen. Ich konnte ihre Gedanken fast hören: „Was für ein Glückspilz!" Und ich genoss es. Ich genoss jede Sekunde dieser Bewunderung.

Als wir zu reden begannen sprach sie mit einer Intelligenz, die mich in den Bann zog. Keine leeren Worte, kein banales Geplänkel – sie war klug, tiefgründig und hatte etwas zu sagen. Sie erzählte von ihren Reisen, von fernen Ländern und Kulturen, von ihrer Liebe zur Kunst und Fotografie. Ihre Stimme war weich, und der Klang davon schien direkt in mein Herz zu dringen. Ich hätte stundenlang einfach nur zuhören können, wie sie mit leuchtenden Augen von ihren Abenteuern berichtete. Ihre Blicke trafen mich immer wieder, und es war, als würde sich die Welt um uns herum verlangsamen.

Diese Frau war eine gefährliche Mischung aus Intelligenz und Sexappeal. Nicht nur äußerlich ein Hingucker, sondern auch jemand, der mit scharfem Verstand und Witz begeistern konnte. Das machte sie doppelt gefährlich.

Ich habe nie viel für oberflächliche Schönheiten übriggehabt, Frauen, die sich hinter künstlichem Schein versteckten. Aber bei Isabell war das anders. Sie war „vollgetunt", wie man so schön sagt – Lippen, Haare, Brüste, Tattoos selbst die Nase – und doch wirkte sie in ihrer Art vollkommen natürlich. Ihre kleinen Sommersprossen, die über ihre Nase und Wangen verstreut waren, machten sie einzigartig. Sie verliehen ihr etwas Verspieltes, das ich einfach liebte.

Jede Faser in mir wollte sie in den Arm nehmen, sie küssen, den Moment einfrieren, damit er nie endete. Doch ich erinnerte mich an den Rat meiner Mutter: „Beim ersten Date nur schauen, nicht anfassen." Und dieser Rat war Gold wert. Mit dieser Strategie bin ich immer gut gefahren. Frauen schätzten das – es zeigte Anstand, Selbstbeherrschung und Respekt. Und ich wusste, dass genau das der Schlüssel war, um nicht nur flüchtige Momente, sondern echte Verbindungen zu schaffen.

Die Verabredung für ein neues Date schien nur eine Frage der Zeit zu sein. Als sie sich dann auf ihren „Ofen" schwang, verfolgte ich jede ihrer Bewegungen mit einem Herzklopfen, das mich fast verrückt machte.

Der Anblick ihres perfekt geformten Hinterns, der sich auf der Sitzbank spannte, ließ mein Herz schneller schlagen. Sie wirkte echt cool auf ihrem schweren Ofen, der eigentlich viel zu hoch für sie war. Sie schaffte es gerade so, mit ihren Fußspitzen den Boden zu berühren.

Sie rollte langsam los, und ich konnte nur hoffen, dass sie sich noch einmal umdrehen würde – ein letzter Blick, ein Zeichen, dass das Date für sie ebenso magisch gewesen war wie für mich.

Und tatsächlich, ein paar Meter weiter hielt sie an, drehte sich zu mir, hob das Helmvisier und schickte mir einen Luftkuss. Ein elektrisierender Moment, der mir durch und durch ging. Ich formte ein

Herzzeichen mit meinen Händen, und sie lächelte, bevor sie das Visier wieder zuklappte und davonfuhr. Das Dröhnen ihres Motors wurde leiser, bis es schließlich in der Ferne verklang. Da wusste ich: Es hatte bei ihr genauso gefunkt wie bei mir.

Die Heimfahrt auf meinem eigenen Motorrad fühlte sich an wie eine Mischung aus Triumph und Verwirrung. Ihre Augen, ihr Lachen, die Art, wie sie sprach – alles spielte sich in Dauerschleife in meinem Kopf ab. Doch während das Adrenalin nachließ, setzte die Vernunft ein. Ich beschloss, meine Ehe nicht zu gefährden.

Ich redete mir ein, dass diese Momente mit Isabell ein kleines Geschenk waren, ein Hauch von Abenteuer, der mir gezeigt hatte, dass ich noch lebendig war. „Du hattest diese wundervollen Stunden", sagte ich mir, „und jetzt reicht es."

Doch die nächsten Tage zeigten, dass es nicht so einfach war. Sie spukte in meinen Gedanken herum, als wäre sie ein Geist, der sich in meinen Träumen festgesetzt hatte. Mein Handy blinkte immer wieder auf, und ihr Name erschien auf dem Display. Jedes Mal, wenn ich ihre Nachricht las, zog es mich zurück in diesen Moment am Café, in das Funkeln ihrer Augen, in ihr Lachen. „Warum bist du so zurückhaltend?", schrieb sie. „Ich kann nicht aufhören, an dich zu denken. Ich glaube, ich habe mich in dich verknallt. Lass uns bald wiedersehen."

Es war, als ob ein unsichtbares Band zwischen uns gespannt war, das ich weder ignorieren noch abreißen konnte. Schließlich gab ich nach, und wir verabredeten uns bei ihr daheim.

Märkisches Viertel in Berlin, Plattenbau, überwiegend migrantisches Wohnviertel, alles ziemlich abgerockt, beschmiert und drekkig. Ich dachte nur: Mein Gott, hoffentlich sieht deine Wohnung nicht genauso aus.

Als ich an ihrer Tür klingelte, spürte ich das Herz in meiner Brust pochen. Sie öffnete die Tür und sah aus, als hätte sie gerade ein Hochglanzmagazin verlassen – perfekt gestylt, einladend und doch mit dieser unnahbaren Aura, die mich fesselte.

Ihre Wohnung war eine Offenbarung. Sie war nicht nur ordentlich und sauber, sondern auch warm und einladend, als hätte sie einen Teil ihrer Persönlichkeit in jeden Winkel gepflanzt. Die Möbel waren elegant und stilvoll, wie aus einem Katalog, den ich selbst gerne durchblättere, und die Wände waren gespickt mit Fotos von ihren Reisen, ihrer Familie und ihren Freunden. Jedes Bild erzählte eine Geschichte, jedes Souvenir, das aus exotischen Ländern stammte, flüsterte von Abenteuern und Momenten, die sie erlebt hatte. Also das Viertel, das Haus und das gesamte Umfeld passten überhaupt nicht zu ihrer Wohnung.

Während ich die Fotos betrachtete und mich in den Geschichten, die sie erzählten, verlor, hörte ich aus der Küche das Klirren von Eiswürfeln. Sie bereitete Cocktails zu, und der Duft von Limetten und Minze wehte zu mir herüber. Ich nahm mir einen Moment, um tief einzuatmen und die Atmosphäre in mich aufzunehmen. **Alles fühlte sich richtig an, fast zu richtig.**

Sie rief nur: „Engelchen, setz dich doch einfach auf den Balkon." Ich antwortete: „Traumfrau, ich finde deine Bilder faszinierend." Sie darauf: „Du bist ja süß, die hat sich noch nie ein Typ angesehen."

Ich konnte mir den Spruch nicht verkneifen: „Haste so viele Typen zu Besuch?" Sie lachte: „Du Doofi, komm jetzt, hab was Leckeres für dich."

Diese Leichtigkeit, dieses gegenseitige Necken – es fühlte sich einfach gut an, fast schon wie in einer kleinen, perfekten Welt, die für diesen Moment nur uns beiden gehörte.

Dann kam sie mit zwei Gläsern in der Hand auf den Balkon. Sie setzte sich neben mich, ihre Nähe machte mich nervös und elektrisierte mich zugleich. Einen Moment lang saßen wir da, stumm, während sich unsere Blicke trafen und ein ganzes Gespräch ohne Worte führten.

Wir prosteten uns zu, und ich nahm einen Schluck. Lecker – ein Fruchtcocktail mit einem kleinen Schuss Alkohol, gerade so viel, dass es kitzelte, aber nicht zu schwer wurde.

„Wow, der schmeckt echt gut," sagte ich und sah sie an. „Freut mich, dass er dir gefällt," erwiderte sie mit ihrem strahlenden Lächeln. „Das ist mein Spezialcocktail. Für besondere Gäste." Ich grinste: „Besondere Gäste? Also bist du doch so eine Cocktail-Bar für Männer?" Sie lachte laut: „Du bist unmöglich. Nein, ich meinte, du bist besonders, du Doofi."

Das Eis war längst gebrochen, und diese Mischung aus Humor, Leichtigkeit und der gewissen Spannung in der Luft machte den Moment perfekt. Wir prosteten uns noch einmal zu, diesmal mit einem verschmitzten Funkeln in ihren Augen, das mich sofort gefangen nahm.

Ihr Blick bohrte sich tief in meine Augen, und bevor ich es realisierte, kam sie näher, ihre Lippen fanden meine, und die Welt um uns herum verschwand.

Der Kuss war sanft, und schmeckte lecker nach dem Cocktail. Alles, was in den letzten Tagen in uns aufgestaut war, entlud sich in diesem Moment. Es war ein Kuss, der mehr als nur Worte sprach – er war ein Versprechen, eine Einladung, das Verbotene zu betreten, und ich war bereit, alles andere auszublenden, um diesen Moment auszukosten.

Ich dachte mir: „Okay, wenn du jetzt weitergehst, wirst du ihr komplett verfallen. Diese Frau ist der absolute Wahnsinn und pure Erotik." Isabell war eine Erscheinung, die jeder Vernunft den Boden unter den Füßen wegzog.

Ihre Präsenz erfüllte den Raum, eine Mischung aus gefährlicher Anziehungskraft und einer Wärme, die mich gleichzeitig beruhigte und aufregte. Ihre Lippen waren voll und schön weich und dieser Duft – eine Mischung aus Kokosmilch und Jil Sander Sun – eigenartig und doch auf eine unerklärliche Weise betörend.

Jeder Moment in ihrer Nähe war ein Spiel mit dem Feuer, ein Balanceakt zwischen Verlangen und Selbstkontrolle. Sie meinte dann mit einem frechen Grinsen: „Traummann, lass uns rübergehen, ich will dir mal meine Briefmarkensammlung zeigen." Ich konnte nicht anders und brach in schallendes Gelächter aus.

„Briefmarkensammlung? Ehrlich jetzt? Das ist der älteste Trick der Welt!" erwiderte ich grinsend.

„Halt die Klappe und komm mit," sagte sie und zog mich entschlossen an der Hand.

Also ließ ich mich ziehen, direkt in ihr Schlafzimmer. Der Raum war genau wie der Rest der Wohnung: geschmackvoll, gemütlich und überraschend ordentlich. Das Bett war perfekt gemacht, und es duftete nach ihrem typischen Mix aus Kokosmilch und Parfum.

Ich dachte mir nur: „Okay, vergiss die Zweifel. Genieße die Show."

Als sie langsam begann, sich auszuziehen, fühlte sich die Luft um uns elektrisch aufgeladen an. Ich lehnte am Türrahmen und genoss die Show.

Ihre Haut war makellos, übersät mit Tattoos, überwiegend Wikinger- und Kriegermotiven, auf dem Rücken ein riesiger Yggdrasil mit Runen.

Was für ein toller Körper, einfach makellos. Ihre straffen, großen Brüste zogen meinen Blick magisch an, und ihre makellose Haut schien im sanften Licht zu leuchten. Sie war vollkommen rasiert, und darauf stand ich schon immer extrem.

Sie bewegte sich mit einer solchen Selbstsicherheit, dass mir der Atem stockte. Vollkommen rasiert, jedes Detail perfekt gepflegt – sie war wie eine lebendig gewordene Fantasie.

Ich konnte nicht anders, der Kleine zwischen meinen Beinen wurde härter, als ich es je zuvor gespürt hatte. Es war, als hätte mein Körper einen eigenen Willen, völlig überwältigt von ihrer Präsenz. Alles an ihr strahlte Sinnlichkeit aus, von ihrem verführerischen Lächeln bis hin zu den geschmeidigen Bewegungen, mit denen sie sich vor mir präsentierte.

„Na, gefällt dir, was du siehst?" fragte sie mit einem schelmischen Lächeln, während sie sich langsam näherte. „Und wie," brachte ich kaum heraus, völlig hingerissen von diesem Moment, der wie aus einem Traum schien.

Dann nahm sie ihren Zeigefinger, leckte ihn langsam und verführerisch an, bevor sie ihn an meiner Hose rieb. Mit einem frechen Grinsen meinte sie: „Aber jetzt raus aus den nassen Klamotten."

Ich brauchte eine Sekunde, um zu begreifen, was gerade passierte – und dann musste ich laut lachen. „Hahaha, was für eine Frau!" dachte ich mir. Sie war einfach unglaublich, so selbstbewusst, verspielt und sexy, dass ich nicht anders konnte, als völlig mitzugehen.

„Na, Traummann, warum stehst du noch da? Beeil dich!" fügte sie hinzu, während sie sich auf die Bettkante setzte und mich mit diesem verführerischen Blick fixierte, der mich fast wahnsinnig machte.

In Nullkommanix war die Hose und der Rest meiner Kleidung ausgezogen. Es ging schneller, als ich selbst erwartet hätte, und da stand ich, wie Gott mich schuf, mit einem breiten Grinsen und einem Herz, das wie wild klopfte.

Ich ging zu Ihr rüber und stand nackt vor Ihr, der Kleine stand wie eine Eins. Sie meinte nur „ist ja wie eine schriftliche Einladung".

Sie nahm ihn in den Mund und befriedigte mich oral, gleichzeitig griff sie mit der anderen Hand meinen Hintern und drückte meinen kleinen noch tiefer in ihren Mund. Meine Fresse das war sowas von geil. Ich meinte „hör auf ich will noch nicht kommen".

Ich drehte sie um, und sie kniete sich vor mich. Mit einer Hand an ihrer Hüfte und einer an ihrem Rücken drang ich langsam von hinten in sie ein. Es war unbeschreiblich.

Die Frau war so eng, man merkte sie hatte noch keine Kinder geboren. Ich mußte mich zusammenreißen nicht sofort zu kommen.

Ich wußte gar nicht, daß ich dazu noch fähig war, aber mit der richtigen Motivation ging noch mehr. Wir hatten an diesem Tag rund drei Stunden ausgiebigen Sex.

Ich merkte, wie ich mich langsam, aber sicher in sie verliebte. Ich wollte mehr und das immer wieder.

Die liebevolle und sinnliche Art, mit der sie mich behandelte, ließ alles andere um mich herum verblassen. Es war, als ob die Welt angehalten hatte und nur noch wir beide existierten. Ihr sanftes Lächeln, das Funkeln in ihren Augen, und die Art, wie sie mich mit ihren zarten Händen berührte, lösten in mir eine Welle von Emotionen aus, die ich schon lange nicht mehr gespürt hatte. Es war nicht nur Verlangen – es war die Bestätigung, die mir fehlte, das Gefühl, begehrt und bewundert zu werden.

Ihr Geruch, dieser einzigartige Mix aus Jil Sander Sun und Kokosmilch, war wie eine Duftnote, die sich tief in mein Gedächtnis brannte. Selbst jetzt, Jahre später, kann ich diesen Duft fast riechen, sobald ich die Augen schließe.

Und dann war da ihr Körper, dieser makellose, verführerische Körper voller Kurven und geheimnisvoller Tattoos. Jeder Blick, den ich über ihre Haut gleiten ließ, erzählte mir eine neue Geschichte, ließ mich tiefer in diesen Rausch eintauchen, den sie mir bot. Bei Isabell fühlte ich mich nicht nur wie ein Mann – ich fühlte mich wie *der* Mann. Sie schaffte es mit ihrer unvergleichlichen Art, mich an die Version meiner selbst zu erinnern, die ich einmal war: selbstbewußt, stark und begehrenswert. Das tat mir gut, mehr als ich es zugeben wollte. Und das machte es um so schwerer, mich von ihr zu lösen.

In diesen Momenten wollte ich nichts anderes, als bei ihr zu bleiben, in ihrer Welt voller Leidenschaft, die sich so ganz anders anfühlte als der geordnete Alltag, der mich zu Hause erwartete.

Aber dann schlich sich der Gedanke ein: Würde ich alles, was ich aufgebaut hatte, aufs Spiel setzen? In meinem Alter noch einmal alles hinter mir lassen, von vorn anfangen? Der Gedanke war verführerisch und erschreckend zugleich.

Ich hatte bereits zu viele Neuanfänge durchlebt, zu viele Kämpfe ausgefochten, um dorthin zu gelangen, wo ich war. Die Zweifel fraßen sich in mein Bewußtsein und machten mir klar, daß es keinen einfachen Ausweg gab, keine Lösung, die alles heil zurückließ.

Doch dann war da dieser innere Konflikt – eine uralte Schlacht zwischen Verstand und Verlangen. Der kleine Freund zwischen meinen Beinen, der oft mehr über mein Leben bestimmt hatte, als mir lieb war, meldete sich wie gewohnt lautstark zu Wort.

In solchen Momenten schien er immer die Oberhand zu gewinnen, brachte mich dazu, Entscheidungen zu treffen, die ich später bereuen würde. Und genau hier, an diesem Punkt, wußte ich tief in mir drin, daß ich mich erneut auf dem Holzweg befand. Der Weg, der mich bereits unzählige Male an die Grenze meiner Selbst gebracht hatte.

Die Bombe platzt – oder warum wir Blödmänner das zertrampeln, was wir lieben

Es war eine dieser stillen, bedrückenden Sonntage, an denen die Welt draußen friedlich schien und ich mich doch in einem Sturm aus Schuld und Zweifel befand.

Die Sonne strahlte durch die halb geöffneten Vorhänge, warf tanzende Muster auf die Wände, während wir in ihrem Bett lagen, erschöpft und noch in der Wärme unseres gemeinsamen Moments gefangen. Wir hatten gerade zwei Stunden puren, ausgiebigen Sex hinter uns, und während ihr Atem sich beruhigte, lag ich da, die Decke bis zur Brust hochgezogen, und spürte, wie eine ungewohnte Schwere auf mich herabsank.

Ein bitterer Nachgeschmack kroch mir die Kehle hoch. Isabell war eine unglaubliche Frau – wild, klug, voller Leben – und in ihren Armen fühlte ich mich wieder wie ein Mann, der etwas zu bieten hatte.

Aber diese Illusion war zerbrechlich, und plötzlich erkannte ich, wie vergeblich all das war. Da war keine Zukunft, keine gemeinsame Perspektive, nur das Versteckspiel und meine Lügen, die sich wie ein unsichtbares Netz um uns legten. Das Netz zog sich immer enger zu, und ich wußte, daß es nur eine Frage der Zeit war, bis es reißen würde.

Isabell hatte schon seit Wochen Fragen gestellt. Fragen, die ich jedes Mal geschickt mit einer Notlüge oder einer Ausrede beiseite schob. „Warum kannst du nie an Feiertagen hier sein?" – „Warum bleibst du nie über Nacht?"

Sie war nicht dumm, und ich wußte, daß ihr Mißtrauen wuchs. Aber ihr Herz war stark genug, ihre Liebe zu mir blind genug, um meine Lügen zu übersehen. Sie wollte an uns glauben. Und genau das machte alles noch viel schlimmer.

Sie hatte mich oft gebeten, die Nacht bei ihr zu bleiben, und ich hatte jedes Mal eine andere Ausrede parat. „Ich muss früh raus," „Es ist wichtig, dass ich nach Hause komme, ich habe ein Projekt." Die Wahrheit war zu grausam, zu hässlich, um sie auszusprechen: Ich hatte zu Hause eine Frau, ein Leben, das ich zu riskieren bereit war, aber nicht vollständig aufgeben wollte. Die Erkenntnis, dass ich ihr das alles verschwiegen hatte, nagte an mir.

Und so lagen wir da, in dieser seltsamen Stille, die plötzlich schwer wie Blei wurde. Ich drehte den Kopf zu ihr und sah, wie sie mich mit ihren großen, fragenden Augen ansah. Augen, die mir sagten, dass sie mir vertraute, dass sie in diesem Moment jede Wahrheit ertragen würde, solange sie von mir kam. Mir traten Tränen in die Augen, unwillkürlich und unerwartet. Die Maske, die ich monatelang getragen hatte, begann zu bröckeln.

Sie bemerkte es sofort. „Engel, was ist los?", flüsterte sie und zog mich sanft in ihre Arme. Ihre Lippen berührten meine Schläfen, und sie streichelte meinen Rücken, als wollte sie mich vor dem schützen, was auch immer mich quälte. „Bitte sag es mir," bat sie, und ihre Stimme war eine Mischung aus Besorgnis und Liebe.

Dieser Moment war der Punkt ohne Wiederkehr. Entweder ich würde die Wahrheit sagen und alles riskieren, oder ich würde weiter lügen und sie endgültig verlieren, wenn die Wahrheit ans Licht käme. Isabell war nicht die Frau, die sich mit Halbwahrheiten zufriedengab. Ich wusste, dass sie eine Kämpferin war, jemand, der sich nicht so leicht betrügen ließ.

„Isabell," begann ich, und mein Herz raste. Die Worte wollten mir nicht über die Lippen kommen. „Es gibt etwas, das ich dir sagen muss." Ihre Augen wurden ernst, suchten in meinem Blick nach Hinweisen auf das, was folgen würde. Sie: „Isabell? Sind wir jetzt per Sie?"

Der Moment, in dem ich die Worte aussprach, schien die Luft im Raum zu sprengen. „Traumfrau, ich muss dir etwas beichten, aber sei bitte nicht böse…"

Ihre Augen, die vorher noch vor Wärme und Vertrauen geglüht hatten, verengten sich zu schmalen Schlitzen. Sie setzte sich auf, die Decke rutschte von ihren Schultern. Ihre Stimme war eisig, als sie sagte: „Sag jetzt sofort, was los ist, aber ich kann es mir schon denken…"

Der liebevolle Blick, der mich bis dahin getröstet hatte, war wie weggeblasen. Ihre Miene verhärtete sich, und es war, als ob eine unsichtbare Mauer zwischen uns hochgezogen wurde. Der Moment, der uns gerade noch verbunden hatte, war in Sekundenbruchteilen verschwunden. Mein Herz hämmerte, und meine Hände zitterten, als ich die Worte aussprach, die ich nicht mehr zurücknehmen konnte: „Traumfrau, ich bin verheiratet…"

Es war, als hätte ich eine Bombe gezündet. Sie sprang aus dem Bett, ihr Gesicht verzog sich vor unbändiger Wut, und ihre Augen schienen Funken zu sprühen. „Ich wusste es! Ich wusste es! Ich wusste es!", schrie sie, ihre Stimme überschlug sich vor Zorn. „Bist Du völlig bescheuert?" „Was für ein krankes Arschloch bist Du?" „Hau sofort ab, du Stück Scheiße! Raus, raus, raaaaaaaaaaus!"

Bevor ich wusste, wie mir geschah, war sie bereits nackt wie sie war bei der Wohnungstür, die sie mit einem Knall aufriss. Isabell stand nackt vor mir, die Muskeln angespannt, die Hände zu Fäusten geballt. „Raus aus meiner Wohnung! RAUS!", brüllte sie. Fakt war: Widerstand war zwecklos.

Ich griff hastig nach meiner Hose, Shirt, Bauchtasche und Jacke, während ihre Stimme weiter wie ein Sturm durch die Wohnung fegte. „Raus!", schrie sie immer wieder, ihre Wut so rau und ungebändigt, dass mir fast die Knie zitterten.

Ich wollte etwas sagen, eine Entschuldigung stammeln, irgendetwas, das die Situation retten könnte. Doch in ihrem Gesicht war kein Raum für Worte. Ihre Wangen waren gerötet, Tränen standen in ihren Augen, aber sie hielt sie zurück – aus Stolz, aus Wut, aus Schmerz. Die Frau, die eben noch meine ganze Welt gewesen war, hatte sich in einen Feind verwandelt, und es war allein meine Schuld.

Sie warf noch meine Stiefel nacheinander volle Möhre in den Flur mit den Worten „Da, du Arschloch" und knallte die Tür zu. Beide Stiefel trafen die Tür gegenüber wie Flakgeschosse. Ich trage oft Haix-Militärstiefel, und die wiegen etwas wegen der Stahlkappen. Die Einschläge haben ordentlich gescheppert.

Ich hörte noch leise, wie Sie hinter der Tür einen Weinkrampf bekam. Wer jetzt von den Nachbarn noch nicht wach war, jetzt waren sicher alle wach.

Ich blödes Arschloch, das hatte ich mir wieder einmal selbst zuzu-
schreiben mit meiner komplett bekloppten Art und Weise.

Ich stand da, im Flur des zwölfstöckigen Plattenbaus im Märkischen
Viertel, nackt mit den ganzen Sachen verstreut im Hausflur. Ich
hörte noch immer Isabells wütendes Schluchzen durch die ge-
schlossene Tür. Meine Schuhe lagen quer im Flur.

Der Vorflur war karg und steril, mit diesem unverwechselbaren Geruch nach Reinigungsmitteln und abgestandener Luft. Die Neonröh-
ren an der Decke flackerten leicht, und ich hörte irgendwo in der
Ferne das Dröhnen eines Staubsaugers. Die Stille nach dem Sturm
war fast ohrenbetäubend.

Plötzlich öffnete sich die Tür, die gerade von meinen Stiefeln getroffen wurde, und die Nachbarin von gegenüber trat heraus. Blond, ca.
35 Jahre alt und sehr attraktiv. Ihr Gesichtsausdruck war eine Mischung aus Verwunderung und Fragezeichen. Ihre Augen weiteten
sich, als sie mich sah – halb nackt, nur mit meiner Unterhose beklei-
det   und   die   restlichen   Sachen   in   der   Hand.

„Na, der Sonntag wohl nich wie geplant verlaufen, wa?" Ihr Tonfall
war sarkastisch.

Ich sah sie an, und ein Lachen entkam mir. In Anbetracht der ganzen
skurrilen Szenerie konnte ich mich nicht mehr beherrschen. „Nee,
Nee alles Bombe, ich komm schon klar". während ich mir endlich
meine Unterhose anzog. In Wahrheit war mir gar nichts klar. Ich
dachte, ich bin bei einem Filmdreh, so skurril war die ganze Situation.

Die Nachbarin schüttelte nur den Kopf, murmelte etwas wie „Nur
noch bekloppte und Vollidioten hier" und schloss ihre Tür mit einem
energischen Knall.

Bevor ich meine Gedanken ordnen konnte, öffnete sich eine weitere
Tür. Die rechts neben der von Isabells Wohnung. Der Nachbar, ein
großgewachsener, südländisch aussehender Mann mit dunklen
Locken und einem komischen Blick, trat heraus.

Er trug ein einfaches T-Shirt über einen dicken Bierbauch und eine fast weiße Unterhose mit Eingriff. Wie aus dem Werner-Beinhart-Film, der Hausmeister-Typ in der Szene mit dem Schlüssel für den Heizungskeller.

„Bruder, was Du machst Sachen? Geht dir gut? Machen laut hier, Du sagen?" Seine Augen musterten mich skeptisch, und ich konnte sehen, wie er versuchte, die Situation zu begreifen.

„Ja, ja, alles gut", antwortete ich, während ich versuchte, meine Schuhe anzuziehen und mich dabei an der Wand abstützte, um nicht das Gleichgewicht zu verlieren.

Das gebrochene Deutsch von dem Typen und das Bild von der Unterhose mit Eingriff gab mir den Rest. Ich konnte mich nicht mehr einkriegen und lag fast auf dem Boden vor Lachen. Ich hatte schon Tränen in den Augen. Das war echt filmreif und eine der coolsten Aktionen, die ich je in meinem Leben erlebt habe.

Zum Glück hatte ich in all der Hektik noch meine Bauchtasche mit den Autoschlüsseln geschnappt. Wäre mir auch das noch entglitten, hätte sich dieser Tag endgültig in ein komplettes Fiasko verwandelt – und das wäre wohl die gerechte Strafe für den ganzen Unsinn gewesen, den ich verzapft hatte.

Ich wartete nicht auf den Fahrstuhl, sondern lief die sieben Stockwerke runter zum Ausgang. Die Stille im Wagen fühlte sich seltsam an, wie ein sanfter Nachklang nach einem lauten Knall. Ich dachte nur: Meine Fresse, was für eine abgefahrene Aktion. Ich blieb erst mal im Auto sitzen, um etwas runterzukommen. Ich schaute hoch zu Isabells Wohnung. Vom Wagen aus sah man das Schlafzimmerfenster, in der Hoffnung, sie würde vielleicht runterschauen. Ich nahm dann das Handy und schrieb ihr eine Nachricht. Aber statt zwei blauer Haken war nur einer zu sehen. Sie hatte mich offensichtlich schon geblockt, da auch ihr Profilbild nicht mehr zu sehen war. Was für eine Scheiße. Ich hatte meine Traumfrau gerade verloren, dachte ich.

Ich startete den Motor und fuhr ziellos durch die Straßen, die vertrauten Häuser und Bäume zogen wie ein unscharfer Filmstreifen an mir vorbei.

Nach einer Weile, als sich meine Gedanken etwas beruhigten, beschloss ich, in ein kleines Café einzukehren, um ein wenig runterzukommen.

Der süße Duft von frischem Gebäck und Kaffee empfing mich, und ich setzte mich an einen Tisch in der Ecke. Ich bestellte eine Tasse Tee und ein Croissant, ließ mich in den Stuhl sinken und spürte, wie die Anspannung langsam nachließ. Doch während ich dasaß, fluteten die Erinnerungen an die letzten Stunden zurück, und bevor ich es verhindern konnte, begann ich leise vor mich hin zu grinsen. Denn trotz der Trauer um den Verlust dieser tollen Frau war die ganze Aktion sowas von geil und strange, dass ich darüber nur lachen konnte. Der Typ mit dem Bierbauch und die Tussi von gegenüber – hahaha, wie geil. Wie die geguckt haben!

Es war diese Art von Lachen, das man nur hat, wenn die Absurdität des Moments einem voll bewusst wird. Ein Lachen, das sich nicht stoppen lässt, auch wenn man weiß, dass es fehl am Platz ist. Ich musste mich zusammenreißen, um nicht laut loszuprusten, während ich mein Gesicht mit der Hand verdeckte.

Die anderen Gäste warfen mir verstohlene Blicke zu, und ich konnte mir vorstellen, was sie dachten: „Der Typ ist doch nicht ganz dicht. Vielleicht ist er auf Drogen oder hat ein paar zu viele Umdrehungen im Kopf." Aber das war mir egal. Ich lachte weiter, hatte Tränen in den Augen vor Lachen und musste mich regelrecht zwingen, mich zu beruhigen.

Jetzt, wo ich hier sitze und diese Zeilen schreibe, kommt dieses Lachen wieder hoch. Ja, es war eine verrückte, filmreife Aktion – eine Szene, die man nicht vergisst. Selbst wenn ich irgendwann zum Zeitpunkt meines Todes mein Leben an mir vorbeilaufen sehe, wird das einer dieser Momente sein, an die ich mich erinnern werde und die mir ein letztes, ironisches Schmunzeln ins Gesicht zaubern.

Natürlich war nach dieser Episode erst einmal Funkstille mit Isabell. Sie hatte mich auf allen Kanälen blockiert, und ich wusste, dass ich es verdient hatte. Es fühlte sich an, als hätte ich einen Draht zerschnitten, der eine wichtige Verbindung gehalten hatte. In der Stille nach der Katastrophe blieb nur das Echo meiner Entscheidungen und das Wissen, dass manche Momente, so skurril sie auch sein mögen, die Lektionen sind, die uns am stärksten prägen.

In den nächsten Tagen und Wochen spürte ich einen unerträglichen Liebeskummer, der mich stärker traf, als ich es mir jemals hätte vorstellen können. Isabell fehlte mir auf eine Weise, die mich förmlich zerriss. Jeder Moment ohne sie war eine Qual, und ich merkte erst jetzt, dass es nicht nur der Nervenkitzel oder die körperliche Anziehung gewesen war – es war mehr. Viel mehr. Da war eine Verbindung, eine tiefe Sehnsucht, die ich in meinem Alltag nie gefunden hatte. Doch so sehr ich auch in meiner Trauer versank, fühlte ich gleichzeitig eine merkwürdige Art von Befreiung. Die Affäre war vorbei, das ewige Versteckspiel und die Angst, dass Isabell aus Rache bei mir zu Hause auftauchen und alles auffliegen lassen könnte, waren verschwunden.

Aber wie das Schicksal manchmal so spielt, war meine Erleichterung nur von kurzer Dauer. Eines Abends, es war schon spät und ich lag gerade auf der Couch, als plötzlich mein Handy vibrierte. Ein vertrautes „Pling" und der Bildschirm leuchtete auf: eine WhatsApp-Nachricht von Isabell. Mein Herz setzte einen Schlag aus. Ich starrte auf das Display, als hätte ich einen Geist gesehen.

Die Nachricht war kurz, aber sie brachte mein Herz zum Rasen: „Engel, ich liebe Dich so sehr. Bitte lass uns reden und komm zurück zu mir." Ich las die Worte immer wieder, unfähig zu begreifen, dass sie wirklich von ihr kamen. Ein Teil von mir wollte aufspringen und sofort zu ihr fahren, wollte die vergangenen Wochen ungeschehen machen und all die Gefühle, die zwischen uns standen, wieder zum Leben erwecken. Und ja, ich gebe es zu – ich fühlte mich überglücklich. Das war mein egoistisches Ich, der Teil von mir, der glaubte, alles haben zu können, ohne Konsequenzen fürchten zu müssen.

Isabells Entschuldigung klang in meinem Kopf nach wie ein süßes Versprechen. Sie wollte mich zurück, trotz allem. „Jetzt habe ich sie", dachte ich. Ein Gedanke, der so selbstsüchtig war, dass er mir selbst einen Stich versetzte. Ich malte mir aus, wie ich mein Doppelleben fortsetzen könnte: Isabell als Geliebte, meine Frau zu Hause, ein Spiel, das ich nach meinen Regeln kontrollierte. Der Gedanke daran erfüllte mich mit einer düsteren Befriedigung.

„Vielleicht hat sie es endlich verstanden", murmelte ich zu mir selbst, während ich meine Finger zitternd über das Display bewegte, um zu antworten. Mein Verstand wusste, dass das, was ich tat, falsch war. Aber mein Herz – oder vielleicht war es einfach nur mein Verlangen nach Bestätigung und Leidenschaft – schrie nach mehr. Isabell war für mich wie eine Sucht, und wie jeder Süchtige redete ich mir ein, dass ich alles unter Kontrolle hätte. Dass ich es schaffen würde, beide Welten zu vereinen, ohne dass eine davon zusammenbrach.

Doch tief in meinem Inneren wusste ich, dass es nicht so einfach war. Isabell war nicht die Art von Frau, die sich mit der Rolle der Geliebten zufriedengeben würde. Und ich war nicht der Mann, der sich an die einfachen Lösungen hielt. Es war nur eine Frage der Zeit, bis das Kartenhaus, das ich so sorgfältig gebaut hatte, erneut ins Wanken geraten würde.

Die Affäre zog sich über das nächste Jahr hinweg, und wir fanden uns in einer Routine wieder, die sich gleichzeitig aufregend und gefährlich anfühlte. Alle 5 bis 14 Tage trafen wir uns, aber es waren längst nicht mehr nur geheime Rendezvous für körperliche Nähe. Wir begannen, unser gemeinsames Leben auszudehnen, als wären wir ein richtiges Paar, das seine Zeit mit den kleinen Abenteuern des Alltags verbrachte. Wir unternahmen ausgedehnte Touren mit unseren Motorrädern, wobei der Wind uns ins Gesicht peitschte und uns ein Gefühl von Freiheit gab, das in dieser Form nur in der Zweisamkeit existierte. Es war, als ob die Welt für diese Stunden nur uns beiden gehörte.

Der Sport war ein weiteres Bindeglied. Gemeinsam stemmten wir Gewichte, spornten uns an und lachten über die kleinen Wettkämpfe, die wir uns lieferten. Unsere Dynamik war explosiv, voller

Spannung und einem unterschwelligen Knistern, das jederzeit zur Leidenschaft werden konnte. Nach diesen schweißtreibenden Trainingseinheiten endeten viele Abende in ihrer Wohnung, wo das gemeinsame Duschen fast schon ein Ritual war. Der heiße Dampf, das Gefühl von Wasser, das über unsere erhitzten Körper lief, und der Sex in der Dusche. Die Sportdates endeten dann immer damit, dass wir übereinander herfielen und megageilen Sex hatten. Ich liebte es, sie oral zu befriedigen, und wie sie dabei schrie und schon nach wenigen Augenblicken kam, war einfach unglaublich. Ich musste sie dann immer kneifen, damit sie ihre Lautstärke zügelte – schließlich wollte ich nicht, dass wir noch einen Polizeibesuch kassierten.

Es war nicht nur das Abenteuer oder die verbotene Natur unserer Treffen, sondern die Art, wie sie lachte, wie sie mich ansah, als wäre ich der einzige Mann, den sie jemals wollte. Sie hatte eine unbeschreibliche Energie, eine Präsenz, die jeden Raum erfüllte, den sie betrat. Ihre Stimme war voller Lebendigkeit, und ihr Lächeln strahlte eine Wärme aus, die süchtig machte.

Unsere gemeinsamen Unternehmungen machten es fast unmöglich, die Realität zu ignorieren. Das Kino, die Ausstellungen, die Gespräche fühlten sich an wie eine Ehe. An manchen Tagen fragte ich mich, wie lange ich das Spiel noch durchhalten könnte, ohne dass alles wie ein Kartenhaus in sich zusammenfiel. Aber diese Gedanken verflogen schnell, wenn wir zusammen waren, und die Vernunft wurde von der Dringlichkeit des Moments übertönt.

Ein Beispiel: Nach dem Sport duschten wir gemeinsam bei ihr, sie stand auf Sex, wenn ihn Nachbarn mitbekamen. Sie zog mich aus der Dusche nach draußen auf ihren Balkon. Wir waren beide nackt und noch völlig nass vom Duschen. Mein Kleiner stand wie eine eins, da ich völlig geil auf Sie war und ihre großen straffen Brüste hin und herschaukelten. Die Tattoos auf ihrem Rücken waren wie Geschichten, die man sich anschauen konnte, wenn man sie von hinten nahm. Der Gang, der Geruch Ihre Blicke der tolle Hintern, ich war jedes Mal vernarrt in sie.

Sie schubste mich auf die Gartenbank auf Ihrem Balkon und gefriedigte mich oral. Kurz bevor ich kam, setzte sie sich auf mich und stöhnte voller Lust, als ich mich in sie ergoss.

Das ging einige Stunden so, sie bekam nicht genug vom Sex mit mir. Ich musste ihr ständig den Mund zuhalten damit die Nachbarn nicht noch die Polizei riefen. Aber sie quiekte trotzdem weiter laut rum. Ich genoss es, dieser tolle Körper und Ihre großen Brüste, die auf und ab wippten, ein Traum. Ich hoffte das es nie ein Ende dafür gibt.

Es fühlte sich tatsächlich an wie eine echte Beziehung, eine, die voller Intensität und Leidenschaft war, und in der es keine halben Sachen gab. An diesem Tag, nachdem wir uns in einem Sturm der Gefühle und des Verlangens verloren hatten, stand sie barfuß in der Küche, kochte unser Essen und lächelte mich zwischendurch immer wieder an, als wäre ich der Mittelpunkt ihrer Welt. Der Duft von frisch gebratenen Kräutern und Knoblauch erfüllte die kleine Wohnung und verlieh dem Moment eine fast heimelige Wärme, die sich tief in mir festsetzte. Es war ein Moment, der sich echt anfühlte – so echt, dass es schmerzte.

Nachdem wir gegessen hatten, verschwand sie kurz ins Nebenzimmer und kehrte mit einem Brief in der Hand zurück. Ihre Augen waren sanft, und ihr Blick hielt eine Spur von Nervosität.

Sie reichte mir den Brief und sagte mit leiser Stimme: „Baby, du bist mein Traummann, ich liebe dich so unsagbar. Bitte lies diesen Brief in Ruhe, denn er sagt, was ich für dich empfinde und fühle." Ihre Worte hallten in meinem Kopf nach, als ich den Brief entgegennahm. Der Zettel fühlte sich schwerer an, als er war – voller unausgesprochener Gedanken und Gefühle.

Auf dem Heimweg fuhr ich in eine Seitenstraße, stellte den Motor ab und öffnete den Brief. Mit zittrigen Händen und einem flauen Gefühl im Magen begann ich zu lesen. Sie hatte ihre Gefühle in jedes Wort gelegt. Sie erinnerte an all die kleinen und großen Momente, die wir miteinander geteilt hatten – die Ausflüge mit unseren Motorrädern, die Dates voller Lachen, die heimlichen Blicke in überfüllten Räumen, die uns verrieten, was wir füreinander empfanden. Sie schrieb, wie sehr sie unter unserer Trennung gelitten hatte und dass der Schmerz immer noch tief in ihr saß. Jeder Satz war ein Echo dessen, was ich tief in mir selbst empfand, aber nie zugeben wollte.

Sie sprach davon, wie perfekt wir zueinander passten, wie wir uns gegenseitig ergänzten und wie sie fest daran glaubte, dass sie die Richtige für mich war. Ihre Worte waren eine Mischung aus Sehnsucht und Dringlichkeit. Sie beschrieb unseren sinnlichen, fast grenzenlosen Sex, diese körperliche Verbindung, die so intensiv war, dass sie sagte, sie habe nie zuvor solche Leidenschaft erlebt.

Sie flehte mich an, endlich eine Entscheidung zu treffen, mich zu trennen und mit ihr zusammen ein neues Leben zu beginnen. Die Vorstellung, irgendwo anders gemeinsam neu anzufangen, klang plötzlich nicht mehr wie eine Illusion, sondern wie eine echte Möglichkeit.

Am Ende des Briefes machte sie mir einen Heiratsantrag. Sie schrieb: „Denk bitte darüber nach, wie es wäre, jeden Morgen neben mir aufzuwachen, mit mir die Welt zu bereisen und ein Leben zu führen, das nur uns gehört." Ihre Worte durchbohrten mich, ließen eine Kluft in meiner Brust entstehen, die sich wie eine endlose Leere anfühlte. Plötzlich wurde mir klar, wie sehr ich ihr wehgetan hatte und in welche emotionale Spirale ich sie gezogen hatte.

Ich saß wie ein Kind im Auto, hielt den Brief mit beiden Händen fest und konnte die Tränen nicht mehr zurückhalten. Die Tränen liefen mir übers Gesicht, und ich spürte den salzigen Geschmack auf meinen Lippen. Ich weinte hemmungslos, weil ich genau wusste, dass ich zu feige war, einen Neuanfang mit dieser tollen Frau zu wagen. Ich hatte keine Lust auf noch eine Scheidung und den ganzen damit verbundenen Kampf. Ich hatte einfach keine Kraft mehr, zu kämpfen. Dass die ganzen letzten Sätze mit „Ich" begannen, merke ich jetzt beim Schreiben – was für ein beschissener Egoist ich bin.

Es war ein Moment der Reue, der Selbsterkenntnis und des überwältigenden Schmerzes. Ich hatte sie so oft verletzt, sie, die mir alles gegeben hatte, was sie hatte. Und ich wusste, dass ich selbst schuld daran war, dass ich uns beide in diese unhaltbare Situation gebracht hatte. Es dauerte lange, bis ich mich wieder in den Griff bekam, die Hände um das Lenkrad legte und tief durchatmete.

Ich sah Isabell dann zwei Wochen nicht. Ich hatte mich mit Corona angesteckt und wollte sie nicht gefährden.

The Judgement Day – Das Karma schlägt zu

Manchmal, wenn man zurückblickt, erkennt man, dass das Leben ein wenig wie ein Bumerang ist: Alles, was du aussendest, kommt irgendwann zu dir zurück. Und so war es auch bei mir. All die Entscheidungen, die ich getroffen hatte – die guten, die schlechten, und vor allem die egoistischen – hatten sich über die Jahre wie eine tickende Zeitbombe aufgestaut.

Es kam, wie es kommen musste. Ich, der Volltrottel, hatte den Liebesbrief von Isabell in einer alten Jacke versteckt. Warum? Weil es der schönste, der aufrichtigste Liebesbrief war, den ich je in meinem Leben erhalten hatte. Ich konnte es nicht übers Herz bringen, ihn einfach wegzuwerfen. Es war ein Stück Erinnerung, das mich daran erinnerte, wie sehr ich begehrt und geliebt worden war, wie lebendig ich mich gefühlt hatte. Ein dummer, sentimentaler Fehler, der mir zum Verhängnis werden sollte.

Eines Tages, völlig aus dem Nichts, beschloss meine Frau, den Frühjahrsputz mit einer gründlichen Wäsche meiner alten Stoffjacken zu beginnen. Auch die Jacken, die ich längst nicht mehr getragen hatte, sollten gereinigt werden. Ich, dieser Vollhonk, hatte den Brief längst vergessen. Statt ihn nach dem Lesen sofort zu vernichten oder an einem sichereren Ort zu verstecken, lag er noch immer in der Innentasche, eine tickende Zeitbombe aus Papier.

Der Klassiker, wie man so schön sagt. Wir Männer sind manchmal unfassbar naiv – das alte Jägerverhalten, das in uns steckt, das Sammeln und Horten von Trophäen, selbst wenn sie unser Leben zerstören könnten.

Und dann geschah das Unvermeidliche. Der Moment, der alles verändern würde. **Der beschissene Brief – sie fand ihn.**

Der Super-GAU. Die Luft in der Wohnung schien sich schlagartig zu verdichten, als ich ihre Stimme aus dem Wohnzimmer hörte, ein ersticktes, zitterndes „Was ist das hier?" Ihr Ton ließ keinen Zweifel: Sie hatte es entdeckt.

Der Tag war ohnehin schon mies gestartet, mit einem Brief vom Finanzamt, der eine saftige Steuerforderung ankündigte. Aber gemäß Okhams Gesetz war das nur der Anfang. Es wurde schlimmer. Viel schlimmer.

Ich hatte keine Wahl, kein Versteck mehr, keinen Rückzugsort. Ich musste alles beichten – jede einzelne schmerzhafte Wahrheit, bis tief in die Nacht hinein. Die Worte kamen zögerlich, als ob ich jedes Stück meiner Schuld einzeln aus mir herausreißen müsste.

Meine Frau saß vor mir, die Augen gerötet, Tränen strömten in einer nicht enden wollenden Flut über ihre Wangen. Sie hatte einen regelrechten Weinkrampf. Ihre Hände zitterten, und ihre ganze Erscheinung war eine Mischung aus Schmerz, Verwirrung und purer, nackter Enttäuschung. Es war, als hätte ich den Kern ihrer Welt zerschmettert und sie stünde nun vor den Scherben, unfähig zu begreifen, wie es so weit kommen konnte.

In diesem Moment wurde mir klar, wie sehr sie mich die ganzen Jahre geliebt hatte, wie tief ihre Gefühle tatsächlich waren. Ich hatte immer gedacht, Liebe sei ein selbstverständliches Geben und Nehmen, ein stiller Vertrag, den man im Laufe der Zeit vergisst, zu schätzen. Aber jetzt sah ich, dass sie alles, was sie tat, aus dieser Liebe heraus getan hatte – das Zuhause, das sie für uns geschaffen hatte, die Wärme, die sie um uns webte, die Fürsorge in jedem Detail unseres Lebens.

Und ich, der Vollidiot, hatte das alles als selbstverständlich hingenommen. Ich hatte nie wirklich hingesehen, nie verstanden, dass sie es war, die das Fundament unseres Lebens hielt, während ich in meiner Selbstsucht und Dummheit einen anderen Weg suchte. Die Einsicht kam zu spät, und die Reue fühlte sich an wie ein Schwert, das mich von innen heraus zerfleischte. Ich wollte die Zeit zurückdrehen, wollte all das Ungesagte und all die Verletzungen ungeschehen machen. Aber jetzt war ich nur ein Mann, der zu spät erkannt hatte, was er besaß – und was er möglicherweise für immer verlieren würde.

Es tat weh zu erkennen, wie blind ich gewesen war. Ich, der Blödi, hatte all das, was sie für uns getan hatte, nicht erkannt und stattdessen als Einengung und Klammern empfunden. Jetzt, in diesem Moment, spürte ich eine tiefe Traurigkeit, die mich vollkommen lähmte. Ich kam überhaupt nicht mehr klar, die Schuldgefühle und die Reue nagten an mir wie hungrige Tiere. Gleichzeitig fühlte es sich aber auch wie ein Befreiungsschlag an. Diese ganze verfahrene Situation hatte mich zermürbt.

Ich wollte die Affäre mit Isabell schon seit langer Zeit beenden, aber der Absprung schien mir immer unmöglich. Zu stark war die Anziehung, zu kompliziert war das Netz aus Lügen, das ich um mich gewoben hatte. Und immer war da diese nagende Angst, dass sie aus Wut bei uns auftauchen würde, wenn ich den Schlussstrich zog.

Unterschätze nie die Klugheit einer Frau

Und Isabell war clever. Sie hatte mehr über mich herausgefunden, als ich mir je hätte vorstellen können. Es war während eines unserer gemeinsamen Ausflüge, als uns einer meiner Kunden über den Weg lief. Er sprach mich mit vollem Namen an und erwähnte mehrmals den Namen meiner Firma. Bis zu diesem Punkt kannte Isabell mich nur mit meinem Vornamen, und sie hatte nie gefragt, wie ich tatsächlich hieß. Aber dieser zufällige Moment reichte aus, um ihre Neugier zu wecken.

Sie ging nach Hause, setzte sich an ihren Computer und begann zu recherchieren. Sie war nicht nur schön und verführerisch, sondern auch schlau und hartnäckig.

Ein Handelsregisterauszug, das war alles, was sie brauchte, um nicht nur meine geschäftlichen Verbindungen, sondern auch meine Privatadresse zu erfahren. Ich erfuhr erst viel später, dass sie meine Adresse besucht und ein Foto vom Klingelschild gemacht hatte – ein Beweis, der wie ein Damoklesschwert über mir hing.

Das war nach unserer ersten Trennung, nachdem ich ihr gebeichtet hatte, dass ich verheiratet war. Es war ihre Art, mir zu zeigen, dass sie alles wusste und dass sie nicht davor zurückschreckte, diese Information einzusetzen.

Bei einem unserer letzten Treffen hielt sie mir das Foto vor die Nase. Ihre Augen blitzten dabei auf eine Weise, die mir einen kalten Schauer über den Rücken jagte. „Baby," sagte sie mit einem Lächeln, das mehr einer Drohung glich, „mach mich nie wütend. Du weißt ja, was Vendetta bedeutet."

Die Worte hallten in meinem Kopf wider. Ich wusste, dass eine Trennung von ihr alles andere als reibungslos verlaufen würde. Die Aussicht, dass sie bei mir zu Hause auftauchte und meiner Frau alles erzählte, war mehr als real. Die Angst davor hielt mich gefangen, ließ mich in dieser toxischen Spirale weitermachen. Es war ein Spiel, bei dem ich alle Karten gegen mich hatte, und die Einsicht kam zu spät.

Der Super-GAU-Tag veränderte alles. Ich saß im Wohnzimmer, meine Frau mir gegenüber, die Augen rot und geschwollen vom Weinen. Die Luft war schwer, voller unausgesprochener Worte und der Spannung, die das Ende einer Ära mit sich bringt. Ich hielt mein Handy fest umklammert, als ob es das Letzte wäre, was mich noch mit Isabell verband.

Meine Frau forderte mich mit fester Stimme auf, Isabell anzurufen und die Affäre zu beenden – jetzt, sofort, im Beisein von ihr. Der Raum schien sich zu drehen, und mir wurde heiß und kalt zugleich.

Mit zitternden Fingern wählte ich die Nummer, die ich auswendig kannte, und drückte auf „Anrufen". Es dauerte nur wenige Sekunden, bis sie abhob, ihre Stimme so vertraut und doch so fremd in diesem Moment.

„Baby, bist du das? Was ist los?" hörte ich sie sagen, die Hoffnung in ihrer Stimme nicht zu überhören. Ich sammelte all meinen Mut und sagte: „Isabell, es ist vorbei. Wir können das nicht mehr machen. Es tut mir leid."

Stille. Dann ein Aufschrei, der mir durch Mark und Bein ging: „Nein, Baby, bitte nicht! Bleib bei mir!" Ihre Worte trafen mich wie ein Schlag, aber ich hielt durch. Ich legte auf, ohne ein weiteres Wort zu sagen, und blockierte ihre Nummer. Mein Herz pochte wild, und ich fühlte mich gleichzeitig erleichtert und zerschlagen. Ich hatte es getan – der Bruch war vollzogen, aber zu welchem Preis?

Meine Frau beobachtete mich die ganze Zeit, ihr Blick voller Schmerz, aber auch einer leisen Hoffnung. Vielleicht glaubte sie daran, dass dieser Anruf ein Anfang war, ein Versuch, uns aus dem Scherbenhaufen herauszuziehen. Dass sie überhaupt bereit war, mir eine Chance zu geben, sprach Bände über ihre Liebe und ihren Willen, uns zu retten. Jede andere hätte mich längst vor die Tür gesetzt.

Die folgenden Wochen waren geprägt von einer tiefen Trauer und endlosen Gesprächen. Wir redeten bis tief in die Nacht, über Dinge, die lange unausgesprochen geblieben waren, über die Verletzungen, die ich verursacht hatte, und über die Unsicherheiten, die uns nun begleiteten. Es war, als ob wir unsere Beziehung Stein für Stein neu aufbauen mussten. Ich musste jeden einzelnen Moment mit Isabell beichten und erklären, warum und wieso ich nicht von dieser Frau loskam.

Doch das kam nicht ohne Bedingungen. Ich musste mich von Grund auf ändern, und das bedeutete, meine Prioritäten neu zu setzen.

Meine Frau und unsere Familie rückten wieder in den Mittelpunkt meines Lebens, und ich war entschlossen, sie nie wieder als selbstverständlich hinzunehmen. Sie wollte von nun an wissen, wo ich war und was ich tat, und ich hatte kein Problem damit. Ich schickte ihr meinen Standort, rief an, wenn ich unterwegs war, und hielt sie immer auf dem Laufenden. Das war für mich keine Bürde – es war ein Zeichen meiner Reue und meines Wunsches, ihr das Vertrauen zurückzugeben, das ich so leichtfertig zerstört hatte.

Was anfangs wie eine Kontrollmaßnahme wirkte, wurde zu einem neuen Band zwischen uns. Wir waren uns näher als je zuvor, fast wie in den ersten Jahren unserer Ehe, als alles neu und aufregend war. Kleine Gesten wurden Teil unseres Alltags. Ich überraschte sie mit kleinen Geschenken, einem Strauß Blumen oder einer Karte, auf der nur ein einfacher Satz stand: „Ich liebe dich." Und jedes Mal, wenn sie lächelte, fühlte ich, wie ein Teil meines gebrochenen Herzens heilte.

Es entstanden neue Rituale, die uns noch enger verbanden. Freitags nach der Arbeit hüpften wir zusammen in die Badewanne, ein Glas Wein in der Hand, während wir uns unterhielten und lachten. Einmal im Monat fuhren wir gemeinsam in die Sauna, um einfach nur zu entspannen und die Welt draußen zu lassen. Diese gemeinsamen Momente wurden zu einem Anker in unserer Beziehung, etwas, auf das wir uns beide freuten und das uns daran erinnerte, warum wir zusammen waren.

Diese kleinen Auszeiten wurden mir heilig. Sie waren der Beweis dafür, dass man auch nach all den Jahren und trotz aller Fehler wieder zueinander finden kann.

Ich hatte fast alles aufs Spiel gesetzt, aber jetzt wusste ich, dass es sich lohnte, für die Liebe zu kämpfen. Ein Leben nach den Wechseljahren gibt es, und manchmal bringt es eine neue Art von Liebe mit sich – eine, die reifer, beständiger und ehrlicher ist. Eine Liebe, die auch den dunkelsten Sturm übersteht und dabei stärker wird.

Ich bin seit dem Aus der Affäre mit Isabell ein völlig anderer Mann. Mein Leben hat sich neu geordnet, und es gibt für mich nur noch drei Prioritäten: Familie, Arbeit und Hobbys – und zwar genau in dieser Reihenfolge. Früher war ich der Mittelpunkt meines eigenen Universums, und alles drehte sich um meine Selbstverwirklichung und das Streben nach dem nächsten Kick. Es ist kein Wunder, dass ich damals ständig das Gefühl hatte, nichts mehr unter einen Hut zu bekommen.

Meine Ehe, die Selbstständigkeit, meine Kinder, die erweiterte Familie, meine Hobbys – und dann auch noch eine Geliebte. Ich hetzte von einem Aspekt meines Lebens zum nächsten, ohne wirklich bei einem anzukommen. Das Ergebnis war ein Dauerzustand der Unzufriedenheit, ein unaufhörliches Rennen gegen die Uhr, das mich schließlich an den Rand des Abgrunds brachte.

Rückblickend erkenne ich, wie sehr ich mein eigenes Leben torpediert und in ein einziges Chaos verwandelt habe. Statt ein ruhiges, erfülltes Leben zu führen, ließ ich mich von meinem Verlangen und der unersättlichen Suche nach Bestätigung leiten. Ich erlaubte meinem "kleinen Freund" zwischen meinen Beinen, mein Handeln zu bestimmen, und zahlte dafür einen hohen Preis.

Jungs, wenn ihr euch in meiner Geschichte wiedererkennt, bitte, macht nicht denselben Fehler. Hört auf, bevor die Bombe platzt und alles, was euch lieb ist, in die Luft fliegt. Das Fremdgehen mag in Momenten wie ein aufregendes Abenteuer erscheinen, eine Flucht aus dem Alltag, aber am Ende führt es zu nichts als Trümmern und Reue.

Denn was bleibt euch am Ende, wenn alles zerbricht? Scheidung, Stress, das Leben eines einsamen Mannes, der von einer Affäre zur nächsten hüpft? Wie lange glaubt ihr, wird dieser Lebensstil euch erfüllen? Mit jedem Jahr, das vergeht, schwindet auch die Energie, und die Chancen auf eine neue, erfüllende Liebe werden dünner.

Wir werden alle älter, und das bedeutet, dass auch die möglichen Partnerinnen ein eigenes, gefestigtes Leben haben. Frauen jenseits der 50 haben ihre eigenen Routinen, ihre eigenen Pläne und oft wenig Lust, ihr Leben für jemanden umzukrempeln, der gerade seine zweite Jugend zu entdecken glaubt.

Und ja, ich weiß, die Versuchung einer jüngeren Frau ist verlockend – die jugendliche Energie, der anziehende Körper, der Gedanke an heiße, unbeschwerte Nächte. Aber denkt einen Schritt weiter: Eine jüngere Partnerin bedeutet oft auch einen Kinderwunsch oder bereits vorhandene Kleinkinder oder Teenager, die noch mitten in der Schule stecken. Wollt ihr euch jenseits der 50 wirklich noch einmal auf die Herausforderungen von Windeln, Schulprojekten und Teenagerdramen einlassen? Werdet ihr die Energie aufbringen, wenn ihr nach einem langen Arbeitstag nach Hause kommt?

Ich habe mich verändert, weil ich verstanden habe, dass das wahre Glück nicht in ständigen Fluchten und Abenteuern liegt, sondern in der Wertschätzung dessen, was ich bereits habe. Meine Frau, meine Familie, die kleinen gemeinsamen Momente – das sind die Dinge, die zählen, wenn der Lärm des Alltags verstummt und man zur Ruhe kommt. Und ich kann euch sagen: Es ist ein Frieden, den ich früher nie gekannt habe, aber den ich nun umso mehr schätze.

Für mich war es keine Option, noch einmal bei Null anzufangen – nicht nach allem, was ich bereits hinter mir hatte. Vier gescheiterte Beziehungen, viermal der Versuch, ein neues Leben aufzubauen, viermal der bittere Nachgeschmack von Enttäuschung. Wenn ich es noch einmal hätte wagen müssen, dann nur mit einer Frau, die keine Kinder hatte, die selbstständig und finanziell unabhängig war, in ihrer eigenen Wohnung lebte und – ganz wichtig – ohne Haustiere. Ich habe nichts gegen Tiere, aber ein Privat-Zoo war das Letzte, was ich mir noch antun wollte.

Rückblickend erkenne ich, was für ein unglaubliches Arschloch ich vor dem Super-GAU war.

Der Tiefpunkt? Der Moment, als ich meine Frau mit 40 Grad Fieber und Corona-infiziert alleine zuhause ließ, um zu Isabell zu fahren.

Ja, ihr habt richtig gehört – während sie schwitzend und schwach im Bett lag, raste ich zu meiner Affäre. Wenn ich heute daran zurückdenke, könnte ich mir selbst in den Hintern treten. Was für ein egoistisches, selbstverliebtes Verhalten. Ich habe mein Karma-Konto in dieser Zeit geplündert und ausgeweidet, bis nichts mehr übrig war. Und glaubt mir, das Schicksal vergisst nichts und rächt sich früher oder später.

In meinem Fall hatte ich noch Glück im Unglück. Ich bekam eine zweite Chance, und diese Chance habe ich ergriffen, um ein ruhigeres, ehrlicheres Leben zu führen. Aber das bedeutete nicht, dass die Vergangenheit einfach so verschwand. Isabell ließ nicht so leicht los. Einige Wochen nach unserer endgültigen Trennung klingelte es an der Haustür, und ein unscheinbares Paket, adressiert an meine Frau, wurde geliefert.

Ich ahnte nichts Gutes, und meine Vorahnung bewahrheitete sich, als meine Frau das Paket öffnete. Darin lag ein zynischer Schmähbrief, in dem Isabell detailliert beschrieb, was für ein A...ch ich war. Dazu hatte sie alle Geschenke hineingelegt, die ich ihr jemals gemacht hatte – Schmuck, Parfüm und kleine, bedeutungsvolle Dinge, die in anderen Kontexten romantisch gewesen wären.

Doch hier wurden sie zu scharfen Klingen, die mein Herz durchbohrten. Im Brief stand auch, dass ich ihr einen Heiratsantrag machen wollte und plante, zu ihr zu ziehen. Der Inhalt war wie ein perfider Dolchstoß, der die letzte Hoffnung zerstören sollte, die meine Frau vielleicht noch hatte.

Aber meine Frau? Sie überraschte mich ein weiteres Mal. Sie nahm das Paket und den Brief, schaute mich an – nicht mit Vorwurf, sondern mit einer Mischung aus Entschlossenheit und einem Hauch von Mitleid. Sie ging zur Tür, stieg die Treppen hinunter, und ich folgte ihr mit einem klopfenden Herzen. Unten an der Mülltonne hielt sie inne, warf mir einen Blick zu, der sagte: „Das hier ist der Schlussstrich." Mit einem lauten Lachen warf sie das Paket in die Tonne, schlug den Deckel zu und ließ ihn mit einem satten Knall einrasten.

Was für eine starke Frau. In diesem Moment wurde mir klar, dass sie nicht nur meine Partnerin war – sie war die Säule, die unser gemeinsames Leben trug, die mir eine dritte Chance schenkte, wo andere längst gegangen wären. Ich konnte nicht anders, als Respekt und Liebe für diese Frau zu empfinden, die trotz allem bereit war, unser Leben neu aufzubauen.

Sagen wir mal so – ich habe es verdient, richtig in die Fresse zu bekommen. Alles nur, weil ich so ein Weichei war und mit meiner Umwelt nicht klarkam. Immer und immer wieder verfiel ich in die gleichen schlechten Verhaltensmuster aus der Vergangenheit. Wie ein Dämon, der von mir Besitz ergriffen hatte, entschied ich mich immer wieder für Zerstörung und den schlechtesten Weg. Konfliktlösung war noch nie meine Stärke.

Statt mit meiner Frau zu reden, habe ich den einfachsten Weg gewählt. Rückblickend war es den ganzen Stress nicht wert, aber das sehe ich erst jetzt mit einem gewissen Abstand so.

Seitdem habe ich von Isabell weder etwas gehört noch gesehen. Hin und wieder traf ich sie in meinen Träumen. Die Träume wirkten sehr real, und nach dem Aufwachen beschäftigten sie mich meist noch den ganzen Tag. Ich denke, ich werde noch eine Weile brauchen, um die Affäre und das abrupte Ende zu verarbeiten und hinter mir zu lassen. Dazu war die ganze Affäre zu intensiv und verrückt, als dass ich sie von jetzt auf gleich vergessen könnte.

Was ich mich oft frage, ist: Wie wird es sein, wenn wir uns eines Tages zufällig wiedertreffen? Die Vorstellung ist irgendwie surreal, fast wie eine Filmszene, in der die Vergangenheit und die Gegenwart aufeinanderprallen. Die Wahrscheinlichkeit dafür ist gering, schließlich wohnen wir an entgegengesetzten Enden der Stadt, getrennt durch Kilometer und die Leben, die wir seitdem aufgebaut haben. Doch manchmal spielt das Schicksal seine eigenen Spiele, und wer weiß schon, was es noch für uns bereithält?

Wenn ich an diese Möglichkeit denke, dringt sofort der Refrain von „Don't You" von den Simple Minds in meinen Kopf: Don't you, forget about me, As you walk on by, Will you call my name? When you walk away

„Wirst du meinen Namen rufen, wenn du vorbeigehst? Oder wirst du einfach weitergehen?" Dieser Gedanke schmerzt. Würde sie mich ansehen? Würde sie wehmütig lächeln oder einfach ihren Blick abwenden und weitergehen, als wäre ich nur ein Fremder aus einer längst vergangenen Geschichte? Oder würde sie mich ansprechen?

Die Affäre mit Isabell ist mehr als nur eine Erinnerung – sie ist ein Kapitel, das sich tief in mein Gedächtnis eingebrannt hat, mit all seinen Höhen und Tiefen, seiner berauschenden Leidenschaft und den bitteren Konsequenzen, die ich dafür bezahlt habe.

Ich weiß, dass diese Erinnerungen zu denjenigen gehören werden, die am Ende meines Lebens an mir vorbeiziehen, wenn das Lebenslicht langsam erlischt. Ein flüchtiger Film aus Momenten, Lachen und den Momenten der Reue.

Warum tun wir Männer uns das an? Warum riskieren wir alles für den flüchtigen Kick, für das Gefühl, wieder begehrt zu werden, wie in unseren besten Jahren? Es ist diese unersättliche Suche nach Bestätigung, nach dem Prickeln, das den Alltag in den Hintergrund drängt. Der Drang, das Feuer zu spüren, das uns daran erinnert, dass wir noch lebendig sind.

Das Fremdgehen ist nicht nur eine Tat des Betrugs, es ist ein Spiegelbild der Unsicherheiten, der Ängste, die tief in uns nagen. Die Angst vor dem Altern, die Angst, nicht mehr genug zu sein, die Angst, das Abenteuer und die Magie des Lebens zu verlieren.

Doch was bleibt danach? Ein zerstörtes Vertrauen, ein Haufen Scherben und die Erkenntnis, dass die Flamme, die so hell brannte, zu schnell erlosch und alles um sich herum verbrannte. Und doch, trotz allem, ist da ein Teil von mir, der das Kapitel mit Isabell nicht einfach ausradieren kann. Es ist ein Teil meiner Geschichte, eine Mahnung und ein leises Echo, das mich daran erinnert, welche Entscheidungen mich zu dem Mann gemacht haben, der ich heute bin.

Ein Mann, der seinen Frieden sucht, zwischen der Vergangenheit und dem, was vor ihm liegt.

Warum ich letzten Endes so oft fremdgegangen bin, habe ich in den letzten Kapiteln versucht zu erklären. Es war eine Mischung aus Neugier, Unsicherheit und dem Drang nach Bestätigung. Aber das Phänomen des Fremdgehens ist weit größer als meine eigene Geschichte. Es betrifft viele Menschen, Männer wie Frauen, und hat viele Facetten. Doch warum tun wir es? Was treibt uns dazu, das Risiko einzugehen, unsere Beziehungen zu gefährden, nur für einen flüchtigen Moment der Lust oder des Abenteuers?

Es gibt zahlreiche Theorien, die versuchen, das Fremdgehen zu erklären, doch sie alle führen uns letztendlich zu einem Grundbedürfnis: dem Verlangen nach einem "Kick". Dieser Kick ist der Nervenkitzel, das Adrenalin, das uns fühlen lässt, dass wir noch lebendig sind, dass wir begehrenswert sind, dass es da draußen noch mehr gibt, als das, was wir bereits haben. Es geht oft nicht nur um Sex. Fremdgehen ist häufig eine Flucht aus dem Alltag, eine Rebellion gegen die Routine und das Gefühl des Eingesperrtseins.

Die Ursachen des Fremdgehens: Eine Analyse

Basierend auf den aktuellen Umfragen und Studien lässt sich folgendes über das Fremdgehen von Männern in Deutschland sagen:

Die Zahlen deuten auf einen leichten Anstieg der männlichen Untreue in den letzten Jahren hin. 2018 gaben noch 23% der Männer an, schon einmal fremdgegangen zu sein, 2020 waren es bereits 27%.

Fremdgehen ist nicht nur ein körperlicher Akt, sondern auch ein psychologisches Phänomen. Es beginnt oft in den Köpfen der Betroffenen und ist das Resultat eines inneren Konflikts. Eine der Hauptursachen liegt im Verlust von Spannung und Aufregung in der bestehenden Beziehung. Viele Menschen fühlen sich in langjährigen Partnerschaften gefangen in einem Trott aus Wiederholungen und Pflichten. Der Alltag hat die leidenschaftlichen Momente ersetzt, die einst die Beziehung geprägt haben. Es fehlt das Unerwartete, das Neue, das Abenteuer – und genau das sucht man in einer Affäre.

Ein weiterer wichtiger Faktor ist das Verlangen nach Bestätigung. Vor allem in der Lebensphase, die oft als "männliche Wechseljahre" bezeichnet wird, kommen Zweifel auf. Man fragt sich, ob man noch attraktiv, begehrenswert und lebendig ist. Die Aufmerksamkeit einer anderen Person kann dieses Gefühl verstärken und zu einem regelrechten Ego-Boost führen. Es ist eine Möglichkeit, sich selbst zu beweisen, dass man noch immer in der Lage ist, zu erobern und zu verführen.

Aber es gibt auch tiefere, emotionale Ursachen. Oft steckt hinter dem Fremdgehen eine unerfüllte emotionale Verbindung in der Hauptbeziehung. Das Gefühl, nicht wirklich verstanden oder geschätzt zu werden, kann Menschen dazu treiben, woanders nach dem zu suchen, was ihnen fehlt. Es ist ein Versuch, das innere Vakuum zu füllen, das durch emotionale Distanz oder Missverständnisse entsteht. Das Fremdgehen wird hier zur Kompensation für den Mangel an Intimität oder emotionaler Nähe.

Ein weiterer, oft unterschätzter Grund, ist der Wunsch nach Abwechslung. Menschen sind von Natur aus neugierig und suchen nach neuen Erfahrungen. Eine Affäre bietet die Möglichkeit, in eine neue Welt einzutauchen, in der alles spannend und frisch ist. Diese Abwechslung kann berauschend sein, vor allem, wenn der Alltag von Routine bestimmt ist.

Schließlich spielt auch der gesellschaftliche Druck eine Rolle. In einer Welt, in der Erfolg oft über Leistung, Eroberungen und Abenteuer definiert wird, kann Fremdgehen als eine Art Statussymbol verstanden werden. Der Reiz, eine geheime Parallelwelt zu führen, kann für manche Menschen eine Form von Selbstermächtigung sein – ein Beweis dafür, dass sie noch immer die Kontrolle über ihr Leben haben und ihre eigenen Regeln schreiben.

In vielen Fällen ist das Fremdgehen weniger eine bewusste Entscheidung und mehr ein schleichender Prozess. Es beginnt mit einem harmlosen Flirt, einem Kompliment, einem längeren Blickkontakt. Und bevor man sich versieht, ist man in etwas hineingezogen, das außer Kontrolle geraten ist. Der Kick, den man am Anfang gesucht hat, wird schnell zur Falle, in der man sich verstrickt.

Der männliche Jagdtrieb – Instinkt oder Ausrede?

Ein weiteres Phänomen, das oft als Erklärung für das Fremdgehen herangezogen wird, ist der sogenannte männliche Jagdtrieb. Dieser Begriff taucht immer wieder auf, wenn es darum geht, das Verhalten von Männern in Bezug auf ihre Sexualität zu deuten. Aber was bedeutet dieser Jagdtrieb wirklich? Ist er ein angeborener Instinkt, der tief in unserer Evolutionsgeschichte verankert ist, oder nur eine bequeme Ausrede, um untreues Verhalten zu rechtfertigen?

Der männliche Jagdtrieb wird häufig als eine Art biologischer Imperativ dargestellt. In dieser Sichtweise wird das männliche Verhalten von einem evolutionären Drang bestimmt, seine Gene möglichst breit zu streuen. Männer sollen demnach, so die Theorie, „programmiert" sein, ständig nach neuen sexuellen Gelegenheiten zu suchen. Dieses Verhalten sicherte in der Frühgeschichte der Menschheit das Überleben und die Verbreitung der eigenen Gene – eine Zeit, in der die Fortpflanzung eine zentrale Rolle im Überlebenskampf spielte.

Dieser Trieb nach Eroberung und Vielfalt ist also nicht neu. Schon immer war der Mensch, insbesondere der Mann, bestrebt, seine Reichweite zu vergrößern – sei es durch den Aufbau von Stammesstrukturen, den Kampf um Territorien oder eben durch die Bindung an mehrere Frauen. Der Erfolg eines Mannes wurde oft daran gemessen, wie viele Partnerinnen er hatte, und dieser „Eroberungsgeist" setzte sich in gewisser Weise bis in die heutige Zeit fort. Auch wenn wir nicht mehr in Höhlen leben, bleiben diese Instinkte tief in uns verwurzelt.

Doch was bedeutet das für die heutige Zeit? Leben wir immer noch nach diesen steinzeitlichen Regeln, oder haben wir als moderne Menschen die Fähigkeit entwickelt, unsere Triebe zu kontrollieren? Viele Männer spüren nach wie vor das Bedürfnis, zu „jagen" – nicht unbedingt, weil sie ihre Gene weitergeben wollen, sondern weil das Erobern selbst ein Gefühl von Macht, Kontrolle und Bestätigung gibt. Es ist der Nervenkitzel der Verfolgung, das Spiel aus Verführung und Hingabe, das den Mann antreibt. Die Suche nach dem nächsten „Abenteuer" oder der nächsten „Eroberung" vermittelt das Gefühl, lebendig und begehrenswert zu sein.

In langjährigen Partnerschaften hingegen kann dieses Jagdgefühl oft abnehmen. Die Beziehung entwickelt sich zu etwas Vertrautem, Stabilem, aber auch vorhersehbarem. In diesem Moment wird der Jagdtrieb wieder wach – denn das Abenteuer und das Unbekannte, das einst so spannend war, fehlt nun. Fremdgehen kann in diesem Kontext eine Art „Flucht" vor der Routine sein, ein Weg, wieder das Gefühl zu erleben, etwas Neues und Aufregendes zu erobern.

Es gibt jedoch auch die Sichtweise, dass dieser Jagdtrieb eine bequeme Ausrede ist, um egoistisches Verhalten zu rechtfertigen. Viele Psychologen argumentieren, dass das Fremdgehen oft weniger mit einem biologischen Instinkt und mehr mit emotionalen und psychologischen Defiziten zu tun hat. Es geht oft um Bestätigung, das Gefühl, noch begehrt zu sein, und um das Bedürfnis nach Anerkennung – alles Aspekte, die in einer stabilen, aber manchmal eintönigen Beziehung zu kurz kommen können.

Trotzdem ist es wichtig, den Jagdtrieb nicht nur als „Ausrede" zu betrachten. In vielen Fällen spiegelt er das tiefe Bedürfnis wider, sich selbst immer wieder neu zu definieren. Männer, die in ihrem Leben das Gefühl haben, in einer Sackgasse zu stecken, sei es beruflich oder privat, finden oft in der Jagd nach neuen sexuellen Eroberungen eine Möglichkeit, ihre Identität wiederzuentdecken. Es geht also nicht nur um den körperlichen Akt des Fremdgehens, sondern um ein tieferes, psychologisches Bedürfnis nach Selbstbestätigung und Lebendigkeit.

Dieser Jagdtrieb ist also ein zweischneidiges Schwert. Auf der einen Seite steht der evolutionäre Imperativ, der uns antreibt, immer nach neuen Gelegenheiten zu suchen. Auf der anderen Seite ist er oft das Symptom tieferliegender emotionaler Bedürfnisse, die in der Partnerschaft unerfüllt bleiben. Ob der Jagdtrieb als Ausrede oder als realer Antrieb verstanden wird, hängt letztlich davon ab, wie wir uns selbst und unsere Beziehungen sehen.

Fremdgehen – aber richtig? Gängige Fehler und warum Affären auffliegen

Wenn es ums Fremdgehen geht, meinen viele, sie könnten unbemerkt handeln und alles unter Kontrolle halten. Doch die Realität zeigt etwas anderes. Affären fliegen oft auf – und zwar nicht selten wegen banaler Fehler, die in der Hitze des Moments oder durch Nachlässigkeit passieren. Der Gedanke, dass man schlauer sei als alle anderen und die Affäre geheim halten könne, erweist sich häufig als trügerisch. Aber warum kommen so viele Affären ans Licht? Und welche gängigen Fehler führen dazu, dass der Seitensprung auffliegt?

1. Emotionale Bindung an die Affäre

Einer der häufigsten Fehler beim Fremdgehen ist, dass es nicht rein auf körperlicher Ebene bleibt. Oft entwickelt sich eine emotionale Bindung zur Affäre, die mit der Zeit immer intensiver wird. Was als harmloser Flirt oder rein sexuelle Begegnung begann, verwandelt sich in eine emotionale Abhängigkeit. Diese emotionale Bindung bringt viele dazu, unvorsichtig zu werden. Man beginnt, häufiger Nachrichten zu schreiben, heimlich Anrufe zu tätigen oder sich in Momenten zu verlieren, in denen die Partnerin oder der Partner nichts ahnt. Je stärker die emotionale Verbindung wird, desto schwerer fällt es, rational zu handeln – und desto größer ist das Risiko, entdeckt zu werden. Genau das konntet ihr bei mir und Isabell erfahren.

2. Unvorsichtige digitale Spuren

Ein weiterer typischer Fehler beim Fremdgehen ist das Hinterlassen digitaler Spuren. In unserer modernen Welt haben wir unzählige Kommunikationskanäle – von SMS über WhatsApp, Social Media bis hin zu E-Mails. Viele Menschen unterschätzen, wie einfach es ist, über diese Kanäle erwischt zu werden. Nachrichten werden versehentlich nicht gelöscht, Benachrichtigungen ploppen auf dem Handy-Display auf oder GPS-Standorte in Apps verraten plötzlich, wo man sich wirklich aufgehalten hat. Oft genügt ein kleiner Fehltritt, wie ein unaufmerksamer Moment, in dem eine verdächtige Nachricht vom falschen Absender auftaucht, um alles auffliegen zu lassen.

Auch gemeinschaftlich genutzte Geräte wie Computer oder Tablets werden zur Falle. Ein Partner braucht nur zufällig den Browserverlauf zu durchstöbern oder auf eine Social-Media-Plattform zuzugreifen, auf der man eingeloggt geblieben ist – und schon wird die Affäre entdeckt.

3. Veränderungen im Verhalten

Ein großer Fehler vieler, die fremdgehen, ist das veränderte Verhalten gegenüber ihrem Partner. Manchmal wird der Versuch, Schuldgefühle zu überspielen, besonders offensichtlich. Plötzlich gibt es übermäßige Aufmerksamkeit, teure Geschenke oder ungewohnte Zärtlichkeiten. Das mag zunächst als "positive" Veränderung erscheinen, aber für den Partner oder die Partnerin wirkt es oft verdächtig. Der plötzliche Wandel kann Fragen aufwerfen und Zweifel schüren. Auf der anderen Seite werden Menschen, die fremdgehen, häufig emotional distanzierter, unaufmerksamer und verschlossen. Sie verbringen mehr Zeit allein, rechtfertigen unerwartete Abwesenheiten oder zeigen ein wachsendes Desinteresse an der Beziehung. Auch diese Veränderungen fallen dem Partner oder der Partnerin oft auf und führen zu Misstrauen. Jungs, ihr verändert euch, und ihr bekommt es selbst nicht mit, weil es ein schleichender Prozess ist – schon allein deshalb, weil eure Affäre ständig euer Denken beherrscht und der Wunsch nach mehr Sex euch antreibt.

4. Zu oft die gleichen Ausreden

Die ständigen Ausreden sind ein weiteres großes Problem beim Fremdgehen. Zu Beginn funktionieren spontane "Geschäftsreisen", "Überstunden" oder "Treffen mit Freunden" vielleicht noch. Doch je öfter diese Ausreden gebraucht werden, desto weniger glaubwürdig wirken sie. Partner sind oft wachsame Beobachter, und wenn die Geschichten sich wiederholen oder nicht zueinander passen, wird der Verdacht größer. Auch kleine Ungereimtheiten, wie unterschiedliche Zeitangaben oder das Fehlen plausibler Erklärungen, führen dazu, dass man auffliegt.

Ein häufiger Fehler in dieser Phase ist, die Intelligenz des Partners oder der Partnerin zu unterschätzen. Viele, die fremdgehen, glauben, sie könnten ihre Lügen problemlos aufrechterhalten, aber in Wirklichkeit bleibt nur selten etwas unentdeckt, besonders wenn die Geschichten nicht lückenlos zusammenpassen.

5. Das Umfeld unterschätzen

Einer der größten Stolpersteine beim Fremdgehen ist das soziale Umfeld. Man vergisst, wie klein die Welt sein kann und wie leicht Informationen über Freunde, Bekannte oder Kollegen durchsickern. Ein gemeinsamer Freund könnte zufällig im gleichen Restaurant sitzen, ein Kollege könnte das Auto des anderen Partners an einem unerwarteten Ort sehen – und schon kursieren die ersten Gerüchte. Menschen, die fremdgehen, unterschätzen oft die Aufmerksamkeit und das Erinnerungsvermögen ihrer Umgebung. Selbst wenn der Partner oder die Partnerin nichts ahnt, kann das Umfeld Dinge bemerken, die den Stein ins Rollen bringen.

Hinzu kommt, dass Affären häufig im beruflichen Umfeld oder im Freundeskreis entstehen, wo es noch schwieriger ist, alles geheim zu halten. Auch die andere Person in der Affäre kann zum Risiko werden – besonders dann, wenn sie emotional involviert ist und beginnt, Druck auszuüben oder gar droht, die Affäre offenzulegen, wenn ihre Bedürfnisse nicht erfüllt werden. Zu diesem Thema werdet ihr in einem weiteren Kapitel mehr erfahren. Wehe, es erwischt euch jemand anderes als euer bester Kumpel.

6. Unterschätzung der eigenen Reaktionen

Schließlich unterschätzen viele Menschen ihre eigenen Reaktionen auf das Fremdgehen. Während man anfangs vielleicht glaubt, alles unter Kontrolle zu haben, brechen mit der Zeit oft starke emotionale Reaktionen durch. Gefühle wie Eifersucht, Schuld oder Angst vor Entdeckung können dazu führen, dass man irrational handelt. Diese inneren Konflikte sind schwer zu verbergen und führen dazu, dass der Partner oder die Partnerin Veränderungen bemerkt, die wiederum Verdacht erregen.

Fremdgehen – irgendwann wirst Du erwischt - versprochen

Fremdgehen ist ein riskantes Spiel, und das Risiko, erwischt zu werden, ist allgegenwärtig. Wenn man sich jedoch auf dieses gefährliche Terrain begibt, gibt es einige grundlegende Regeln und Tipps, die helfen können, die Chancen zu minimieren, dass eine Affäre ans Licht kommt. Hier sind einige erprobte Strategien, die ich im Laufe der Zeit entwickelt habe – nicht als Freifahrtschein, sondern als vorsichtige Anleitung, um die Wahrscheinlichkeit einer Entdeckung möglichst gering zu halten.

1. Klarnamen auf Datingportalen verwenden

Wenn du dich auf Datingplattformen anmeldest, ist es essenziell, deinen echten Namen niemals preiszugeben. Die Versuchung mag groß sein, einfach deinen realen Namen zu verwenden, aber das öffnet Tür und Tor für Entdeckungen. Verwende stattdessen einen Fantasienamen, der keinerlei Verbindung zu deiner wirklichen Identität aufweist. So schützt du dich vor neugierigen Augen und potenziellen Ermittlungen deines Partners oder deiner Partnerin.

2. Affären persönlichen Details über Job und Familie verraten

Es ist verlockend, eine emotionale Bindung aufzubauen, aber das Fremdgehen sollte so unpersönlich wie möglich bleiben. Vermeide es, deiner Affäre zu viele Details über dein Leben, deinen Job oder deine Familie zu erzählen. Jeder Hinweis, den du gibst, könnte in einem Moment der Neugier oder des Misstrauens gegen dich verwendet werden. Sorge dafür, dass deine Affäre nur das weiß, was absolut notwendig ist. Den richtigen Namen sollte man auf keinen

Fall preisgeben – eine falsche Identität bietet nicht nur Schutz, sondern macht die Affäre auch einfacher zu kontrollieren.

3. Zu Verabredungen Freunde mitnehmen

Ein häufiger Fehler ist, Freunde in die Geheimnisse der Affäre einzuweihen. So sehr man auch auf die Loyalität seiner Freunde vertraut, die Realität ist, dass Menschen reden – manchmal unabsichtlich, manchmal, weil sie sich moralisch verpflichtet fühlen. Halte deine Affäre streng geheim und vermeide es, deine Affäre im Freundeskreis vorzustellen oder mit ihnen gemeinsame Unternehmungen zu planen. Je weniger Menschen davon wissen, desto sicherer bist du.

4. Zweites Geheim-Handy mit einer separaten Nummer

Ein zweites Handy ist unerlässlich, wenn du langfristig fremdgehst. Es sollte eine Telefonnummer haben, die niemand aus deinem privaten Umfeld kennt – weder Freunde, noch Familie, noch dein Partner oder deine Partnerin. Verwende dieses Handy ausschließlich für die Kommunikation mit deiner Affäre und halte es immer gut versteckt. Vermeide es, dein Hauptgerät für die Affäre zu verwenden, um keine riskanten Nachrichten oder Anrufe auf einem leicht zugänglichen Gerät zu haben.

5. Eine erfundene Geschichte über Beruf, Lebensweg und Familie

Ein weiterer effektiver Schutz ist das Kreieren einer fiktiven Lebensgeschichte für deine Affäre. Denk dir einen Beruf, einen Wohnort und eine familiäre Situation aus, die nichts mit deinem echten Leben zu tun hat. So minimierst du das Risiko, dass deine Affäre irgendwann auf echte Details deines Lebens stößt oder Nachforschungen anstellt. Wichtig ist dabei, dass du konsistent bleibst: Halte dich immer an dieselbe Geschichte, um keine Ungereimtheiten entstehen zu lassen.

6. Notiere, was du erzählt hast

Es mag übertrieben erscheinen, aber es ist äußerst hilfreich, sich irgendwo zu notieren, was du deiner Affäre über dein erfundenes Leben erzählt hast. Kleine Details wie deine angebliche Arbeit, dein Wohnort oder deine familiäre Situation können leicht vergessen werden, vor allem, wenn die Affäre über einen längeren Zeitraum andauert. Mit einer diskreten Aufzeichnung sorgst du dafür, dass du nicht in die Falle tappst, widersprüchliche Aussagen zu machen, die verdächtig wirken könnten.

7. Keine Nacktbilder versenden

Einer der größten Fehler, den Menschen in Affären machen, ist das Versenden von Nacktbildern. Diese können nicht nur in falsche Hände geraten, sondern werden oft zu einem Druckmittel, wenn die Affäre aus dem Ruder läuft. Vermeide es grundsätzlich, kompromittierende Fotos von dir zu verschicken, die als Beweis für deine Untreue dienen könnten. Du weißt nie, wo diese Bilder landen oder wer sie möglicherweise irgendwann sehen könnte.

8. Bilder nur temporär und mit Zeitbegrenzung versenden

Falls du dich doch dazu entscheidest, Bilder zu verschicken, stelle sicher, dass sie nur temporär sichtbar sind. Viele Messenger-Apps wie WhatsApp bieten die Möglichkeit, Bilder mit einer zeitlichen Begrenzung zu versehen, sodass sie nach einer bestimmten Zeit automatisch verschwinden. Dasselbe gilt für Nachrichten – nutze die Funktion für Nachrichten, die sich selbst löschen. So bleibt die Kommunikation diskret und reduziert das Risiko, dass unvorsichtige Nachrichten später ans Licht kommen.

9. Handy immer mit Passwort schützen und nicht mit nach Hause nehmen

Ein einfacher, aber oft vernachlässigter Schritt ist es, dein Handy mit einem sicheren Passwort zu schützen. Am besten verwendest du biometrische Schutzmethoden wie Fingerabdruck oder Gesichtserkennung, da diese schwerer zu knacken sind. Nimm das zweite Handy, das du für die Affäre nutzt, niemals mit in die Wohnung. Verstecke es im Auto oder lass es auf der Arbeit – so minimierst du das Risiko, dass dein Partner oder deine Partnerin es entdeckt.

10. Auf Datingportalen nur alte oder öffentlich zugängliche Bilder verwenden

Vermeide es, auf Datingplattformen aktuelle Bilder von dir hochzuladen – und schon gar keine Bilder, die dich in gemeinsamen Unternehmungen mit deinem Partner oder deiner Familie zeigen. Verwende stattdessen alte Bilder oder solche, die ohnehin schon öffentlich zugänglich sind, wie Social-Media-Profilbilder. Sollte jemand die Bilder entdecken oder dich darauf ansprechen, kannst du leicht behaupten, dass die Bilder gestohlen wurden oder jemand anderes sich deiner Identität bedient hat. So bleibt deine Tarnung gewahrt.

Mein Versprechen an die „cleveren" unter Euch

Aber eines kann ich Euch jetzt schon versprechen: **Eure Affäre wird früher oder später auffliegen.** Da könnt Ihr noch so vorsichtig sein, Euch noch so viel Mühe geben, alles zu verheimlichen. **Wir Männer sind einfach zu doof, das geschickt genug anzustellen.**

Es ist nur eine Frage der Zeit, bis man einen Fehler macht – und glaubt mir, der wird passieren. Es fängt bei Kleinigkeiten an, die uns zuerst gar nicht auffallen. Mal ist es eine unachtsam liegen gelassene Nachricht auf dem Handy, eine unerklärliche Verabredung oder ein Gedanke, der uns in einem schwachen Moment durchrutscht und in einem Gespräch mit der Partnerin aufblitzt.

Die Wahrheit ist, dass wir es gar nicht perfekt geheimhalten können. Früher oder später bringt uns die Routine um, die Nachlässigkeit, oder schlichtweg die Tatsache, dass Frauen viel feinfühliger sind, als wir es oft wahrhaben wollen. **Sie merken, dass etwas nicht stimmt.** Vielleicht können sie es nicht gleich greifen, aber dieses Bauchgefühl lässt sie wachsam werden. Das bedeutet, dass sie uns irgendwann erwischen – nicht, weil sie uns auf Schritt und Tritt überwachen, sondern weil sie einfach die Veränderung in unserem Verhalten bemerken.

Und was passiert dann? Ihr könnt Euch das Desaster vorstellen. Zuerst die Konfrontation, bei der Ihr verzweifelt versucht, es abzustreiten – aber irgendwann kommen die Fakten auf den Tisch. Je mehr Ihr Euch windet, desto schlimmer wird es. **Jede Lüge, die Ihr aufbaut, bricht am Ende wie ein Kartenhaus zusammen.** Frauen haben ein unfassbares Gedächtnis für Details. Sie wissen ganz genau, was Ihr wann gesagt habt, welche Ausrede Ihr benutzt habt, warum Ihr plötzlich abends so oft unterwegs seid. Und wenn Ihr denkt, Ihr könntet Euch herausreden, dann merkt Ihr schnell, dass Ihr verloren seid.

Die Wahrheit ist brutal: Die Affäre zerstört nicht nur das Vertrauen in Eurer Beziehung, sondern bringt auch Euch selbst in eine Lage, aus der Ihr nicht ohne Schaden herauskommt. Denn wenn Ihr einmal aufgeflogen seid, ist es fast unmöglich, das Vertrauen wieder vollständig aufzubauen. Es bleibt immer dieser Schatten, der über der Beziehung schwebt. Jedes Mal, wenn Ihr wieder später nach Hause kommt oder das Handy mit ins Badezimmer nehmt, wird der Zweifel zurückkehren – und mit ihm die Frage, ob Ihr es wieder tut.

Und glaubt mir, dieses Misstrauen zermürbt nicht nur Eure Partnerin, sondern auch Euch selbst. **Ihr werdet ständig das Gefühl haben, auf dünnem Eis zu laufen.** Jede Kleinigkeit könnte wieder in Verdacht geraten, und das kann die Beziehung auf Dauer kaputt machen. Also bevor Ihr Euch in dieses Spiel stürzt, denkt daran, dass es keine Sieger gibt. **Am Ende verlieren beide. Also Buddy, hör auf mit dem Scheiß!**

Der Hulk in Dir – Wenn der innere Kampf überkocht

Der Mythos der Stimmungsschwankungen ist wahr – und das ist in der Tat ein gewaltiges Problem, das sich schleichend anschleicht, bis es einen komplett einnimmt. Ich für meinen Teil merkte es an meiner immer kürzer werdenden Zündschnur und der plötzlich auftretenden Aggression, die sich wie ein Flächenbrand in mir ausbreitete. Und das, obwohl ich eigentlich ein harmoniebedürftiger

Mensch bin, der stets versucht, freundlich und respektvoll zu sein. Doch wenn es eine Sache gibt, die mich besonders triggert, dann sind es ignorante, dreiste und rücksichtslos dumme Menschen.

Insbesondere jene, die meinen, dass sich die Welt nur um sie selbst dreht – Leute, die ohne jegliche Rücksicht durch das Leben stampfen, ohne den geringsten Gedanken daran zu verschwenden, dass ihr Verhalten andere Menschen stören oder verletzen könnte. Es sind diese Personen, denen das Konzept der „Kinderstube" völlig fremd zu sein scheint, die meine Nerven zum Zerreißen bringen.

Ein Beispiel, das mir noch lebhaft im Gedächtnis geblieben ist: Ein Mann mit zerzausten, langen Haaren und viel zu weiten Schlabberklamotten, der aussah wie die moderne Ausgabe von „Jesus Christ nach der Wurmkur", spazierte an mir vorbei.

An seiner Hand ein kleines, verdrecktes Kind, dessen Zustand zwischen Abenteuer und Vernachlässigung schwankte. Die Kleine sah aus wie Pippi Langstrumpf nach einem besonders wilden Tag, mit schmutzigem Gesicht und zerrissener Kleidung.

Natürlich, Kinder haben es verdient, frei und unbeschwert zu spielen – daran besteht kein Zweifel. Aber dass man sein Kind völlig verwahrlost durch die Stadt laufen lässt, ist eine andere Sache. Es gibt doch etwas, das sich „Feuchttuch" nennt, und Wechselklamotten, um das Kind nach dem Kindergarten in einen angemessenen Zustand zu bringen, wenn man noch in die Öffentlichkeit geht. Ich sehe es bei meinen eigenen Enkeln – bevor es in die Eisdiele oder auf den Spielplatz geht, werden sie frisch gemacht und umgezogen. Nicht aus Eitelkeit, sondern aus Respekt vor den Kindern selbst und den Menschen um uns herum.

Das mag jetzt streng klingen und vielleicht sogar abwertend, aber genau in solchen Momenten wird das Bild von der Öko-Klientel bestätigt, das ich nicht ertrage. Diese Klischees mögen überzeichnet erscheinen, aber sie haben ihren Ursprung in realen Begegnungen wie dieser. Besonders ärgerlich ist es, wenn genau diese Typen dann auch noch den erhobenen Zeigefinger spielen und als selbsternannte Moralapostel anderen ihre Weltanschauung aufdrängen wollen. Ich sage es offen: Ich finde diese Scheinheiligkeit zum Kotzen.

Auf der anderen Seite scheint es diesen Menschen völlig egal zu sein, wie sie auf andere wirken oder was man über sie denkt. Das macht mich nur noch wütender – die Arroganz, mit der sie sich selbst zu moralischen Messiasfiguren stilisieren, ohne den Anstand zu haben, ihre eigene Welt ein Stück weit zu reflektieren. Es ist diese Haltung, diese selbstgerechte Ignoranz, die meine Stimmung von 0 auf 100 schießen lässt, als ob jemand den Schalter umgelegt hätte.

Aber nun zurück zur Story:

Wir sitzen im Außenbereich der Eisdiele, der Jesus-Typ mit seinem Kind neben uns, meine Frau mir gegenüber. Plötzlich steht das Kind auf, hebt sein Röckchen, hockt sich hin und fängt an zu pullern – in aller Öffentlichkeit und dort, wo noch andere Leute sitzen.

Dem Typen war das völlig egal. Statt einzugreifen, ließ er die Kleine einfach weiter ihr Geschäft verrichten. Da fragt man sich, was für ignorante Vollidioten es gibt, gerade heute, wo jeder ein Handy hat und so etwas filmen könnte.

Also kurzum: Der Typ hatte sich auf alle erdenklichen Weisen als Vater disqualifiziert. Nennen wir ihn, mit seinen 50 kg und seinen Mikado-Ärmchen: „Jesus Christus nach der Wurmkur".

Meine Frau und ich gucken uns an und können es nicht glauben.

Meine Frau meinte dann zu dem Typen ruhig und vernünftig: „Junger Mann, dahinten gibt es Toiletten, das muss doch nicht sein…"

Der Jesus-Typ erwiderte: „Halten Sie die Klappe, mein Kind geht pullern, wo ich es will…"

Falsche Antwort, falscher Ton, falscher Zeitpunkt, falscher Typ, falsch, meine Frau so anzukacken, falsch, nur 50 Kilo zu wiegen und Mikado-Ärmchen zu haben, falsch, sich mit mir anzulegen…

Ich war so schnell bei ihm, dass er nicht mal mehr die Zeit hatte aufzustehen. Ich habe dem Jesus-Typen vor seinem Kind eine ordentliche Backpfeife mit der flachen Hand verpasst.

Mit der Faust hatte ich mich nicht getraut, nicht, dass er gleich auseinanderfällt wie ein Legomännchen. Der Typ flog sofort mit seinem Stuhl um.

Ich war verwundert über die Power meines Schlages. Der Typ hatte dann alle meine fünf Fingerabdrücke rot im Gesicht. Die Kleine weinte und schrie, kurzum: Chaos hoch zehn.

Meine Frau zog an mir, und zwei männliche Gäste versuchten, mich vom Jesus-Typ wegzuziehen. Ich ließ dann von dem Typen ab.

Irgendwie tat es mir sofort leid, und mir war klar, dass dies nicht ohne Folgen bleiben würde. Ich sah schon die ersten Gäste ihre Handys zücken und telefonieren. Wir verließen dann sofort das Lokal und liefen zum Parkplatz. Der war rund 500 Meter entfernt. Wir fuhren dann nach Hause. Zuhause angekommen, stand die Polizei bereits vor dem Haus, und fünf Minuten später saß ich in der grünen Minna, ab aufs Revier.

Keine Ahnung, wie sie auf mich kamen und wie sie so schnell bei uns sein konnten. Ich denke, irgendein Gast aus der Eisdiele muss uns unbemerkt hinterhergelaufen sein und hat unser Autokennzeichen aufgeschrieben.

Statt eines schönen Nachmittags folgte ein stundenlanger Aufenthalt auf der Wache: Anwalt anrufen, warten, Vernehmung, Vorwürfe von meiner Frau, Ansage vom Anwalt, Ansage von der Polizei.

In der Eisdiele können wir uns auch nicht mehr sehen lassen, und alle Nachbarn wissen jetzt, dass ich der Schläger bin, der dem Jesus-Typ vor seinem Kind vermöbelt hat. Der Ärger, der dann folgte, war unfassbar nervig und teuer: fette Anklage wegen Körperverletzung, fette Geldstrafe, nervige Verhandlung, saftige Anwaltsrechnung. Und als Kompott hat mir dieser Öko-Typ noch vor dem Gerichtssaal frech ins Gesicht gelacht.

Ich nahm mir vor, dass so etwas nie wieder passiert. Ich versprach es sogar meiner Frau. Ich wollte ab jetzt ruhig bleiben und mich nie wieder von solchen Öko-Arschlöchern provozieren lassen.

Aber es kam anders. Der Hulk in mir brach wieder aus und wollte mit seiner Keule Leute plattmachen...

Es war Anfang 2023, in der Hoch-Zeit dieser bekloppten und kriminellen Klimakleber-Idioten. Die gingen mir schon länger gehörig auf den Sack. Ein Unding, was hier in Berlin abging. Fast täglich stand ich auf dem Weg zur Arbeit im Stau. Krankenwagen und Feuerwehren kamen nicht weiter, Leute starben, weil sie nicht rechtzeitig ins Krankenhaus gebracht werden konnten.

Und dass diese grünen Arschlöcher nicht zur Rechenschaft gezogen wurden, nervte mich noch mehr. Ich soll für eine Backpfeife tausende Euro zahlen? Die Klimafuzzis nötigen tausendfach Leute, halten Krankenwagen auf, Leute kommen ums Leben und denen passiert NICHTS???

Irgendwas lief in meinen Augen gehörig schief in dieser Stadt. Ich empfand es als Unrecht. Trotzdem nahm ich mir vor, ruhig zu bleiben und keinen von diesen Klima-Terroristen anzugreifen.

Ein Sonntag im April, meine Schwiegertochter schwanger, wir wollten sie ins Krankenhaus fahren, weil es ihr nicht gutging.

Auf halbem Weg ging nichts mehr wegen dieser beschissenen Klimaarschlöcher. Wieder solche Öko-Spinner, die ich ja, wie wir nun wissen, gehörig gefressen hatte...

Wenn das Buch an einigen Stellen zu krass oder beleidigend geschrieben ist, möchte ich mich dafür entschuldigen. Es war nie meine Absicht, jemanden zu verletzen oder Anstoß zu erregen. Mein Ziel war es, meine damaligen Erfahrungen so authentisch wie möglich zu schildern – roh, ehrlich und ungefiltert, so wie ich sie in jenem Moment empfunden habe. Dazu gehört auch ein etwas derber Slang, den manche als „Berliner Proleten-Großschnauze" bezeichnen würden. Diese Ausdrucksweise ist ein Teil meiner Herkunft, sie ist direkt, unverblümt und manchmal auch hart.

Ich habe mich entschieden, diesen Ton beizubehalten, weil ich glaube, dass er am besten transportiert, was ich durchgemacht habe. Die Gefühle, die Wut, die Verletzung – all das lässt sich nicht immer in sanfte Worte kleiden. Es wäre nicht echt. In einem Leben, das oft voller Komplexität und Kontraste ist, spiegelte sich diese direkte Sprache wider, und sie half mir, meine Emotionen zu ordnen und zu verarbeiten.

Wenn also manche Passagen zu unverblümt oder provokant erscheinen, bitte ich um Verständnis. Manchmal ist das Leben nicht nur schwarz und weiß, sondern laut, unbändig und ungeschönt. Es ist mir wichtig, die Wahrheit meiner eigenen Geschichte zu erzählen, so wie ich sie erlebt habe – nicht, um zu schockieren, sondern um ehrlich zu sein. Und manchmal gehört dazu auch ein bisschen mehr Kanten und Ecken.

Insbesondere nach der Aktion mit dem Typen in der Eisdiele hatte ich nur noch puren Hass auf alle Ökos und grünen Spinner in mir. Die Wut kochte Anfang 2023 immer mehr in mir hoch, und ich schwor mir, dass es Kloppe gibt, sobald einem meiner Familienmitglieder wegen dieser Pissnelken etwas zustoßen sollte.

Aber zurück zur Krankenhaus-Aktion: Ich sah die Klimakleber durch die Lücke der Rettungsgasse. Ich wollte das wie immer auf meine Art regeln.

Mein Sohn fuhr, ich sprang vom Beifahrersitz, lief etwa 150 Meter zwischen den Autos bis zu den Kleber-Pissnelken und trat einem von ihnen direkt, ohne Vorwarnung, mit einem Seitwärtstritt ins Gesicht.

Der Kollege war sofort ausgeknockt. Ich zog den Typen und einen weiteren von der Straße. Der zweite Typ fing an, sich zu wehren, daraufhin bekam er einen Tritt in die Eier. Dann war auch bei ihm Schluss mit Widerstand.

Der Verkehr lief wieder, und ich war zufrieden und hatte endlich meiner Wut Luft gemacht.

Ich rannte dann einen Kilometer weiter in Fahrtrichtung und stieg wieder in das Auto meines Sohnes. Bis heute kam wegen der Aktion nichts – noch einmal davongekommen. Denn das wäre sicher NICHT mit einer Geldstrafe ausgegangen. Mein Sohn schimpfte mich noch stundenlang aus, weil er es nicht fassen konnte, wie aggressiv ich war.

Meine Schwiegertochter hatte richtig Angst vor mir, und ich merkte, dass ich dringend Hilfe brauchte, bevor ich noch jemanden umbringe.

Sicher spielten die Unzufriedenheit mit meinem Leben, die vielen negativen Erlebnisse in der Kindheit und in den letzten Jahren sowie das gespritzte Testosteron eine Rolle. Trotzdem ist das keine Entschuldigung für mein Verhalten.

Der irre Typ musste sich ändern, zurück zu dem liebenswerten Kerl werden, der er in den 90er Jahren war. Ich stellte mir ein paar Regeln zusammen und änderte mein Leben grundlegend.

Reagiere nie mehr sofort und impulsiv

Ich nahm mir fest vor, meine impulsiven Reaktionen zu kontrollieren. Kein Sprung mehr in den Kampfmodus, ohne vorher die Lage zu sondieren. Die Devise lautete: Augen schließen, tief durchatmen und bis zehn zählen, bevor ich mich zu einer Handlung hinreißen lasse. Leichter gesagt als getan – in mir steckt immer noch der Krieger, der leise flüstert: „Angriff". Doch ich wollte nicht mehr dem Ruf der Wut folgen.

Also begann ich, auf schlechte Nachrichten nicht mehr sofort zu reagieren. Ein einfacher Trick, der mir half, war, mir ein Zeitfenster von mindestens 24 Stunden zu setzen. Erst dann erlaubte ich mir, zu handeln. Wenn eine Situation komplex war, zog ich es vor, ein paar Tage darüber nachzudenken. Mein Kopf war auf diese Weise ruhiger, und mein Handeln war durchdachter, weniger impulsiv.

Ein weiterer wichtiger Punkt war, mich Rat bei Menschen zu holen, denen ich vertraue. Ob Freunde, Familie oder Kollegen – Menschen, die mir helfen konnten, mit klarem Kopf zu entscheiden. Das brachte mir mehr als ein Jahr voller stabiler Entscheidungen ein und schützte mich davor, wieder ins Chaos zu stürzen.

Hole dir professionelle Hilfe

Ein weiterer Schritt in meinem Plan, die Kontrolle über mein Leben zurückzugewinnen, war der Termin bei einem Psychologen. Ich wusste, dass ich die alten Traumata aus meiner Kindheit nicht allein aufarbeiten konnte. Doch beim ersten Versuch war es ein Reinfall. Der Psychologe, ein merkwürdiger Kauz, und ich, wir hatten einfach keinen Draht zueinander. Schon nach der ersten Sitzung war mir klar, dass es so nicht funktionierte. Das passte nicht zu mir, dem sonst offenen und extrovertierten Menschen.

Vielleicht war es auch noch nicht der richtige Zeitpunkt, jemanden so nah an meine tiefsten Wunden zu lassen. Ich beschloss, mir die Zeit zu geben, die ich brauchte. Aber aufgeschoben war nicht aufgehoben – ich nahm mir fest vor, im nächsten Jahr erneut den Schritt zu wagen und die Schatten der Vergangenheit anzugehen.

Schaffe dir einen Ausgleich für deine Aggressionen

Der nächste Punkt auf meiner Liste: Sport, um die überschüssige Energie und die angestauten Aggressionen loszuwerden. Testosteron und Adrenalin sollten rausgepowert werden, und zwar richtig. Jetzt stehe ich im Dreitages-Rhythmus: Kickboxen, Krafttraining und Ausdauerläufe. Der Sandsack in meinem kleinen Heimstudio hat schon viele meiner schlechten Tage überstanden und dabei ordentlich einstecken müssen. Diese Art des Trainings ist für mich mehr als nur Fitness – es ist Therapie.

Suche dir Wege zur Entspannung und Ruhe

Das nächste große Learning: Ruhe und Entspannung bewusst in den Alltag einbauen. Meine Frau und ich haben unsere eigenen kleinen Rituale entwickelt, die uns näher zusammengebracht haben. Nach der Arbeit gehen wir oft ins nahegelegene Strandbad. Dort sitzen wir mit einem Aperol in der Hand am Wasser, lauschen den sanften Wellen und lassen die Anspannung des Tages von uns abperlen. Diese kleinen Fluchten aus dem Alltag sind wie ein Kurzurlaub für die Seele.

Manchmal geht es nicht darum, große Dinge zu ändern, sondern die kleinen Momente des Friedens zu schaffen, die helfen, positive Gedanken zu fördern. Sie sind wie kleine Inseln der Erholung im oft stürmischen Meer des Lebens.

Befreie dich von Ballast und negativen Einflüssen

Ein weiterer Schritt in meiner Verwandlung war die Aufgabe meiner Selbständigkeit. Diese Entscheidung war keine leichte, denn ich war seit über dreizig Jahren mein eigener Chef. Doch genau dieser Punkt, der ständige Druck, das Jonglieren von Aufträgen und Kundenwünschen, hatte mich an den Rand des Wahnsinns gebracht. Der Entschluss, wieder angestellt zu arbeiten, war wie ein Sprung ins kalte Wasser – beängstigend, ja, aber auch befreiend.

Das halbe Jahr der Umstellung war hart, doch die Belohnung folgte bald: Ein Job in einer Firma, die wie ein zweites Zuhause wurde. Kolleginnen und Kollegen, die mich willkommen hießen, spannende Aufgaben und das Wissen, dass ich am Monatsende mein Gehalt bekomme, ohne mir den Kopf zerbrechen zu müssen. Der Druck war wie weggeblasen. Wenn ich heute mit alten Bekannten rede, die immer noch selbständig sind, höre ich von Auftragsflauten und Existenzängsten. Ich denke dann: Alles richtig gemacht.

Mein Rat an alle, die sich in ähnlicher Lage befinden: Habt den Mut, euer Leben zu überdenken und euch von Ballast zu befreien. Es kostet Kraft, aber wie ein altes Indianersprichwort sagt: „Wenn das Pferd tot ist, steige ab."

Das Leben ist zu kurz, um sich selbst im Kreis zu drehen. Manchmal muss man innehalten, tief Luft holen und die Richtung wechseln. Diese Schritte waren meine Rettung – und vielleicht können sie auch dir helfen, den Weg zu einem besseren Selbst zu finden.

Fortan trenne ich mich sofort von allem Ballast oder Dingen, die mich nerven. Warum sollte ich mir den Stress antun? **Wenn etwas nicht passt, dann raus damit.**

Ein kleines Beispiel: Mein altes Fitnessstudio hat mich nur noch genervt. Überall lag Dreck herum, Leute, die sich nicht benehmen konnten, und abgerockte, gefährliche Geräte, die nur darauf gewartet haben, jemanden ins Krankenhaus zu schicken. **Jedes Mal, wenn ich dort trainieren war, habe ich mich geärgert.** Das ging so weit, dass ich schon mit schlechter Laune hingegangen bin – und das, obwohl Sport doch eigentlich der Ausgleich sein sollte.

Also habe ich mir irgendwann gedacht: **Warum machst du das noch mit?** Nur, weil der Vertrag günstig war? Das ist doch völliger Quatsch. Also habe ich die Reißleine gezogen und bin in ein anderes Studio gewechselt.

Nagelneu, echtes Luxusniveau – alles perfekt gepflegt, moderne Geräte, sogar eine Sauna. Und das Beste: **Kein nerviges Publikum.** Kein Gedränge am Nachmittag, keine Schulgören, die sich nach dem Unterricht austoben, sondern einfach eine angenehme, ruhige Atmosphäre mit Leuten, die wirklich trainieren wollen.

Klar, ich zahle jetzt knapp 100 Euro im Monat, aber wisst Ihr was? **Es ist jeden Cent wert.** Denn jetzt habe ich wieder richtig Lust, ins Training zu gehen. Ich freue mich auf die Zeit im Studio, statt mich davor zu drücken. Und das ist es, was zählt: **Lebensqualität.** Manchmal muss man eben bereit sein, ein bisschen mehr zu investieren, um das Leben wieder genießen zu können. Statt sich weiter über Kleinigkeiten aufzuregen, die man eigentlich ganz leicht ändern könnte. **Warum soll man sich unnötig aufreiben, wenn es doch Lösungen gibt?**

Das gilt für so vieles im Leben. Dinge, die uns stressen oder die uns Energie rauben, muss man einfach loswerden. Egal, ob es der falsche Fitnessclub ist, nervige Bekanntschaften oder auch Angewohnheiten, die einem nicht guttun. **Man lebt nur einmal, und sich mit Ballast zu beladen, den man gar nicht tragen muss, ist reine Zeitverschwendung.**

Höre auf mit dem Fremdgehen – Finger weg von anderen Frauen

Keine Eskapaden oder außerehelichen „Aktivitäten" mehr. Alles, was mich triggern könnte, wie zum Beispiel dickbusige, tätowierte oder rothaarige Damen auf Instagram oder alte Kontakte, die sich plötzlich melden könnten, habe ich verbannt.

Alle Bilder oder Erinnerungen an meine alten Affären habe ich vernichtet. Auch alle Telefonnummern und Insta-Kontakte.

Meine Frau hat den Handy-Pin, sie kann jederzeit an mein Handy gehen. Das war zum Beispiel auch ein echter Befreiungsschlag: hundert Prozent Vertrauen. Ich muss keine Angst mehr haben, dass sie irgendwelche komischen Sachen entdeckt, wenn sie an mein Handy geht.

Denn: ein richtiger Mann macht das Höschen seiner Frau nass und nicht ihre Augen.

In diesem Zusammenhang fällt mir der Film „Das perfekte Geheimnis" ein. Eine Clique sitzt beim Essen zusammen. Einer aus der Runde kommt auf die Idee, die Handys auf den Tisch zu legen und zu sehen, welche Nachrichten eintrudeln.

Klar, dass jetzt ein Haufen Geheimnisse und Seitensprünge herauskommen. Zu Zeiten der Affäre mit Isabell hätte ich solch ein Spiel nicht mitmachen können, dann wäre alles schon viel früher aufgeflogen. Damals bekam ich auch ständig Nachrichten von ihr, gewürzt mit eindeutigen Bildern ihrer Körperteile.

Heute könnte ich mein Handy ganz beruhigt auf den Tisch legen – es würde schweigen.

Sage die Wahrheit, gib selten Versprechungen

Keine Lügen mehr. Ich lüge meine Frau nicht mehr an, auch niemanden sonst. Wenn ich gefragt werde, sage ich die Wahrheit.

Das war auch ein Lernprozess, denn man muss auch lernen, mit den Konsequenzen zu leben, wenn man „Mist" gebaut hat. Auch keine Notlügen mehr oder verdrehte Wahrheiten.

Auch ein Versprechen ist jetzt ein Versprechen. Ich überlege mir nun mehrfach und genau, ob ich ein Versprechen einhalten kann. Wenn mir schon vorher klar ist, dass ich es nicht erfüllen kann, gebe ich kein Versprechen.

Dazu muss man aber auch genau kommunizieren, warum man zum Beispiel nicht gewillt ist, ein Versprechen abzugeben. Meist verstehen die Menschen es, wenn man es genau erklärt.

Dadurch hat sich mein Verhältnis zu meiner Frau, meiner Familie, Freunden und Kollegen stark verbessert. Man wird nun als verlässlicher Mann wahrgenommen, der zu seinem Wort steht. Der zweite positive Effekt: Ich muss mir nicht mehr so viel merken und was ich wann wem erzählt habe. Lügen fliegen irgendwann auf.

Wir Männer sind ohnehin doof und verplappern uns irgendwann. Wenn du nicht lügst, lebst du ruhiger. Klar, es ist manchmal schwer, wenn man Mist gebaut hat und schon vorher weiß, dass die Süße auf jeden Fall sauer sein wird. Egal – auf jeden Fall wird das Donnerwetter nicht so groß, als wenn im Nachhinein eine Lüge herauskommt.

Das gleiche Thema sind Versprechungen. Mache keine Versprechungen, bei denen du vorher weißt, dass du sie unmöglich einhalten kannst. Auch nicht, weil du jemandem gefallen willst oder wegen „guter Stimmung". Solltest du dein gegebenes Versprechen nicht einhalten können, egal aus welchem Grund, selbst wenn du es nicht böse gemeint hast, wirst du dann als unzuverlässiger Lügner wahrgenommen. Willst du das? Nein, kein Mann will das.

Ein einfacher Mechanismus: Frage dich vorher, ob es möglich ist und ob du überhaupt Lust hast, ein Versprechen oder eine Verpflichtung einzugehen. Ich sehe ein Versprechen wie einen Kreditvertrag. Da fragst du dich doch auch vorher, ob du dir die Raten überhaupt leisten kannst. Du machst Vergleiche, holst dir Angebote und triffst erst dann eine Entscheidung. Also behandle ein Versprechen ebenso.

Haarausfall beim Mann – Warum dein Charisma mehr zählt als deine Haare

Haarausfall beim Mann ist ein Thema, das viele beschäftigt, besonders wenn die ersten Anzeichen einer zurückweichenden Haarlinie oder dünner werdender Stellen auf dem Kopf auftauchen. Für viele Männer ist das Haar ein Symbol für Jugend, Vitalität und Selbstbewusstsein. Aber wie sieht es aus, wenn der Spiegel plötzlich eine andere Geschichte erzählt? Es gibt Momente, in denen man das Gefühl hat, der Verlust der Haare würde auch den Verlust der Attraktivität bedeuten. Doch das ist weit gefehlt.

Ich bin glücklicherweise noch mit vollem Haar gesegnet und habe mit meinen 57 Jahren nicht ein einziges graues Haar. Mein Großvater und mein Vater hatten ebenfalls bis ins hohe Alter volles Haar mit nur wenigen grauen Strähnen. Ich denke, das ist ein Geschenk der Gene, für das ich sehr dankbar bin. Hinzu kommt sicher, dass ich viel Sport treibe, nicht rauche und selten Alkohol trinke, was sicherlich zu meinem äußeren Erscheinungsbild beiträgt. Oft schätzen mich die Leute um Jahre jünger ein, was schmeichelhaft ist, aber auch zeigt, dass ein gesunder Lebensstil mehr bewirken kann, als man denkt.

Doch zurück zum Thema Haarausfall: Mein zweitältester Sohn, mit 27 Jahren, hat bereits einige graue Haare. Das zeigt mir, dass der erbliche Anteil beim Haarausfall eine entscheidende Rolle spielt, aber es ist bei Weitem nicht der einzige Faktor. Stress, Hormone und gesundheitliche Aspekte können ebenfalls ihren Teil dazu beitragen.

Aber warum zählt Charisma mehr als Haare? Ganz einfach: Haarausfall kann zwar das äußere Erscheinungsbild verändern, aber es ist dein inneres Strahlen, das wirklich zählt. Menschen fühlen sich von Selbstvertrauen, Humor, Intelligenz und der Art und Weise, wie du dich präsentierst, angezogen. Es gibt unzählige Beispiele von Männern, die trotz – oder gerade wegen – ihrer Glatze eine unbändige Ausstrahlung haben. Von Bruce Willis bis Jason Statham – ihre Köpfe mögen kahl sein, aber ihre Präsenz füllt jeden Raum. Haarausfall kann ein Anzeichen für den natürlichen Alterungsprozess sein, aber es ist nicht das Ende deines Selbstbewusstseins.

Was kannst du also tun, wenn du merkst, dass deine Haare dünner werden? Erstens, nimm es an und versuche, es mit Gelassenheit zu betrachten. Es ist wichtig zu erkennen, dass Haarausfall keinen Einfluss auf deine Fähigkeiten, dein Charisma oder deine Attraktivität haben muss. Deine Einstellung, dein Lächeln und wie du mit anderen Menschen umgehst, machen viel mehr aus. Zweitens, wenn du es möchtest, gibt es Behandlungen, die helfen können, den Haarausfall zu verlangsamen oder zu kaschieren – von speziellen Shampoos und Medikamenten bis hin zu Haartransplantationen. Aber das Wichtigste ist, dass du dich in deiner Haut wohlfühlst.

Denn am Ende des Tages wird dich dein Umfeld nicht aufgrund deiner Haarfülle lieben, sondern aufgrund deiner Persönlichkeit, deiner Energie und der Erinnerungen, die du mit ihnen teilst. Und genau das ist der Punkt: Dein Charisma ist es, das dich einzigartig macht. Egal, ob mit vollem Haar oder Glatze – sei der Mensch, der andere inspiriert und bei dem sie sich wohlfühlen. Und denke daran: Ein Mann wird nicht durch seine Haare definiert, sondern durch das, was er aus seinem Leben macht.

Ursachen des Haarausfalls

Androgenetische Alopezie (erblich bedingter Haarausfall): Die häufigste Ursache für Haarausfall bei Männern ist die androgenetische Alopezie, auch als männliche Kahlköpfigkeit bekannt. Sie ist genetisch bedingt und wird durch die Wirkung von **Dihydrotestosteron (DHT)**, einem Abbauprodukt von Testosteron, verursacht.

DHT führt dazu, dass die **Haarfollikel schrumpfen** und die Haare immer dünner werden, bis sie schließlich ausfallen.

Hormonelle Veränderungen: Hormonelle Schwankungen, insbesondere ein Ungleichgewicht von Testosteron und seinen Derivaten, können ebenfalls Haarausfall verursachen. Diese Veränderungen treten häufig im Zusammenhang mit dem Alterungsprozess auf.

Stress und psychische Belastung: Hoher Stress und emotionale Belastungen können zu einem Zustand namens Telogenes Effluvium führen, bei dem eine große Anzahl von Haaren gleichzeitig in die Ruhephase übergeht und ausfällt.

Ernährungsdefizite: Mangel an essenziellen Nährstoffen wie Eisen, Zink, Vitamin D und Proteinen kann Haarausfall fördern. Eine unausgewogene Ernährung beeinträchtigt die Gesundheit der Haarfollikel.

Krankheiten und Medikamente: Bestimmte Krankheiten wie Schilddrüsenstörungen, Diabetes und Autoimmunerkrankungen sowie Medikamente (z.B. Chemotherapie) können Haarausfall auslösen.

Lebensstil und Umweltfaktoren: Rauchen, übermäßiger Alkoholkonsum und Umweltverschmutzung können die Gesundheit der Haare negativ beeinflussen.

Maßnahmen gegen Haarausfall

Medikamentöse Behandlung:

Minoxidil: Ein topisches Medikament, das direkt auf die Kopfhaut aufgetragen wird und den Haarwuchs stimulieren kann. Es ist rezeptfrei erhältlich und wird oft als erste Behandlungsoption verwendet.

Finasterid: Ein verschreibungspflichtiges Medikament, das die Umwandlung von Testosteron in DHT blockiert. Es kann den Haarausfall verlangsamen und teilweise umkehren.

Haartransplantation: Eine chirurgische Methode, bei der Haarfollikel von dicht bewachsenen Bereichen (oft vom Hinterkopf) in kahle oder dünn behaarte Bereiche transplantiert werden. Moderne Techniken wie die FUE (Follicular Unit Extraction) bieten natürliche Ergebnisse mit minimalen Narben.

Ich sehe oft Männer, die sich einer Haartransplantation unterzogen haben, besonders im Türkeiurlaub. Zumeist sind sie an einem turbanartigen Kopfverband zu erkennen. In Istanbul befinden sich die größten Kliniken, die sich auf FUE spezialisiert haben. Auf dem Flughafen von Istanbul ist dazu bereits viel Werbung zu sehen.

Letztes Jahr kam ich auf dem Flughafen Istanbul mit einem jungen Mann aus Köln ins Gespräch. Der junge Mann sagte, er sei 35 Jahre alt und habe sich bei Elithair behandeln lassen.

Er erzählte, dass ihm 5.000 Follikel aus dem Hinterkopfbereich entnommen und drei Tage später wieder eingepflanzt wurden. Die Follikel werden wohl in einer Nährlösung angezüchtet. Das gesamte Prozedere dauert wohl sieben Tage, und er hat rund 3.000 Euro bezahlt. Wenn ich mich richtig erinnere, kostet die Entnahme und Verpflanzung eines Follikels 1,70 Euro.

Lasertherapie: Niedrig dosierte Lasertherapie (LLLT) kann die Durchblutung der Kopfhaut verbessern und den Haarwuchs fördern. Diese Methode ist nicht-invasiv und kann sowohl zu Hause als auch in spezialisierten Kliniken durchgeführt werden.

Änderungen im Lebensstil:

Ernährung: Eine ausgewogene Ernährung, reich an Vitaminen und Mineralstoffen, unterstützt die Gesundheit der Haarfollikel. Lebensmittel wie grünes Blattgemüse, Nüsse, Fisch und Eier sind besonders vorteilhaft.

Stressmanagement: Techniken wie Yoga, Meditation und regelmäßige Bewegung können helfen, Stress abzubauen und so stressbedingtem Haarausfall vorzubeugen.

Pflegeprodukte:

Shampoos und Conditioner: Spezielle Produkte, die Inhaltsstoffe wie Biotin, Koffein und Ketoconazol enthalten, können die Kopfhautgesundheit verbessern und den Haarausfall verlangsamen.

Haaröle und Seren: Produkte mit natürlichen Ölen wie Rosmarinöl, Pfefferminzöl und Rizinusöl können die Durchblutung der Kopfhaut fördern und den Haarwuchs unterstützen.

Das neue Idealbild des Mannes – Männlichkeit im 21. Jahrhundert

Das Bild des „klassischen" Mannes hat sich über Generationen hinweg tief in unser kulturelles Bewusstsein eingebrannt. Stärke, Unabhängigkeit, Durchsetzungsfähigkeit und der Status als Versorger der Familie – das waren lange Zeit die Kernmerkmale von Männlichkeit. Doch die moderne Gesellschaft verändert sich rasant, und mit ihr auch das Idealbild des Mannes. Für Männer in den Wechseljahren stellt diese Veränderung oft eine Herausforderung dar. In einer Phase, in der viele ohnehin mit Fragen der Identität und des Selbstwerts kämpfen, sorgt der Wandel der Geschlechterrollen für zusätzliche Verunsicherung.

Doch was bedeutet Männlichkeit im 21. Jahrhundert wirklich? Weg von den klassischen Rollenbildern hin zu einem vielseitigeren, flexibleren Verständnis von Männlichkeit – das ist die Richtung, in die sich die Gesellschaft bewegt. Die Frage ist: Wie kann man als Mann in den Wechseljahren diesen Wandel nicht nur akzeptieren, sondern ihn auch als Chance sehen, sich selbst neu zu definieren?

Der Abschied von alten Rollenbildern

Die Vorstellung des „typischen" Mannes – stark, emotionslos und immer im Kontrollmodus – ist heute längst nicht mehr zeitgemäß. Diese Rollenbilder stammen aus einer Zeit, in der Männer für ihre Familien finanziell sorgen mussten und oft keine emotionale Schwäche zeigen durften. Diese traditionelle Definition von Männlichkeit hat viele Generationen geprägt und wurde von den meisten Männern unhinterfragt übernommen.

Doch in den letzten Jahrzehnten hat sich dieses Bild stark gewandelt. Heutzutage werden Männer nicht mehr nur über ihre beruflichen Erfolge oder ihre Rolle als Versorger definiert. Gesellschaftliche Veränderungen, die Stärkung der Frauenrechte und die Aufweichung starrer Geschlechterrollen haben dazu geführt, dass das alte Bild des Mannes zunehmend hinterfragt wird. Es ist nicht mehr allein die finanzielle Stabilität oder körperliche Stärke, die einen Mann ausmacht, sondern auch seine Fähigkeit, emotional zu sein, seine Sorgen zu teilen und eine tiefere Verbundenheit zu seinen Mitmenschen zu pflegen.

Für viele Männer in den Wechseljahren, die noch stark von traditionellen Rollenbildern geprägt sind, stellt dieser Wandel eine Herausforderung dar. Das Bild des „harten Mannes", der für alles eine Lösung hat und keine Schwäche zeigt, passt nicht mehr in die heutige Zeit. Männer stehen vor der Aufgabe, ihre Identität neu zu überdenken – und das in einer Lebensphase, die ohnehin von vielen Unsicherheiten geprägt ist.

Ein vielseitigeres Verständnis von Männlichkeit

Die moderne Männlichkeit ist nicht mehr monolithisch. Stattdessen geht es heute darum, unterschiedliche Facetten der eigenen Persönlichkeit zuzulassen. Emotionalität, Empathie und Verletzlichkeit sind keine Schwächen mehr, sondern wichtige Aspekte einer reifen und reflektierten Männlichkeit. Männer dürfen heute mehr sie selbst

sein, sie dürfen ihre Sorgen und Ängste zeigen, ohne als „schwach"
angesehen zu werden.

In den Wechseljahren, in denen viele Männer das Gefühl haben,
nicht mehr auf ihrem beruflichen oder körperlichen Höhepunkt zu
stehen, kann dieses neue Idealbild eine Erleichterung sein. Es gibt
Raum für Ehrlichkeit – sich selbst gegenüber und auch anderen.
Männer dürfen zugeben, dass sie nicht immer stark sein müssen,
dass sie Zweifel haben oder sich überfordert fühlen. Die Akzeptanz
von Emotionen und das Zulassen von Schwäche sind heute zentrale
Bestandteile einer gesunden Männlichkeit.

Dieses neue Verständnis von Männlichkeit bietet auch die Chance,
sich von überhöhten Erwartungen zu befreien. Männer müssen nicht
mehr die unermüdlichen „Macher" sein, die alles im Griff haben. Sie
dürfen Fehler machen, sie dürfen innehalten und sich fragen, was
sie wirklich wollen. Es ist der Abschied von einem Ideal, das Männer
oft unter Druck gesetzt hat – hin zu einem Selbstverständnis, das
mehr Raum für Individualität und Selbstakzeptanz lässt.

Die Rolle der Beziehungen

Mit dem Wandel des männlichen Idealbilds verändern sich auch die
Beziehungen zwischen Männern und ihren Partnerinnen, Familien
und Freunden. Partnerschaften basieren heute nicht mehr auf einem klaren Rollengefüge, in dem der Mann der Versorger und die
Frau die emotionale Stütze ist. Stattdessen stehen Gleichberechti-
gung, Respekt und ein gemeinsames Verständnis von Verantwortung im Vordergrund.

Für Männer in den Wechseljahren bedeutet das, dass sie lernen
können, offener und ehrlicher in ihren Beziehungen zu sein. Sie
müssen nicht mehr die Rolle des stillen „Felsen in der Brandung"
spielen, der alle Probleme allein lösen will. Stattdessen können sie
sich erlauben, über ihre Gefühle zu sprechen und Unterstützung von
ihrem Partner oder ihrer Partnerin anzunehmen. Diese Art von emotionaler Nähe und Kommunikation kann eine Partnerschaft stärken
und ihr eine neue, tiefere Qualität verleihen.

Auch die Freundschaften unter Männern verändern sich. Die Vorstellung, dass Männer nur über Sport, Arbeit oder oberflächliche Themen sprechen dürfen, weicht zunehmend einer Kultur, in der auch tiefergehende Gespräche Platz haben. Männer dürfen sich gegenseitig unterstützen, ohne Angst haben zu müssen, als „weich" oder „unmännlich" zu gelten. Diese Art von offenen und ehrlichen Freundschaften kann gerade in den Wechseljahren eine wertvolle Ressource sein.

Männlichkeit als persönlicher Ausdruck

Ein weiterer wichtiger Aspekt der modernen Männlichkeit ist die Erkenntnis, dass jeder Mann sie auf seine eigene Weise ausdrücken kann. Es gibt nicht mehr das eine, richtige Bild des Mannes. Stattdessen geht es darum, herauszufinden, was für jeden Einzelnen Sinn macht und welche Werte und Ziele er in seinem Leben verfolgen möchte.

Für Männer in den Wechseljahren, die oft eine Phase der Selbstreflexion durchleben, kann diese Freiheit befreiend sein. Anstatt sich weiterhin an veraltete Vorstellungen zu klammern, können sie ihren eigenen Weg finden, Männlichkeit zu leben – sei es durch neue Hobbys, berufliche Neuausrichtungen oder das Entdecken emotionaler Seiten, die bisher im Verborgenen lagen.

Freunde oder Kumpels aus dem Blickwinkel eines Egotypen

Früher konnte ich mir nicht vorstellen, mich wirklich auf andere Menschen einzulassen – der Gedanke, Verpflichtungen einzugehen oder gar emotional abhängig zu sein, fühlte sich für mich einengend an. Ich habe mich immer als unabhängigen Geist betrachtet, der seinen eigenen Weg geht, ohne auf andere angewiesen zu sein. Das lag auch daran, dass ich schon immer gut allein zurechtkam. Selbst in den Zeiten, in denen mein Leben chaotisch und rastlos war, habe ich mich mit mir selbst beschäftigt und kam ohne andere klar.

Ich passe auch schlecht in das Bild des „typischen Mannes", der begeistert jedes Fußballspiel verfolgt oder auf Formel 1 schwört. Das war nie mein Ding. Ich bin der Typ, der lieber in die Natur geht, sich bei actionreichen Hobbys austobt oder das Wochenende am See verbringt. Meine Frau hat das immer an mir geschätzt – für sie war ein Fußballfan, der ständig in der Kneipe sitzt und mit den Jungs grölt, nie eine Option. Sie meinte immer, ich sei für sie interessant, weil ich meinen eigenen Kopf habe und nicht dem Klischee entspreche.

Das Misstrauen gegenüber anderen Menschen hat sich tief in mir verankert – es kommt nicht von ungefähr. Sicher, in meiner Kindheit gab es auch gute Momente, aber die negativen Erfahrungen prägten sich stärker ein. Ich lernte früh, dass andere Menschen oft ihre eigenen Absichten verfolgten, und so entstand in mir ein Bild der Welt, das eher auf Abwehr und Selbstschutz ausgerichtet war. Natürlich hatte ich als Kind und Jugendlicher ein paar Freunde, echte Freundschaften, wie man sie eben in der Jugend pflegt – unkompliziert, leicht und ohne Hintergedanken. Doch nach der Wende und meinem Umzug nach Berlin zerbrachen diese Verbindungen. In der großen, unpersönlichen Stadt merkte ich schnell, dass Freundschaften im Erwachsenenalter oft anders gestrickt waren.

In meiner Karriere hatte ich viel Erfolg, und damit zog ich Menschen an, die, wie ich später erkannte, weniger an mir als Person interessiert waren. Es war mein Erfolg, meine Position und meine finanzielle Sicherheit, die sie faszinierten. Immer öfter entpuppten sich neue Bekannte als „Freunde", die an meinem Erfolg teilhaben wollten – nicht mehr und nicht weniger. Die Gespräche kreisten nur darum, was ich hatte, was ich erreichen konnte und wie ich das Leben führte. Da war keine echte Tiefe, keine Verbindung. Wie oft saß ich bei einem Treffen und hatte das Gefühl, dass ich für sie nur ein Sprungbrett war.

Das prägte mein Verhalten: Ich begann, wie bei den Beziehungen zu Frauen, auch bei Freundschaften eine Rolle zu spielen. Ich spielte Freundschaft, war charmant und zugänglich, machte Smalltalk und schien interessiert. Aber in Wahrheit ließ ich niemanden an mich heran, hielt immer eine gewisse Distanz und war innerlich immer auf dem Sprung. Statt echte Verbindungen einzugehen, baute ich Mauern um mich herum. Manchmal merkte ich, wie isoliert ich eigentlich war, aber die Enttäuschungen der Vergangenheit ließen mich kaum anders handeln.

Doch im Laufe der Zeit veränderte sich etwas in mir. Vielleicht war es die Summe dieser oberflächlichen Freundschaften oder die Erkenntnis, dass ich selbst dazu beitrug, niemanden nah an mich heranzulassen. In den letzten Jahren, mit meiner neuen Lebensphase, begann ich, dieses Misstrauen zu hinterfragen. Ich ließ es langsam zu, Menschen wieder näher an mich heranzulassen, lernte, dass nicht jeder Mensch einen Nutzen in Freundschaft sieht, und dass es Menschen gibt, die es ehrlich meinen. Es war ein langer Weg, und manchmal bin ich noch skeptisch. Aber ich habe gelernt, dass echte Verbindungen das Leben bereichern und dass es vielleicht an der Zeit ist, der Welt und den Menschen eine zweite Chance zu geben.

Aber diese Eigenständigkeit hatte auch ihren Preis: Ohne echte Freundschaften, die einem den Spiegel vorhalten und auch mal sagen, wenn man falschliegt, blieb ich oft in meinem eigenen Gedankenkreislauf hängen. Es gab zwar die „Kumpels" fürs Paintball, für gemeinsame Actiontage, Jagen oder Wakeboarden, und ich genoss die Zeit mit ihnen. Doch es waren eher Bekanntschaften – ich freute mich, wenn ich sie sah, aber ich vermisste sie auch nicht, wenn Wochen oder Monate vergingen.

Erst jetzt, mit meiner neuen Einstellung, erkenne ich den Wert von tieferen Beziehungen. Meine „Umpolung", wie ich es nenne, hat mir die Augen geöffnet. Ich bin ruhiger geworden, ein wenig gelassener, und vor allem schätze ich heute Dinge, die ich früher als unnötigen Ballast abgetan hätte. Dank meiner Frau und meiner veränderten Sichtweise konnte ich erleben, wie echte Freundschaften bereichern, wie sie Halt bieten und einem eine andere Perspektive geben.

Es ist für mich eine völlig neue Erfahrung, mit Freunden entspannt zu plaudern und ein Bier zu trinken, ohne dass mein Geist rastlos ist oder ich schon beim nächsten Ziel bin. Früher drehte sich alles um

Erfolg und Unabhängigkeit, um mein eigenes Vergnügen. Heute merke ich, dass Familie, Freunde und echtes Miteinander mir eine Zufriedenheit geben, die ich vorher nie kannte.

Ich sehe jetzt, wie echte Freundschaften einem viel geben und einem gleichzeitig zeigen, dass man ebenso zurückgeben muss – und dass darin oft die wahre Bedeutung einer Freundschaft liegt. Inzwischen sind es nicht nur die gemeinsamen Aktivitäten, die mir Freude bereiten. Es ist das ehrliche Miteinander, das Lachen, die Gespräche und das Gefühl, dass jemand da ist, wenn's hart auf hart kommt. Es ist eine neue Art des Lebens, die ich mir früher nie hätte vorstellen können – und heute will ich sie nicht mehr missen.

Die Macht der männlichen Hormone: Eine tiefgreifende Betrachtung ihrer Wirkung

In diesem Kapitel möchte ich einige biologische Grundlagen beleuchten, die hilfreich sein können, um das eigene Verhalten und die körperlichen Veränderungen in den Wechseljahren besser zu verstehen. Denn die Rolle von Hormonen – insbesondere den männlichen Hormonen wie Testosteron und DHT – wird oft unterschätzt, obwohl sie entscheidend für unser Wohlbefinden sind.

Die Hauptakteure: Testosteron und Dihydrotestosteron (DHT)

Testosteron, das „Männerhormon" schlechthin, wird vor allem in den Hoden produziert, in geringem Maße auch in den Nebennieren. Testosteron ist verantwortlich für das, was uns typisch männlich erscheinen lässt: Bartwuchs, die tiefere Stimme, ausgeprägte Muskelmasse, kräftige Knochen. Doch seine Wirkung geht weit darüber hinaus – auch unsere Libido, Spermienproduktion und sogar unsere Stimmung werden durch diesen Stoff beeinflusst. Es ist gewissermaßen der Motor, der uns antreibt und uns die nötige Energie verleiht.

DHT, ein Abbauprodukt von Testosteron, ist ebenfalls von großer Bedeutung, auch wenn es weniger aktiv ist. Dieses Hormon ist mitverantwortlich für die typische männliche Glatzenbildung. Ein Segen und Fluch zugleich, denn das gleiche Hormon, das uns in jungen Jahren den Bart sprießen lässt, kann im Alter zu lichter werdendem Haar führen.

Die Wirkung auf unseren Körper

Sexuelle Entwicklung und Fortpflanzung: Ohne Testosteron würden wir nicht die für Männer typischen Merkmale entwickeln. Schon in der pränatalen Phase trägt es zur Ausbildung unserer Geschlechtsmerkmale bei. Es sorgt dafür, dass wir später einen kräftigen Körperbau, Körperbehaarung und eine tiefere Stimme entwickeln. Während der Pubertät übernimmt Testosteron quasi das Kommando und gestaltet uns zu dem, was wir als Männer wahrnehmen – von der Haarpracht bis hin zur Körpergröße.

Muskel- und Knochenmasse: Nicht umsonst gilt Testosteron als natürliches Anabolikum. Es unterstützt das Muskelwachstum und stärkt die Knochen, schützt uns vor Osteoporose im Alter und fördert eine gesunde, stabile Körperstruktur. Im besten Fall erhalten wir eine gute Grundlage, die es uns auch später im Leben ermöglicht, uns kräftig und fit zu fühlen.

Stoffwechsel und Körperfett: Hier wird es besonders interessant für diejenigen von uns, die sich über den Bauchansatz wundern, der sich mit den Jahren so heimlich, still und leise breitmacht. Testosteron sorgt dafür, dass unser Körper Fett effizient verbrennen kann und mehr Muskelmasse erhält. In jungen Jahren funktioniert das wie ein Uhrwerk – aber wenn der Testosteronspiegel sinkt, verändert sich dieser Mechanismus, und plötzlich speichert der Körper eher Fett, als es zu verbrennen.

Psychische Gesundheit: Testosteron beeinflusst auch unsere Psyche stärker, als vielen bewusst ist. Studien zeigen, dass Männer mit niedrigen Testosteronwerten eher zu Stimmungsschwankungen, Depressionen und Antriebslosigkeit neigen. Unsere Konzentrationsfähigkeit lässt nach, und wir merken, dass es uns schwerfällt, uns zu motivieren oder fokussiert zu bleiben. In den Wechseljahren können sich diese Symptome verstärken, und es entsteht das Gefühl, nicht mehr richtig „Herr der Lage" zu sein.

Störungen im Hormonhaushalt – wenn der Testosteronspiegel aus dem Gleichgewicht gerät

Ein ausgeglichener Hormonhaushalt ist entscheidend für unser Wohlbefinden und unsere Gesundheit. Gerät dieser jedoch ins Wanken, können verschiedenste Probleme entstehen, die sich sowohl körperlich als auch mental auswirken. Schauen wir uns an, wie ein Ungleichgewicht der männlichen Hormone unseren Körper beeinflussen kann:

Hypogonadismus

Hypogonadismus beschreibt einen Zustand, bei dem der Körper nicht genügend Testosteron produziert. Für betroffene Männer kann dies belastend sein, da es zu einer Reihe unangenehmer Symptome führt, darunter:

- **Verminderte Libido:** Das Interesse an Sexualität und die Fähigkeit, sexuelle Reaktionen zu empfinden, lassen oft nach.

- **Geringere Energie:** Die allgemeine Energie und Vitalität können deutlich abnehmen, was zu dauerhafter Müdigkeit führt.

- **Verlust an Muskel- und Knochenmasse:** Testosteron ist wichtig für den Erhalt der Muskelmasse und die Knochendichte. Ein Mangel kann somit zu schwächeren Knochen und einem Verlust an Muskelkraft führen.

Hypogonadismus kann sowohl physisch als auch mental stark belasten. Glücklicherweise lässt sich dieser Zustand häufig gut mit einer Testosteronersatztherapie behandeln, die den Testosteronspiegel auf ein gesundes Niveau bringt und damit die Lebensqualität erheblich verbessern kann.

Hypergonadismus

Während Hypogonadismus durch einen zu niedrigen Testosteronspiegel gekennzeichnet ist, beschreibt Hypergonadismus genau das Gegenteil – nämlich einen übermäßig hohen Testosteronspiegel. Dieser Überschuss kann sich ebenfalls negativ auswirken:

- **Aggressivität:** Ein hoher Testosteronspiegel kann zu unkontrollierbaren Wutausbrüchen und starker Reizbarkeit führen.

- **Akne:** Übermäßige Testosteronproduktion kann die Talgdrüsenaktivität ankurbeln, was häufig zu Hautproblemen wie Akne führt.

- **Vergrößerte Prostata:** Eine dauerhafte Überproduktion von Testosteron kann zu einer vergrößerten Prostata führen, was das Wasserlassen erschweren kann.

- **Unfruchtbarkeit:** Ein zu hoher Testosteronspiegel kann die Spermienproduktion negativ beeinflussen und so die Fruchtbarkeit beeinträchtigen.

Weitere hormonelle Störungen

Andere hormonelle Störungen können ebenfalls den Testosteronspiegel und damit das Gleichgewicht des Hormonhaushalts beeinflussen:

- **Polyzystisches Ovarialsyndrom (PCOS):** Dieses Syndrom tritt zwar bei Frauen auf, ist aber ein gutes Beispiel dafür, wie überschüssiges Testosteron Probleme verursachen kann – bei Frauen sind dies Symptome wie unregelmäßige Menstruation, erhöhte Körperbehaarung und Unfruchtbarkeit.

- **Hormonproduzierende Tumore:** In seltenen Fällen kann ein Tumor die Produktion von Testosteron erhöhen und zu einer Vielzahl hormonell bedingter Symptome führen.

Das Wissen über diese Störungen kann hilfreich sein, um ein besseres Verständnis für den Einfluss unserer Hormone auf Gesundheit und Wohlbefinden zu entwickeln. Veränderungen im Testosteronspiegel beeinflussen uns oft mehr, als uns bewusst ist. Ein ausgewogener Hormonhaushalt ist daher ein Schlüssel für ein gesundes und erfülltes Leben.

Bioidentische Hormone

Bioidentische Hormone haben in den letzten Jahren viel Aufmerksamkeit auf sich gezogen, insbesondere als Alternative zu herkömmlichen Hormonersatztherapien. Diese Hormone werden oft als natürliche Option betrachtet, da ihre molekulare Struktur derjenigen entspricht, die der Körper selbst produziert. In diesem Artikel werden wir uns eingehend mit bioidentischen Hormonen befassen, ihre Bedeutung für die Hormontherapie diskutieren und potenzielle Vor- und Nachteile erörtern.

Was sind bioidentische Hormone?

Bioidentische Hormone sind Hormone, deren chemische Struktur derjenigen der Hormone entspricht, die der menschliche Körper auf natürliche Weise produziert. Im Gegensatz dazu werden synthetische Hormone hergestellt, indem chemische Verbindungen hergestellt werden, die ähnliche, aber nicht identische Strukturen wie natürliche Hormone aufweisen. Bioidentische Hormone werden oft aus Pflanzenextrakten wie Wild-Yams oder Soja gewonnen und dann in Labors zu Hormonpräparaten umgewandelt.

Verwendung von bioidentischen Hormonen

Bioidentische Hormone werden häufig zur Hormonersatztherapie (HRT) eingesetzt, insbesondere bei Frauen während der Wechseljahre oder bei Männern mit niedrigem Testosteronspiegel. Bei Frauen können bioidentische Östrogene, Progesteron und Testosteron eingesetzt werden, um Symptome wie Hitzewallungen, Schlafstörungen, vaginale Trockenheit und Stimmungsschwankungen zu lindern. Bei Männern kann Testosteronersatztherapie mit bioidentischem Testosteron verwendet werden, um Symptome wie reduzierte Libido, Müdigkeit und Muskelschwäche zu behandeln.

Vor- und Nachteile von bioidentischen Hormonen

Bioidentische Hormone werden oft als sicherere Alternative zu synthetischen Hormonen angesehen, da ihre molekulare Struktur dem natürlichen Hormon ähnelt. Befürworter argumentieren, dass bioidentische Hormone besser vom Körper akzeptiert und metabolisiert werden, was zu einer geringeren Wahrscheinlichkeit von Nebenwirkungen führt. Darüber hinaus kann die Individualisierung der Hormontherapie durch bioidentische Hormone dazu beitragen, den Hormonspiegel eines Individuums genauer zu steuern und anzupassen.

Auf der anderen Seite gibt es auch Bedenken hinsichtlich der Sicherheit und Wirksamkeit von bioidentischen Hormonen. Einige Studien haben gezeigt, dass bioidentische Hormone ähnliche Risiken wie synthetische Hormone haben können, insbesondere in Bezug auf das Risiko von Brustkrebs und Herz-Kreislauf-Erkrankungen bei Frauen. Darüber hinaus können bioidentische Hormone teurer sein als synthetische Hormone und sind möglicherweise nicht von allen Versicherungen abgedeckt.

Decabolin und Steroide: Finger weg von dem Teufelszeug

Decabolin, auch bekannt als Nandrolon Decanoat, ist ein synthetisches Anabolikum, das häufig von Bodybuildern und Sportlern verwendet wird, um Muskelmasse aufzubauen und die Leistung zu steigern. Es gehört zur Klasse der anabolen Steroide, die künstlich hergestellte Varianten des männlichen Sexualhormons Testosteron sind. Während einige Menschen ihre Verwendung zur Verbesserung der sportlichen Leistung befürworten, gibt es erhebliche Risiken und potenzielle Nebenwirkungen, insbesondere wenn sie missbräuchlich oder ohne ärztliche Aufsicht eingenommen werden. Fakts ist das man innerhalb kurzer Zeit extrem an Masse zulegt. Bei mir waren es 30 Kilogramm innerhalb von sechs Wochen. Allerdings habe ich alles in mich reingestopft und ständig gegessen und war fast jedem Tag im Gym.

Wirkmechanismus von Decabolin und anderen Steroiden

Decabolin und andere anabole Steroide wirken, indem sie an Androgenrezeptoren im Körper binden und die Proteinsynthese sowie die Stickstoffretention erhöhen. Dies führt zu einer Beschleunigung des Muskelaufbaus und einer Verbesserung der Regeneration nach dem Training. Darüber hinaus können Steroide auch den Stoffwechsel anregen und die Fettverbrennung erhöhen, was zu einem verbesserten Körperbau führt.

Wirkungen auf den männlichen Körper

Muskelmasse und Kraft: Einer der Hauptgründe für die Verwendung von Decabolin und anderen Steroiden ist die Erhöhung der Muskelmasse und Kraft. Indem sie die Proteinsynthese erhöhen, helfen sie dabei, Muskeln schneller aufzubauen und die Leistungsfähigkeit zu steigern.

Verbesserte Erholung: Steroide können die Erholungszeit nach dem Training verkürzen, indem sie die Regeneration von Muskelgewebe beschleunigen. Dies ermöglicht es Sportlern, intensivere Trainingsprogramme durchzuführen und sich schneller von Verletzungen zu erholen.

Stoffwechselanregung: Anabole Steroide können den Stoffwechsel beschleunigen, was zu einer erhöhten Fettverbrennung und einem verbesserten Körperbau führt. Dies kann insbesondere für Bodybuilder von Vorteil sein, die einen niedrigen Körperfettanteil anstreben.

Risiken und Nebenwirkungen

Trotz ihrer potenziellen Vorteile bergen Decabolin und andere Steroide erhebliche Risiken für die Gesundheit, insbesondere wenn sie missbräuchlich oder ohne ärztliche Aufsicht verwendet werden. Zu den möglichen Nebenwirkungen gehören:

Herz-Kreislauf-Erkrankungen: Die Verwendung von Steroiden kann zu einer Erhöhung des Blutdrucks, erhöhten Cholesterinwerten und einem erhöhten Risiko für Herzinfarkte und Schlaganfälle führen. Davon kann ich ein Lied singen. Seit 5 Jahren, nach mehrmaliger Verwendung von Deca, muss ich nun Blutdrucktabletten einnehmen.

Erhöhte Anfälligkeit für Infektionen. Ich habe für mich festgestellt das ich auf jeden Fall viel öfter mit Erkältungen zu tun hatte. Wahrscheinlich auch weil ich zu oft im Gym war. McFit ist nicht gerade als sauber zu bezeichnen, dort holt man sich schnell etwas weg. Jedenfalls trifft es auf mein Gym in Berlin Lichterfelde zu.

Hormonelle Ungleichgewichte: Die Einnahme von Steroiden kann den natürlichen Hormonhaushalt stören und zu Problemen wie Gynäkomastie (vergrößerte Brustdrüsen bei Männern), Hodenatrophie (Schrumpfung der Hoden) und Impotenz führen.

Psychische Auswirkungen: Steroide können zu Stimmungsschwankungen, Aggressivität, Depressionen und psychotischen Symptomen führen, die als "Roid-Wut" bekannt sind. Genau diese Symptome hatte ich im vorangegangenen Abschnitt ausführlich beschrieben.

Leberschäden: Die orale Einnahme von Steroiden kann die Leber belasten und zu Leberschäden führen, einschließlich Leberentzündung und Lebertumoren.

Infektionen an der Einstichstelle. Sobald man nicht ordentliches Spritzenmaterial verwendet, oder unzureichend desinfiziert ist die Gefahr einer Infektion an der Einstichstelle vorprogrammiert und sehr unangenehm. Oft hilft dann nur ein Antibiotikum.

Hässliche Aknepickel. Wer im Gym Anabolika nimmt, dem sieht man es schnell an: fette Pickel auf dem Rücken, auf dem Kopf, und besonders um den Trizeps. Das erste Mal, als ich diesen Effekt selbst erlebte, dachte ich nur: „Ach du…!" Ich hatte plötzlich Pickel auf der Kopfhaut und am Rücken. Für jemanden wie mich, der sonst nie einen einzigen Pickel hat, war das wie ein Schock. Meine Haut ist von Natur aus glatt und gepflegt – Frauen haben mich oft dafür bewundert. Das kam vielleicht auch daher, dass ich als Kind Neurodermitis hatte und meine Haut immer besonders pflegen musste.

Mit den Jahren war das zu einer Art Ritual geworden. Jetzt, mit 57, sieht meine Haut top aus, fast wie bei einem Mittvierziger. Da fielen diese Pickel auf wie ein rotes Tuch – für mich und auch für andere. Sie verschwanden glücklicherweise, als ich die Steroide absetzte.

Vitamine und Ernährung – so bleibst Du im Gleichgewicht

Natürliche Nahrungsmittel liefern nicht nur die Energie, die wir brauchen, sondern auch die Vitamine und Nährstoffe, die unser Körper benötigt, um optimal zu funktionieren. Vitamine spielen eine entscheidende Rolle bei zahlreichen biochemischen Prozessen, von der Energieproduktion bis hin zur Zellregeneration. Darüber hinaus können sie auch das Immunsystem stärken, die Hautgesundheit verbessern und sogar die Stimmung beeinflussen.

Eines der wichtigsten Vitamine ist Vitamin C, das für das Immunsystem unerlässlich ist. Es ist ein starkes Antioxidans, das freie Radikale bekämpft und die Zellen vor Schäden schützt. Vitamin C kommt hauptsächlich in frischen Früchten wie Orangen, Zitronen, Kiwis und Papayas vor, aber auch in Gemüsesorten wie Brokkoli, Paprika und Grünkohl.

Vitamin D ist ein weiteres essenzielles Vitamin, das oft als das "Sonnenvitamin" bezeichnet wird, da der Körper es durch Sonneneinstrahlung auf die Haut produziert. Es spielt eine wichtige Rolle bei der Aufrechterhaltung der Knochengesundheit, der Regulation des

Calciumstoffwechsels und der Stärkung des Immunsystems. Lebensmittel wie fetter Fisch, Eier und angereicherte Lebensmittel sind gute Quellen für Vitamin D.

B-Vitamine, einschließlich B1, B2, B3, B5, B6, B7, B9 und B12, sind für eine Vielzahl von Funktionen im Körper entscheidend, einschließlich des Energiestoffwechsels, der Zellteilung und der Neurotransmitterproduktion. Sie kommen in einer Vielzahl von Lebensmitteln vor, darunter Fleisch, Fisch, Eier, Milchprodukte, Vollkornprodukte, Hülsenfrüchte und grünes Blattgemüse.

Neben Vitaminen ist auch Melatonin ein interessantes Molekül, das in Bezug auf Ernährung und Gesundheit oft diskutiert wird. Melatonin ist ein Hormon, das in der Zirbeldrüse des Gehirns produziert wird und eine Schlüsselrolle bei der Regulierung des Schlaf-Wach-Zyklus spielt. Es wird oft als Nahrungsergänzungsmittel eingenommen, um Schlafstörungen zu behandeln oder den Jetlag zu bekämpfen. Darüber hinaus wird Melatonin auch für seine antioxidativen Eigenschaften geschätzt und es gibt Hinweise darauf, dass es das Immunsystem unterstützen und die Gesundheit des Gehirns fördern kann.

Es ist wichtig zu beachten, dass eine ausgewogene Ernährung, die reich an verschiedenen Nährstoffen ist, die beste Quelle für Vitamine und Mineralstoffe ist. Während Nahrungsergänzungsmittel in einigen Fällen hilfreich sein können, sollten sie nicht als Ersatz für eine gesunde Ernährung betrachtet werden. Eine vielfältige und ausgewogene Ernährung, die reich an frischem Obst, Gemüse, Vollkornprodukten, magerem Protein und gesunden Fetten ist, liefert die Nährstoffe, die unser Körper braucht, um optimal zu funktionieren und gesund zu bleiben.

Ein ausgewogener Ernährungsplan ist für Menschen jeden Alters und Lebensstils wichtig, insbesondere für einen über 50-jährigen Mann, der einen Bürojob hat und möglicherweise einen sitzenden Lebensstil führt. Hier ist ein Beispiel für einen sinnvollen Ernährungsplan:

Frühstück:

Haferflocken mit frischem Obst (z. B. Bananen, Beeren) und einem Löffel Leinsamen oder Chiasamen für Ballaststoffe und Omega-3-Fettsäuren.

Ein Glas fettarme Milch oder Mandelmilch für Kalzium und Vitamin D.

Eine Handvoll ungesalzene Nüsse (z. B. Mandeln, Walnüsse) für gesunde Fette und Proteine.

Mittagessen:

Gegrilltes Hühnchen oder Lachs mit einer Portion Quinoa oder Vollkornreis und gedünstetem Gemüse (z. B. Brokkoli, Karotten, Spinat) für Protein, Ballaststoffe und Vitamine.

Ein gemischter grüner Salat mit Tomaten, Gurken und einer leichten Vinaigrette als Beilage für zusätzliche Nährstoffe und Ballaststoffe.

Snack (zwischen den Mahlzeiten):

Griechischer Joghurt mit Honig und einer Handvoll Beeren für Protein, Probiotika und Antioxidantien.

Gemüsesticks (z. B. Karotten, Paprika, Sellerie) mit Hummus oder Guacamole als gesunde und nahrhafte Zwischenmahlzeit.

Abendessen:

Gebackenes oder gegrilltes Gemüse (z. B. Zucchini, Aubergine, Pilze) mit einer kleinen Portion Vollkornnudeln oder -kartoffeln für Ballaststoffe und komplexe Kohlenhydrate.

Ein Stück mageres Fleisch (z. B. Hähnchenbrust, Putenfilet) oder Fisch (z. B. Lachs, Forelle) als Proteinquelle.

Ein Glas Wasser oder Kräutertee zur Hydratation und zur Förderung der Verdauung.

Vor dem Schlafengehen (optional):

Eine Tasse fettarmer Joghurt oder ein Glas Mandelmilch für eine leichte, proteinreiche Mahlzeit, die den Blutzuckerspiegel stabilisiert und den Schlaf fördert.

Es ist wichtig, auf eine ausreichende Flüssigkeitszufuhr zu achten, daher sollte der Mann den ganzen Tag über regelmäßig Wasser trinken (empfohlen sind 3 Liter). Darüber hinaus kann er seine Mahlzeiten nach Bedarf anpassen und sich an seine individuellen Vorlieben und Ernährungsbedürfnisse anpassen, um eine optimale Gesundheit und Wohlbefinden zu gewährleisten.

Sport und Bewegung – Die beste Medizin für den alternden Mann

Wenn es eine Sache gibt, die wir Männer im Alter nicht unterschätzen dürfen, dann ist es der Einfluss von **Sport und Bewegung** auf unser körperliches und geistiges Wohlbefinden. Es ist kein Geheimnis, dass mit zunehmendem Alter der Körper nicht mehr so leistungsfähig ist wie in den 20ern oder 30ern. Die Muskelmasse nimmt ab, der Stoffwechsel verlangsamt sich, und die Gelenke machen sich plötzlich bemerkbar, wenn wir aufstehen. Aber anstatt das als unvermeidliches Schicksal zu akzeptieren, haben wir es selbst in der Hand, dagegen anzusteuern – und **Sport ist die beste Medizin**, die wir uns verschreiben können.

Warum Sport im Alter so wichtig ist

Regelmäßige Bewegung ist nicht nur gut für den Körper, sondern auch für den Geist. **Sport reduziert Stress, verbessert die Stimmung und hilft, depressive Verstimmungen zu vermeiden**, die in den Wechseljahren bei vielen Männern auftreten können. Aber es geht nicht nur um das geistige Wohlbefinden. Körperliche Aktivität stärkt das Herz-Kreislauf-System, fördert den Muskelaufbau und hilft, die Gelenke beweglich zu halten. Und seien wir ehrlich: Wer will im Alter schon vorzeitig abbauen? **Wir wollen fit bleiben, uns wohlfühlen und in der Lage sein, das Leben weiterhin aktiv zu genießen.**

Ein weiterer wichtiger Punkt: **Sport hilft, den Testosteronspiegel zu stabilisieren.** Der Hormonspiegel sinkt bei vielen Männern in den Wechseljahren, was zu Müdigkeit, Lustlosigkeit und einem generellen Rückgang der Leistungsfähigkeit führen kann. Durch regelmäßiges Training wird die Testosteronproduktion jedoch angeregt – und das hat direkte Auswirkungen auf die Libido, das Energieniveau und das allgemeine Wohlbefinden. **Kurz gesagt: Wer sich bewegt, bleibt männlicher.**

Welche Sportarten sind am besten für Männer im Alter?

Im Prinzip geht es nicht darum, eine bestimmte Sportart zu wählen, sondern darum, etwas zu finden, das man regelmäßig machen kann und das einem Spaß macht. **Krafttraining** ist ideal, um die Muskelmasse zu erhalten und den Körper zu kräftigen. Mit zunehmendem Alter neigen Männer dazu, Muskelmasse zu verlieren, was zu Schwäche und einem erhöhten Verletzungsrisiko führt. **Regelmäßiges Krafttraining beugt dem vor.**

Auch **Ausdauersportarten** wie Laufen, Radfahren oder Schwimmen sind hervorragend geeignet, um das Herz-Kreislauf-System zu stärken und die Ausdauer zu erhöhen. Wer eine Gelenkschonung benötigt, sollte auf Schwimmen oder Radfahren setzen, um die Knie und Hüften zu entlasten.

Flexibilitätstraining, wie Yoga oder Dehnen, ist eine gute Ergänzung zu den anderen Sportarten. Mit zunehmendem Alter werden die Muskeln und Gelenke steifer. Dehnübungen helfen, die Beweglichkeit zu bewahren und Verletzungen zu vermeiden.

Sport als sozialer Faktor

Ein weiterer positiver Aspekt von Sport ist der **soziale Faktor**. Viele Männer neigen dazu, sich im Alter sozial zurückzuziehen. Wer jedoch regelmäßig trainiert, sei es im Fitnessstudio oder in einer Gruppe beim Laufen, Schwimmen oder Radfahren, hat automatisch Kontakt zu Gleichgesinnten. Das fördert nicht nur die körperliche, sondern auch die geistige Gesundheit, da soziale Bindungen im Alter immer wichtiger werden.

3er-Split Trainingsplan für Männer

Um wirklich von einem effektiven Krafttraining zu profitieren und alle Muskelgruppen zu trainieren, ist ein **3er-Split-Trainingsplan** eine hervorragende Wahl. Dieser Plan teilt das Training auf drei Einheiten auf, die sich über die Woche verteilen. Es wird jeder zweite Tag trainiert, was genügend Erholungszeit für den Körper bietet, um sich zwischen den Workouts zu regenerieren. Der Fokus liegt darauf, jede Muskelgruppe einmal pro Woche intensiv zu trainieren.

Tag 1: Brust, Schulter, Trizeps

Bankdrücken (Langhantel oder Kurzhantel) 4 Sätze à 8–12 Wiederholungen Das Bankdrücken ist eine der besten Übungen, um die Brustmuskulatur zu stärken. Die stabilisierenden Muskeln in den Schultern und Armen werden ebenfalls trainiert.

Schrägbankdrücken (Kurzhantel oder Langhantel) 3 Sätze à 8–12 Wiederholungen Diese Übung fokussiert sich mehr auf den oberen Teil der Brustmuskulatur.

Seitheben (Kurzhanteln) 3 Sätze à 10–15 Wiederholungen Für die Schultern ist Seitheben eine isolierte Übung, die den mittleren Deltamuskel anspricht.

Schulterdrücken (Kurzhantel oder Maschine) 3 Sätze à 8–12 Wiederholungen Hier wird die gesamte Schulterpartie aktiviert, insbesondere die vordere und seitliche Schulter.

Trizepsdrücken am Kabelzug 3 Sätze à 10–12 Wiederholungen Eine isolierte Übung, die den Trizeps gezielt anspricht.

Overhead Trizepsdrücken mit Kurzhantel 3 Sätze à 8–10 Wiederholungen Diese Übung ist ideal, um den langen Kopf des Trizeps zu trainieren.

Tag 2: Rücken, Bizeps

Kreuzheben 4 Sätze à 6–8 Wiederholungen Eine der wichtigsten Grundübungen, die den unteren Rücken, die Gesäßmuskulatur und die Oberschenkelrückseite trainiert. Es stärkt den gesamten Rücken und fördert die Stabilität.

Latziehen (oder Klimmzüge) 3 Sätze à 8–12 Wiederholungen Diese Übung fokussiert sich auf den breiten Rückenmuskel (Latissimus) und sorgt für eine breitere Rückenpartie.

Rudern am Kabelzug 3 Sätze à 8–12 Wiederholungen Rudern ist eine großartige Übung für den mittleren Rücken und die Rückenmuskulatur entlang der Wirbelsäule.

Einarmiges Kurzhantelrudern 3 Sätze à 8–12 Wiederholungen
Eine sehr effektive Übung, um die Muskulatur im oberen Rücken und die Schultern zu stärken.

Langhantel-Curls (Bizeps) 3 Sätze à 8–12 Wiederholungen
Für die Bizeps eine Grundübung, die sowohl den kurzen als auch den langen Kopf des Bizeps trainiert.

Hammer Curls mit Kurzhanteln 3 Sätze à 10–12 Wiederholungen
Diese Übung stärkt nicht nur den Bizeps, sondern auch den Brachialis-Muskel, der für die Dicke des Arms verantwortlich ist.

Tag 3: Beine, Bauch

Kniebeugen (Langhantel) 4 Sätze à 8–10 Wiederholungen
Eine der besten Ganzkörperübungen, die vor allem die Oberschenkel, das Gesäß und den unteren Rücken trainiert.

Beinpresse 3 Sätze à 8–12 Wiederholungen
Eine alternative Übung zur Kniebeuge, um die Beine gezielt zu stärken.

Beinstrecker (Maschine) 3 Sätze à 10–15 Wiederholungen
Isolierte Übung, die sich auf den Quadrizeps konzentriert.

Beinbeuger (Maschine) 3 Sätze à 10–15 Wiederholungen
Diese Übung zielt auf die Oberschenkelrückseite und das Gesäß ab.

Wadenheben (stehend oder sitzend) 4 Sätze à 12–15 Wiederholungen Für die Wadenmuskulatur, die bei vielen Männern oft vernachlässigt wird.

Crunches (Bauch) 3 Sätze à 15–20 Wiederholungen
Standardübung für den Bauch, um die gerade Bauchmuskulatur zu stärken.

Plank (Unterarmstütz) 3 Sätze à 30–60 Sekunden
Eine ausgezeichnete Übung für die gesamte Rumpfmuskulatur und die Stabilität.

Zusammenfassung:

Dieser **3er-Split-Trainingsplan** ist perfekt für Männer, die sich regelmäßig sportlich betätigen und dabei alle Muskelgruppen abdecken möchten. Er sorgt dafür, dass der Körper ausreichend gefordert wird, aber auch genügend Zeit zur Regeneration hat – und das ist besonders im Alter extrem wichtig. **Regelmäßiger Sport und Bewegung sind die beste Medizin für uns Männer**, um auch im Alter fit, stark und gesund zu bleiben.

Dr. Steiger kommt - Glück auf, oder warum Männer Bammel vor einem Urologen haben

Meine Güte, hatte ich Bammel vor dem Urologen. Meine Frau ließ nicht locker, sie erinnerte mich ständig daran, endlich einen Termin zu machen. Doof, wie ich war, weigerte ich mich – die Vorstellung, dass mir ein anderer Mann am Allerwertesten herumfummelt, fand ich einfach nur unangenehm. Dass durch so ein Verhalten eventuelle Erkrankungen unentdeckt bleiben können, hatte ich völlig ausgeblendet.

Kurz vor Covid hatte sie dann genug und ergriff selbst die Initiative. Ohne mich weiter zu fragen, machte sie Termine beim Urologen und beim Internisten. Sie machte das nicht, um mich zu ärgern – im Gegenteil, sie machte sich Sorgen und wollte sicherstellen, dass ich gesund bin. Glücklicherweise lief bei beiden Untersuchungen alles ohne Auffälligkeiten.

Das Beste an diesen Terminen? Endlich hatte ich die Gelegenheit, mit meinem Arzt offen über verschiedene Themen zu sprechen, die ich ewig vor mir hergeschoben hatte. Ich sprach Themen an, die mir schon immer unangenehm waren – und die ich nie wirklich ernst genommen hatte.

Rückblickend hätte ich das alles viel früher angehen sollen. Das Gefühl, endlich offen über gesundheitliche Bedenken sprechen zu kön-

nen, war unbeschreiblich erleichternd. Es ging nicht nur um die körperliche Gesundheit, sondern auch darum, den Kopf frei zu bekommen und mehr innere Ruhe zu finden. Diese Gespräche mit dem
Arzt nahmen mir nicht nur die Angst vor den Untersuchungen selbst,
sondern auch die Scheu, über meine Bedenken offen zu sprechen.
Ich hatte den Eindruck, endlich die Kontrolle über meine Gesundheit
zu haben und verstand, wie wichtig regelmäßige Vorsorge ist – für
mich und für meine Familie.

Heute sehe ich diese Arztbesuche als eine der besten Entscheidungen, die ich für mich und meine Lieben getroffen habe. Ich habe
verstanden, dass es keine Schwäche, sondern Stärke zeigt, gesundheitliche Verantwortung zu übernehmen.

Warum Männer auf Prostata- und Darm-krebsvorsorge achten sollten?

Gesundheit ist ein kostbares Gut, das oft vernachlässigt wird, besonders von Männern. Wir neigen dazu, uns um andere zu kümmern, bevor wir an uns selbst denken. Doch jetzt ist es an der Zeit,
das zu ändern. Als Männer müssen wir Verantwortung für unsere
Gesundheit übernehmen, und ein wichtiger Schritt dabei sind regelmäßige Vorsorgeuntersuchungen, insbesondere für Prostata- und
Darmkrebs.

Warum sind diese Untersuchungen wichtig?

Prostata- und Darmkrebs sind zwei der häufigsten Krebsarten bei
Männern. Obwohl sie oft im Alter auftreten, können sie Männer jeden Alters betreffen. Das Tückische an diesen Krebsarten ist, dass
sie in den frühen Stadien oft keine Symptome verursachen. Das bedeutet, dass sie sich unbemerkt entwickeln können, bis sie fortge-
schritten sind und schwerer zu behandeln sind.

Die Rolle der Vorsorgeuntersuchungen

Die gute Nachricht ist, dass sowohl Prostata- als auch Darmkrebs frühzeitig erkannt werden können, wenn Männer regelmäßig Vorsorgeuntersuchungen durchführen lassen. Für Prostatakrebs umfasst dies in der Regel eine digitale rektale Untersuchung (DRU) und einen Prostata-spezifischen Antigen (PSA) Test. Diese Tests sind schnell, einfach und können Leben retten, indem sie potenzielle Anzeichen von Krebs aufdecken, noch bevor Symptome auftreten.

Für Darmkrebs ist die Koloskopie der Goldstandard für die Vorsorgeuntersuchung. Auch wenn sich viele Männer vielleicht vor diesem Test scheuen, ist es wichtig zu verstehen, dass er schmerzlos ist und potenziell lebensrettend sein kann. Durch die Entfernung von Polypen während der Koloskopie können Ärzte das Risiko von Darmkrebs erheblich reduzieren.

Warum zögern Männer, sich untersuchen zu lassen?

Viele Männer zögern, sich untersuchen zu lassen, aus Angst vor dem Unbekannten oder aus Schamgefühl. Doch wir dürfen unsere Gesundheit nicht vernachlässigen aus Angst vor Unbehagen oder Peinlichkeit. Die Wahrheit ist, dass eine kurze Unannehmlichkeit während der Untersuchung ein kleiner Preis ist, den wir für unsere Gesundheit bezahlen müssen.

Prostata und Männergesundheit – Das Ding mit dem Tabu

Okay, Jungs, jetzt wird's ernst. Die Prostata. Dieses kleine, unscheinbare Ding, das wir am liebsten ignorieren würden, solange es irgendwie geht. Aber hier ist die Wahrheit: Früher oder später rückt sie in den Fokus. Und wenn wir ehrlich sind, wissen die meisten von uns erschreckend wenig darüber. Also, schnallen wir uns an und schauen mal genauer hin.

Was macht die Prostata eigentlich?

Die Prostata ist eine kleine Drüse, etwa so groß wie eine Walnuss, und sitzt direkt unter der Blase. Ihr Hauptjob? Sie produziert einen Teil der Samenflüssigkeit. Genauer gesagt sorgt sie dafür, dass die Spermien auf ihrem Weg nach draußen genug „Treibstoff" haben, um die Reise anzutreten. Ohne Prostata – kein Nachwuchs. Aber selbst wenn Familienplanung längst kein Thema mehr ist, hat die Prostata immer noch eine wichtige Funktion. Sie reguliert den Urinfluss, indem sie die Harnröhre umschließt. Klingt harmlos? Ist es – bis sie anfängt, Stress zu machen.

Warum wächst die Prostata mit dem Alter?

Hier kommt die Sache, die uns alle irgendwann trifft: Mit zunehmendem Alter neigt die Prostata dazu, größer zu werden. Dieses Phänomen nennt sich **benigne Prostatahyperplasie (BPH)** – keine Panik, das ist erstmal nicht gefährlich. Der Grund? Hormone.

Im Laufe der Jahre ändert sich die Balance von Testosteron und Östrogen im Körper. Das kann dazu führen, dass das Gewebe der Prostata wächst. Stell dir vor, die kleine Walnuss mutiert zu einem mittelgroßen Pfirsich – kein Witz. Das Problem? Eine vergrößerte Prostata kann auf die Harnröhre drücken und den Urinfluss blockieren. Die Folge: Du rennst ständig aufs Klo, aber das Gefühl, „fertig" zu sein, bleibt aus. Super nervig, oder?

Wann wird es ernst?

Die meisten Männer erleben nur die harmloseren Symptome wie häufiges Wasserlassen, besonders nachts. Aber es gibt auch Risiken: Wenn die Prostata zu groß wird oder unbehandelt bleibt, kann sie zu Harnwegsinfektionen oder sogar Nierenproblemen führen. Und dann gibt es natürlich noch Prostatakrebs, den man im Auge behalten sollte.

Prostata-Check: Der Mutige gewinnt

Ein Check beim Urologen ist keine Mutprobe. Es ist eine Vorsorgemaßnahme, die dir vielleicht Jahre an Lebensqualität schenkt. Falls du denkst: „Ach, das betrifft mich nicht", lass dir gesagt sein – es betrifft uns alle. Die gute Nachricht: Ein kurzer Termin kann Klarheit bringen und dir den Kopf freimachen.

Was kannst du selbst tun?

Hier ein paar Basics, wie du deiner Prostata was Gutes tun kannst:

1. **Gesunde Ernährung**: Weniger Fast Food, mehr Gemüse. Besonders Tomaten, Brokkoli und Walnüsse sind Prostata-Lieblinge.

2. **Bewegung**: Sport hilft nicht nur deinem Herz-Kreislauf-System, sondern auch deiner Prostata. Also runter vom Sofa und los geht's.

3. **Trinken, aber richtig**: Viel Wasser, weniger Alkohol. Kaffee in Maßen. Deine Blase und deine Prostata werden es dir danken.

4. **Regelmäßige Checks**: Lass es nicht drauf ankommen. Ein jährlicher Check beim Urologen ab 50 (oder früher, wenn's in der Familie liegt) ist Gold wert.

Es ist kein Tabu, es ist dein Leben

Das Wichtigste: Hör auf, das Thema zu verdrängen. Es ist kein Zeichen von Schwäche, sich um seine Gesundheit zu kümmern – im Gegenteil. Es zeigt, dass du Verantwortung übernimmst, für dich und die Menschen, die dich lieben.

Also, Jungs, Schluss mit Ausreden. Prostata-Check? Easy. Gesund bleiben? Noch besser. Wer das als peinlich empfindet, hat den Schuss nicht gehört. Denk dran: Ein echter Mann kümmert sich – bevor es zu spät ist.

Schlafstörungen und Regeneration – Warum du endlich wieder schlafen solltest

Du kennst das: Früher konntest du schlafen, wann und wo du wolltest. Kopf aufs Kissen, Licht aus, und zack – weg warst du. Jetzt sieht die Sache anders aus. Du liegst wach, drehst dich von einer Seite auf die andere, und die Gedanken drehen Karussell. Morgens fühlst du dich wie vom Laster überrollt. Willkommen in der Welt der

Schlafstörungen – ein echtes Highlight der männlichen Wechseljahre. Aber hey, keine Panik, es gibt Wege raus aus dem Dilemma.

Warum schlafen Männer in den Wechseljahren schlechter?

Das Problem liegt in deinem Hormonhaushalt, genauer gesagt: beim Testosteron und Melatonin.

- **Testosteron:** Dieses Wunderhormon, das uns Männer stark, vital und selbstbewusst macht, nimmt in den Wechseljahren ab. Blöderweise spielt Testosteron auch bei der Regeneration und im Tiefschlaf eine Schlüsselrolle. Weniger Testosteron heißt also weniger erholsamer Schlaf.

- **Melatonin:** Das ist dein Schlafhormon. Es wird abends von der Zirbeldrüse ausgeschüttet und sorgt dafür, dass dein Körper merkt: „Zeit für Ruhe." Mit zunehmendem Alter nimmt die Melatoninproduktion ab – ein Grund, warum viele Männer später Probleme mit dem Einschlafen haben.

Aber das ist noch nicht alles. Stress, Sorgen und Grübeleien tun ihr Übriges. Deine Familie, dein Job, deine Gesundheit – das alles kann dir nachts den Schlaf rauben. Dazu kommt: Die Wechseljahre bringen oft eine erhöhte Sensibilität mit sich. Geräusche, Licht oder sogar eine unbequeme Matratze können plötzlich störend wirken.

Die Folgen von Schlafmangel

Schlechter Schlaf ist nicht nur nervig, er hat auch weitreichende Konsequenzen:

- **Stimmungsschwankungen und Reizbarkeit:** Schlafmangel macht dich launisch und dünnhäutig. Das kann deine Beziehungen belasten.

- **Konzentrationsprobleme:** Wer schlecht schläft, denkt langsamer und macht mehr Fehler.

- **Gewichtszunahme:** Schlafmangel beeinflusst deinen Hormonhaushalt und macht es schwerer, Fett zu verbrennen.

- **Gesundheitsrisiken:** Langfristiger Schlafmangel erhöht das Risiko für Herz-Kreislauf-Erkrankungen, Diabetes und ein geschwächtes Immunsystem.

Was ist Melatonin, und warum ist es so wichtig?

Melatonin ist dein natürliches Schlafhormon. Es wird in der Zirbeldrüse produziert, wenn es dunkel wird, und signalisiert deinem Körper, dass es Zeit ist, runterzufahren. Doch mit zunehmendem Alter produziert dein Körper weniger davon. Das Resultat: Du schläfst schlechter ein und wachst häufiger auf.

Die gute Nachricht: Du kannst Melatonin als Nahrungsergänzungsmittel einnehmen. Es gibt Tabletten, Kapseln oder sogar Sprays, die helfen können, deinen Schlafrhythmus wiederherzustellen. Aber Achtung: Melatonin ist kein Wundermittel. Es unterstützt deinen Körper, ist aber nur ein Baustein. Am besten sprichst du vorher mit deinem Arzt, ob es für dich geeignet ist.

Strategien für besseren Schlaf in den Wechseljahren

Wenn du wieder schlafen willst wie ein Baby, probier diese Tipps aus:

1. **Schaffe eine ideale Schlafumgebung:** Dein Schlafzimmer sollte dunkel, ruhig und kühl sein. Investiere in gute Verdunkelungsvorhänge, ein bequemes Bett und – ganz wichtig – ein ergonomisches Kissen.

2. **Etabliere feste Rituale:** Geh jeden Abend zur gleichen Zeit ins Bett und steh morgens zur gleichen Zeit auf. Routine ist ein echter Gamechanger für besseren Schlaf.

3. **Vermeide Bildschirmzeit:** Smartphones, Tablets und Fernseher strahlen blaues Licht aus, das die Melatoninproduktion hemmt. Schalte sie mindestens eine Stunde vor dem Schlafengehen aus.

4. **Achte auf deine Ernährung:** Iss abends leicht und verzichte auf Koffein, Zucker und Alkohol. Ein beruhigender Tee, wie Kamille oder Lavendel, kann Wunder wirken.

5. **Stress abbauen:** Meditation, Yoga oder einfach mal tief durchatmen – es gibt viele Wege, den Kopf freizubekommen. Schreib dir abends deine Gedanken auf, um sie aus dem Kopf zu bekommen.

6. **Nahrungsergänzungsmittel:** Neben Melatonin gibt es auch Magnesium, das deine Muskeln entspannt und den Schlaf fördert. Omega-3-Fettsäuren können ebenfalls helfen, den Hormonhaushalt zu stabilisieren.

7. **Bewegung:** Regelmäßiger Sport verbessert die Schlafqualität. Aber Vorsicht: Intensives Training kurz vorm Schlafengehen kann den gegenteiligen Effekt haben.

Wann solltest du zum Arzt?

Wenn all das nicht hilft und du weiterhin Schlafprobleme hast, kann es Zeit sein, einen Arzt aufzusuchen. Es gibt viele Ursachen für Schlafstörungen, die medizinisch behandelt werden können – von Schlafapnoe bis zu psychischen Belastungen. Ein Schlaflabor kann hier Klarheit schaffen.

Warum Schlaf so wichtig ist

Schlaf ist nicht nur Ruhezeit, sondern die Phase, in der sich dein Körper regeneriert. Deine Muskeln wachsen, dein Gehirn sortiert Informationen, und dein Immunsystem wird gestärkt. Ohne guten

Schlaf bist du nicht nur müde, sondern auch weniger leistungsfähig – und das will niemand, oder?

Also, Jungs, nehmt das Thema ernst. Ein guter Schlaf ist keine Nebensache, sondern der Schlüssel zu einem fitteren, glücklicheren und gesünderen Leben. Schlaf gut – und zwar wirklich!

Schnarchen – Wenn die Nächte zur Belastungsprobe werden

Schnarchen. Ein Thema, das für viele Männer lästig ist – und für ihre Partnerinnen erst recht. Du selbst merkst vielleicht gar nicht, wie laut du schnarchst, während deine bessere Hälfte neben dir die Wände hochgeht. Schnarchen ist nicht nur nervig, sondern kann eine echte Belastungsprobe für die Beziehung werden. Und: Es ist nicht nur ein „kleines nächtliches Problem", sondern oft ein Hinweis darauf, dass mit deinem Körper etwas nicht stimmt.

Bei mir war es auch extrem. Meine Frau hatte sich schon große Kissen auf die Ohren gelegt. Wenn ich so laut schnarchte, dass sie es nicht mehr aushielt, musste ich ins Gästezimmer „auswandern", damit sie ruhig schlafen konnte und fit für ihren Job in der Altenpflege war.

Bei mir war der Auslöser eine völlig verformte Nasenscheidewand. Ich hatte in meiner Jugend Karate betrieben. Dabei habe ich öfter einen Schlag auf die Nase bekommen. Die vielen Nasenbrüche habe ich selbst „behandelt". Weil man(n) ist ja ein ganz Harter und geht nicht zum Arzt. Das Ende vom Lied: Meine Nase war leicht schräg, aber innen total verformt.

Irgendwann ging ich dann doch mal zum HNO-Arzt und ließ den Luftfluss messen. Erschreckend: Links 0 Prozent, rechts 11 Prozent. Klar, wenn man keine Luft durch die Nase bekommt, atmet man durch den Mund. Das ist in vielerlei Hinsicht sehr schlecht. Zum einen für den Blutsauerstoffanteil – der lag bei mir viel zu tief, bei nur

94 Prozent. Zum anderen ist es auch schlecht für das Durchschlafen.

Dadurch gab es noch mehr Probleme: Ich war ständig unausgeschlafen, übellaunig und hatte Blutdruckprobleme. Mein Blutdruck lag im Ruhezustand bei 155/120 – einfach viel zu hoch. Seitdem musste ich auch Blutdrucksenker nehmen. Mein Bauch wuchs, und ich nahm stark zu. Mit meinen 175 cm Körpergröße wog ich zuletzt 95 Kilogramm.

Beim Sport hasste ich das Laufband. Nach zehn Minuten hatte ich schon die Schnauze voll. Als junger Mann bin ich mit einem Kumpel jeden dritten Tag um einen See gelaufen – 22,5 Kilometer, das war damals eine Leichtigkeit. Jetzt hatte ich schon nach 1,5 Kilometern die Nase voll. Oder eben nicht – denn ich bekam ja keine Luft durch die Nase.

Der Arzt riet mir zu einer Nasenscheidewand-OP, um das Schnarchen in den Griff zu bekommen. Aber in Berlin war es eine echte Katastrophe, einen OP-Termin zu bekommen. Ich wandte mich dann an die Parkklinik in Weißensee. Ich ging zur ersten Untersuchung, und dort sagte man mir, dass man mich noch nicht operieren könnte, weil ich zu viel wog. Es könnte Probleme bei der Narkose geben.

Ich sollte zehn Kilo abnehmen und dann wiederkommen. Super – zehn Kilo! Wie soll das gehen? Ich habe es dann aber in zwei Monaten hinbekommen, indem ich fast vollständig auf Kohlenhydrate verzichtete. Ich meldete mich dann wieder in der Klinik, und wir vereinbarten einen OP-Termin.

Das Abnehmen hatte aber schon einen positiven Effekt: Ich schnarchte entschieden weniger und viel leiser. Das führte dazu, dass ich wieder bei meiner Frau schlafen konnte und sie mich kaum noch ins Gästezimmer verbannt hat. Was wiederum gut war für unsere Zweisamkeit.

Jedenfalls war ich dann bei der OP. Im Mai wurde ich operiert. Die ganze Aktion hat vier Tage gedauert. Krass war, dass sie das so gut gemacht haben, dass ich bereits, als ich aus dem OP kam, wieder voll atmen konnte. Ich fühlte mich extrem wach, weil meine „Rübe" wieder ordentlich mit Sauerstoff geflutet wurde.

Ich hatte nicht einmal ein Brillenhämatom, nur eine Schiene aus Plastik auf der Nase und einen kleinen Schlauch, damit das Blut abfließen konnte. Auch hatte ich **keinerlei Schmerzen** – nicht einmal an der OP-Narbe. Ich brauchte **keine Schmerzmittel**. Also kann ich jedem diese Klinik nur wärmstens empfehlen.

Die Wunde – meine Nasenscheidewand wurde komplett aus eigenem Knorpelgewebe erneuert – war nach drei Wochen verheilt. Alles war super gelaufen. Auch jetzt, drei Jahre später, bekomme ich wieder Luft, kann durch die Nase atmen, schnarche nicht mehr und bin wieder leistungsfähiger beim Sport.

Alternative Medizinische Behandlungen

Wenn die einfachen Maßnahmen nicht ausreichen, solltest du einen Arzt aufsuchen. Es gibt verschiedene medizinische Ansätze:

Schlafapnoe-Therapie: Bei einer Schlafapnoe kann eine CPAP-Maske helfen. Sie sorgt dafür, dass die Atemwege offen bleiben, indem sie kontinuierlich Luftdruck zuführt. **Aber mal ehrlich:** Willst du aussehen wie Darth Vader und mit so einer Maske neben deiner Frau liegen? Ich jedenfalls nicht. Dazu war ich einfach zu viel Macho – das kam für mich nie in Frage. Wenn sie nachts aufwacht und so einen Cyborg neben sich liegen sieht, denkt sie bestimmt auch: "Hätte ich doch den Typen mit dem anderen Moped geheiratet, für den ich mich damals nicht entschieden habe." Hahaha!

Zahnschienen/Nasenklammern: Diese Schienen halten den Unterkiefer leicht nach vorne, um die Atemwege offen zu halten. Sie sind oft eine gute Lösung bei leichtem bis mäßigem Schnarchen. **Genau der gleiche Quatsch:** Das löst ja das ursächliche Problem nicht – nämlich den Luftfluss und das Übergewicht. Ich hatte vor der OP auch ständig Nasenklammern verwendet. Wenn die Scheidewand verformt ist, nutzen die auch nix. Was sollen die bitte weiten? Geht ja nicht, wenn die Scheidewand aussieht wie ein Riffelbrett.

Also vergesst den Quatsch und spart euer Geld. Eine OP ist die einzig wirksame Methode. Jeder, der euch etwas anderes erzählt, ist ein Scharlatan oder hat keine Ahnung.

Wie Schnarchen die Beziehung belastet

Getrennte Schlafzimmer: Für viele Paare ist Schnarchen der Grund, warum sie irgendwann nicht mehr gemeinsam schlafen. Das mag kurzfristig helfen, sorgt aber auf Dauer oft für Entfremdung. Die Nähe, die man durchs gemeinsame Einschlafen und Aufwachen hat, fehlt plötzlich.

Schlechter Schlaf für den Partner: Schnarchen raubt deinem Partner den Schlaf. Ständig aufzuwachen, weil neben einem jemand wie ein Presslufthammer schnarcht, macht müde und gereizt. Diese Gereiztheit zeigt sich dann tagsüber – und Konflikte sind vorprogrammiert.

Gefühl der Ignoranz: Wenn der Schnarchende nichts gegen das Problem unternimmt, fühlt sich der Partner oft allein gelassen. Es entsteht der Eindruck: „Ihm ist meine Ruhe egal."

Stress und emotionale Distanz: Der Schlafmangel sorgt für Stress auf beiden Seiten. Der Partner fühlt sich genervt, der Schnarchende fühlt sich vielleicht angegriffen oder schämt sich. Diese Dynamik kann die Beziehung schädigen.

Weitere mögliche Ursachen für Dein Schnarchen:

Übergewicht: Fettablagerungen im Hals können die Atemwege verengen. Ein paar Kilo mehr auf den Rippen erhöhen also das Risiko für Schnarchen erheblich. Das trat bei mir immer deutlicher zutage, umso schwerer ich wurde.

Alkohol: Alkohol entspannt die Muskeln im Rachen. Diese Entspannung kann dazu führen, dass die Atemwege kollabieren und das Schnarchen verstärken. Dem kann ich nur zustimmen. Wenn wir im Urlaub abends einmal ein paar Cocktails tranken, war es vorbei mit der Nachtruhe.

Ich brüllte das gesamte Hotel zusammen, sodass andere Gäste schon an die Wand klopften. Sehr peinlich für meine Frau und mich. Zumal ich dann aufgrund der Enge nur ins Bad ausweichen konnte. Ich habe dann oft in der Wanne geschlafen oder auf dem Balkon, wenn es keine Wanne gab.

Aber damit störst du die anderen Gäste auch. Einmal im Griechenlandurlaub bin ich sogar an den Strand gegangen und habe auf einer Liege gepennt. Im Urlaub in einem fremden Land keine gute Idee. Das könnte böse enden. Ist es zum Glück nicht.

Schlafposition: Auf dem Rücken schlafen begünstigt das Schnarchen, weil die Zunge nach hinten fällt und die Atemwege blockiert.

Alter: Mit dem Alter verlieren die Muskeln im Rachen an Spannkraft, was das Risiko für Schnarchen erhöht.

Sex und Leidenschaft -jetzt mal Butter bei die Fische

Sex war für mich schon immer wichtig, insbesondere guter Sex. Deshalb bin ich in meinem ganzen Leben nie bei einer Prostituierten gewesen. Auch eine Tabledance-Bar hat mich noch nie gesehen, auch habe ich noch nie einen Porno gesehen. Es war mir immer unergründlich wie man(n) sich ein Männermagazin kaufen kann, sich das anschaut, total heiss ist und dann seine Energie nicht loswird. Also Blödsinn die Aktion.

Auch hatte ich nie One-Night-Stands oder Sex mit mehreren Frauen gleichzeitig. Obwohl ich ehrlich zugeben muss das diese lange auf meiner Bucket-List stand.

Guter Sex ist nun mit Liebe und starker Verbundenheit möglich. Das ist meine Ansicht. Diese Ansicht müssen andere Männer nicht teilen, aber ich denke das Sehen viele so wie ich.

Jetzt reden wir doch mal Klartext Jungs. Klar als wir noch 25 waren, konnten wir die ganze Nacht eine Erektion aufrechterhalten und nie genug bekommen.

Bei mir war es oft so, dass die Frauen irgendwann nicht mehr konnten. Irgendwann nach dem fünf- oder sechs-mal in der Nacht hatte ich eine extatische Dauererektion. In Erinnerungen daran war das immer der beste Sex. Insbesondere wenn es meiner Partnerin richtig gut ging und ich sie mehrfach zum Höhepunkt brachte. In der Beziehung hatte ich genetisch wohl auch sehr viel Glück da ich immer Lust auf Frauen hatte.

Ich mag beim Sex eine offensive Partnerin, die zeigt was sie will mir trotzdem die Macht gibt mir ihr zu tun, was ich will. Der beste Sex ist, wenn ich merke, wie sie langsam immer mehr abgeht und ich sie zum Höhepunkt bringe.

Wie sieht der Sex mit 57 aus? Vorweg: ich hasse terminierten Sex. Nichts ist schlimmer, für beide Parteien, als wenn genau vorgeschrieben ist wann Sex stattzufinden hat.

Das ist eher etwas für Paare die eigentlich keinen Bock mehr aufeinander haben, aber wo SIE nicht will das ER sich umorientiert oder andersrum. Hier ist Sex nicht da, um Verbundenheit aufzubauen und zu vertiefen, sondern nur noch um des „guten Friedens" willen.

Solche Paare sprechen nicht über ihren Sex oder ihre Wünsche und wenn sie es doch tun, ist einen solchen Streit begleitet von gegenseitigen Vorwürfen und Anschuldigungen.

Meine Frau und ich haben ein solchen Gespräch einmal Live mitbekommen. Wir waren bei einer Gartenparty bei Freunden eingeladen, als ein Paar sich anfing zu streiten. Wir haben erst gar nicht mitbekommen worum es eigentlich ging, bis die Beiden sich richtig angebrüllt haben. Nennen wir Sie Katja und Thomas.

Katja warf Thomas vor das er immer zu schnell kommt und Thomas Katja das sie ein Jahr lang keinen Sex hatten und Katja beim Sex immer daliegt wie ein Brett und nicht einmal von hinten genommen werden will. Hahaha echt lustig sowas vor versammelter Mannschaft zu bringen.

Meine Fresse, der Thomas tat mir leid, ist doch klar, dass er schnell kommt, wenn er ein Jahr lang keinen Sex hatte. „Die ist doch bekloppt die Trulla" dachte ich mir.

Den Mann ein Jahr nicht ranlassen aber sich dann darüber aufregen das er zu schnell kommt. Das ist, als wenn Dir beim Pokerspiel jemand gezinkte Karten in die Hand gibt und dann von Dir verlangt das Du gewinnst. Das funktioniert nicht.

Thomas sieht auch richtig gut aus, sehr sportlicher, großer, gepflegter blonder Typ.

Katja: sie sieht aus, als ob sie nach Feierabend „Katapulte nach Gondor" zieht , klein, pummelig, kurze rote Haare, dicke Arme und Hintern, nullkommanull Ausstrahlung.

Katja hatte sich offensichtlich nach dem ersten und einzigen Kind „aufgegeben", unter dem Motto, „Soll erfüllt ich bin jetzt Mutti, es dreht sich alles nur noch ums Kind".

Ich sprach leise vor mich hin: „Alte, guck mal in den Spiegel, sei froh, dass Dich überhaupt jemand ficken will".

Meine Frau guckte mich entsetzt an, kniff mir in den Arm und meinte: „Sei still, nicht so laut. Bist Du doof? Sowas kannst Du doch nicht sagen".

Unsere Freundschaft, Nadine und Uwe, stand neben uns. Sie haben meinen Kommentar mitbekommen und sie grinsten nur, ich hatte mit meinem gehässigen Kommentar wohl den Nagel auf den Kopf getroffen.

Der Streit zwischen Katja und Thomas gipfelte in einer Ohrfeige, die Katja Thomas verpasste. Das war der Höhepunkt der Party.

Wir hatten dann, wegen der schlechten Vibes, keinen Bock mehr auf die Party und fuhren mit Nadine und Uwe zum Lieblings-Ouzologen unseres Vertrauens (Griechen).

Rund ein Jahr später, haben wir von Bekannten gehört, das sich Katja und Thomas getrennt hatten. Er hatte sich wohl unmittelbar nach dem Streit eine andere Partnerin „beschafft".

Das erinnerte mich an den Vorfall mit meiner ersten Frau und das darauffolgende Fremdgehen. Ich dachte mir nur: „die Alte ist so bekloppt, die hat es verdient, wie kann eine Frau ihren Mann nur so schlecht behandeln". Schade ist es nur für das Kind, das nun ohne Vater aufwächst.

Wie gesagt zurück zum Thema REDEN. Leute sagt Euch doch einfach auf was ihr steht und was ihr wollt. Wie soll der Partner erraten, was in Eurem Schädel vorgeht? Ihr wisst doch: keine Arme, keine Kekse. Also mutig sein und sagen „ich will gern..." Mehr wie ein „Nein" kann nicht kommen.

Thema: (S)experimente

Ich persönlich bin der Meinung, dass man(n) offen kommunizieren sollte, was er sich von seiner Partnerin wünscht – besonders im Bett. **Wie soll sie denn erraten, was Ihr wollt, Jungs, wenn Ihr es nicht klar sagt?** Genau das habe ich mit meiner Frau verabredet. Bei uns gibt es keine Tabus, zumindest wenn es um das Reden geht. Wir sprechen offen über alles, was uns gefällt und was uns wichtig ist. Nur das Thema Partnertausch und Swinger-Partys haben wir für uns abgehakt. **Das ist für uns beide ein No-Go und wird auch niemals auf den Tisch kommen.** Da sind wir uns einig.

Partnertausch? Kommt für mich absolut nicht infrage. Ich glaube, ich könnte es einfach nicht ertragen, einen anderen Mann mit meiner Frau zu sehen. Der Gedanke allein reicht schon aus, um bei mir eine rote Linie zu ziehen. **Wie soll ich damit klarkommen, wenn ich zusehen muss, wie ein anderer Kerl in meiner Frau steckt?** Nee, danke, da bin ich raus. Was ich mir allerdings vorstellen könnte, wäre, andere Paare beim Sex zu beobachten – aber eben ohne selbst aktiv zu werden. Irgendwie reizt mich der Gedanke, zu sehen, wie andere sich gehen lassen, aber ohne dass wir selbst involviert sind. **Das ist vielleicht eine Grenze, die ich ziehen könnte.**

Was mir in den letzten Jahren aufgefallen ist, ist, dass viele Männer denken, dass ihre Frauen nach den Wechseljahren die Lust am Sex verlieren. Klar, das kann vorkommen. **Aber ich kann Euch sagen, der Sex mit einer Frau in meinem Alter ist oft sogar noch sinnlicher und entspannter als früher.** Ohne diesen lästigen Leistungsdruck, ohne unrealistische Erwartungen. Es geht nicht mehr darum, irgendeine „Performance" abzuliefern, sondern einfach darum, die Zeit miteinander zu genießen. Der Sex wird vielleicht langsamer, ruhiger, aber er ist oft viel intensiver. Es ist eine ganz neue Ebene der Intimität. Aber dafür müsst Ihr Jungs wissen, was mit Eurer Frau in den Wechseljahren passiert – körperlich und emotional.

Was mich betrifft, ich habe immer noch unglaublich gern Sex mit meiner Frau. Und ein Grund dafür ist sicherlich auch, dass sie mit ihren 55 Jahren immer noch fantastisch aussieht. **Lange Beine, eine tolle Oberweite – und ihre blonden Locken, die morgens total verwuschelt sind, machen mich jedes Mal aufs Neue schwach.** Ich nenne sie dann liebevoll meine „Surferbraut" oder „Private-Pam", eine Anspielung auf die alte Pamela Anderson aus „Baywatch". Unser Sex ist oft spontan, nichts Aufregendes im Sinne von wilden Experimenten, aber dafür unglaublich sinnlich. Manchmal braucht es nicht viel mehr als einen Blick von ihr, und es knistert schon.

Ein Erlebnis werde ich wohl nie vergessen. Ich kam von einer meiner Fototouren nach Hause. Kamera in der Hand, verschwitzt, müde, bereit für die Couch. Aber da lag sie schon – meine Frau, entspannt, ein verschmitztes Grinsen im Gesicht. Sie sah mich an und meinte: **„Sag mal, kannst du nicht mal ein paar schöne Bilder von mir machen?"** Ich dachte, das wäre nur so dahingesagt, also antwortete ich im Scherz: **„Klar, Schneckchen, aber dann zieh dich aus!"** Ich hatte keine Ahnung, was ich damit in Gang gesetzt hatte.

Sie verschwand ohne ein Wort in ihrem Ankleidezimmer, und ein paar Minuten später kam sie raus. **Und ich schwöre Euch, ich konnte meinen Augen nicht trauen.** Sie hatte sich in rote Overknees und einen durchsichtigen, roten Fummel geworfen, und ich stand da wie vom Donner gerührt. Ich wusste bis zu diesem Moment gar nicht, was für eine verdammt sexy Frau ich zu Hause habe. Also packte ich die Kamera und fing an, sie in allen möglichen Posen zu fotografieren. Es wurde heiß – richtig heiß. Und jedes Mal, wenn ich versuchte, sie anzufassen, schob sie meine Hand weg und gab mir auf die Finger.

Aber irgendwann, irgendwann konnte sie nicht mehr widerstehen, und ich auch nicht. **Und was dann passierte? Tja, ich bin förmlich über sie hergefallen.**

Es war einer dieser Momente, die sich tief ins Gedächtnis einbrennen, weil sie so voller Leidenschaft und gleichzeitig voller Spaß waren. Das sind die Augenblicke, in denen Du merkst, dass Sex in einer langfristigen Beziehung nicht langweilig werden muss – im Gegenteil.

Es kann sogar besser werden, weil man sich besser kennt und weiß, wie man den anderen glücklich macht.

Also, Jungs, seid ehrlich. Sagt Eurer Frau, was Ihr wollt, was Ihr braucht und was Euch wichtig ist. Wartet nicht darauf, dass sie Eure

Gedanken liest. **Kommunikation ist der Schlüssel – nicht nur im Alltag, sondern vor allem im Bett.** Nur so könnt Ihr wirklich das Beste aus Eurer Beziehung herausholen und vielleicht sogar noch ein paar Überraschungen erleben, die Ihr so nie erwartet hättet.

Wechseljahre bei Frauen: Auswirkungen, Symptome und verändertes Sexualverhalten

Die Wechseljahre, auch als Menopause bezeichnet, sind eine natürliche Phase im Leben einer Frau, die das Ende ihrer fruchtbaren Jahre markiert. Dieser Übergang, der typischerweise zwischen dem 45. und 55. Lebensjahr auftritt, geht mit einer Vielzahl von körperlichen und emotionalen Veränderungen einher. In diesem Artikel werden die Auswirkungen und Symptome der Wechseljahre, die Veränderungen im Sexualverhalten und mögliche Maßnahmen zur Linderung von Beschwerden detailliert beschrieben.

Ursachen und Phasen der Wechseljahre

Die Wechseljahre sind durch einen natürlichen Rückgang der Produktion der weiblichen Geschlechtshormone Östrogen und Progesteron gekennzeichnet. Dieser Prozess verläuft in mehreren Phasen:

Prämenopause: Die Jahre vor dem eigentlichen Beginn der Wechseljahre, in denen die Hormonproduktion bereits beginnt, zu schwanken.

Perimenopause: Diese Phase umfasst die Zeit unmittelbar vor der Menopause und kann mehrere Jahre dauern. Die Menstruationszyklen werden unregelmäßiger.

Menopause: Der Zeitpunkt, an dem eine Frau seit zwölf Monaten keine Menstruation mehr hatte.

Postmenopause: Die Jahre nach der Menopause, in denen die Symptome allmählich abklingen können.

Symptome der Wechseljahre

Die Symptome der Wechseljahre können vielfältig und individuell unterschiedlich sein. Zu den häufigsten zählen:

Hitzewallungen und Nachtschweiß: Plötzliche Wärmeempfindungen, die oft von Schweißausbrüchen begleitet werden.

Schlafstörungen: Einschlaf- und Durchschlafprobleme, oft durch nächtliches Schwitzen verursacht.

Stimmungsschwankungen: Erhöhte Reizbarkeit, Angstzustände und Depressionen.

Gewichtszunahme: Veränderungen im Stoffwechsel können zu einer Zunahme des Körpergewichts führen.

Kognitive Veränderungen: Konzentrationsprobleme und Gedächtnisstörungen.

Vaginale Trockenheit und Atrophie: Verringerte Feuchtigkeit und Elastizität der Vaginalschleimhaut, die zu Beschwerden und Schmerzen beim Geschlechtsverkehr führen können.

Verminderte Libido: Ein Rückgang des sexuellen Verlangens.

Veränderungen im Sexualverhalten

Während der Wechseljahre können Frauen verschiedene Veränderungen in ihrem Sexualverhalten und ihrer sexuellen Gesundheit erleben:

Vaginale Trockenheit: Dies kann den Geschlechtsverkehr schmerzhaft machen und die sexuelle Aktivität beeinträchtigen. Verwendung von Gleitmitteln und vaginalen Feuchtigkeitscremes kann helfen.

Verminderte Libido: Hormonelle Veränderungen können zu einem Rückgang des sexuellen Verlangens führen. Kommunikation mit dem Partner und ein offener Umgang mit den eigenen Bedürfnissen und Sorgen sind wichtig.

Psychische Einflüsse: Stimmungsschwankungen und depressive Verstimmungen können das sexuelle Verlangen beeinflussen. Psychologische Unterstützung oder Paartherapie können hilfreich sein.

Maßnahmen zur Linderung der Beschwerden

Es gibt verschiedene Ansätze, um die Symptome der Wechseljahre zu lindern und die Lebensqualität zu verbessern:

Hormonersatztherapie (HRT): Die Einnahme von Östrogen und Progesteron kann viele Symptome der Wechseljahre lindern. Diese Therapie sollte jedoch individuell und unter ärztlicher Aufsicht erfolgen, da sie mit Risiken verbunden sein kann.

Phytoöstrogene: Natürliche Östrogene aus Pflanzen, die in Soja, Leinsamen und bestimmten Nahrungsergänzungsmitteln enthalten sind, können helfen, hormonelle Schwankungen auszugleichen.

Lebensstiländerungen: Eine gesunde Ernährung, regelmäßige Bewegung und Stressbewältigungstechniken können helfen, die Symptome zu kontrollieren. Insbesondere Gewichtstraining und kardiovaskuläre Übungen können sich positiv auf die Gesundheit auswirken.

Schlafhygiene: Maßnahmen zur Verbesserung des Schlafs, wie die Schaffung einer ruhigen Schlafumgebung und das Vermeiden von Koffein und Alkohol vor dem Schlafengehen, können Schlafstörungen entgegenwirken.

Psychologische Unterstützung: Beratung oder Therapie können helfen, mit den emotionalen Veränderungen umzugehen. Gruppen- oder Einzeltherapien bieten Unterstützung und Bewältigungsstrategien.

Vaginale Behandlungen: Lokale Östrogenbehandlungen in Form von Cremes, Tabletten oder Ringen können vaginale Trockenheit und Atrophie lindern.

Gleitmittel und Feuchtigkeitscremes: Die Verwendung von Gleitmitteln auf Wasser- oder Silikonbasis kann sexuelle Beschwerden verringern und den Geschlechtsverkehr angenehmer machen.

Fazit

Die Wechseljahre sind eine natürliche Lebensphase, die jede Frau durchläuft. Obwohl sie mit einer Reihe von unangenehmen Symptomen verbunden sein können, gibt es zahlreiche Möglichkeiten, diese zu lindern und das Wohlbefinden zu verbessern. Eine Kombination aus medizinischen Behandlungen, Lebensstiländerungen und psychologischer Unterstützung kann Frauen dabei helfen, diese Übergangszeit positiv und gesund zu gestalten. Der offene Dialog mit Ärzten, Partnern und Freundinnen ist dabei von entscheidender Bedeutung.

Akzeptiere das Altwerden – oder wenn nicht nur Erinnerungen zur Plage werden

Das zentrale Thema, das mich beschäftigt, ist das Altwerden. Irgendwie habe ich das Gefühl, dass die Zeit immer schneller verrinnt. Gerade erst Silvester gefeiert, und schon steht das nächste vor der Tür. Gefangen im Alltagstrott verfliegen die Tage, Wochen und Monate wie im Flug. Und wieder ist ein Lebensjahr vorbei, und die Jahre, die vor einem liegen, werden immer weniger.

Was mich auch beschäftigt, ist die Anzahl der Kumpels in meinem Alter, die plötzlich und unverhofft sterben. Klar, Covid hat einige dahingerafft. Aber es traf auch Kumpels, die vollkommen fit waren und plötzlich verstarben. Ein Beispiel ist ein Freund vom Airsoft. Airsoft ist ein Militär-Strategiespiel, im Prinzip wie „Call of Duty", nur in echt.

Wir verkleiden uns wie echte SEALs und jagen uns auf alten russischen Militärbasen durch den Wald. Dafür benutzen wir Luftdruckgewehre, aus denen kleine Plastikkugeln verschossen werden. Die Gewehre haben eine Reichweite von rund 50 Metern. Die Auftreffenergie ist harmlos und wirkt wie ein Bienenstich. Ein getroffener Gegner ruft "Hit" und verlässt das Spielfeld.

Er geht zu einem Spawn-Punkt und kann von dort aus sofort wieder in das Spiel starten. Es gibt Missionen und Einsatzszenarien. Aufgrund der geringen Kampfdistanzen kommt das Spiel realen Einsatzszenarien schon nah, besonders im Gebäudekampf auf kurze Distanzen, in dunklen, halb verfallenen Gebäuden – ein echt creepy Feeling.

Unser Team wurde zum Beispiel von jemandem trainiert, der acht Jahre Bundeswehr-Ausbilder in Afghanistan war. Er hat uns viel beigebracht, unter anderem Taktiken im Gebäudekampf und im Feld. Er meinte auch immer, dass es dem realen Irrsinn schon sehr nahekommt, nur mit dem Unterschied, dass wir nicht in Lebensgefahr sind und es keine Granaten und Mörser gibt.

Das Spiel macht Laune und spricht den männlichen Jagdinstinkt an. Ich habe zum Beispiel noch zwei Tage nach einem Spiel viel Adrenalin in mir und fühle mich wie berauscht. Ich könnte dann immer sofort wieder losfahren und weiterspielen. Das Spiel macht süchtig – ich kenne Leute, die jedes Wochenende spielen fahren.

Das Großartige ist, dass die Luftdruckgewehre echten Waffen täuschend ähnlich nachempfunden wurden. Ich habe zum Beispiel Airsoft-Markierer, die einem M249-Maschinengewehr, einer Tommy-Gun aus dem Zweiten Weltkrieg, einem BAR 1918, einem M1 Garand und einer SVD Dragunov Sniper Rifle nachempfunden sind, und viele mehr.

Da die Gewichte der Markierer, das Ladeverfahren, die Funktionen und die Magazine ebenfalls dem Original nachempfunden wurden, schafft das eine extrem authentische Atmosphäre. Oft arbeiten die Markierer auch im Blowback-Verfahren: Dabei wird ein Teil der Luftdruckenergie genutzt, um Verschlussklappen zu öffnen und den Bolt hin und her zu fahren.

Dadurch entsteht ein metallisch klingendes Geräusch und ein Rückstoß, der zum Beispiel mit dem einer Original-AR15 oder M4 vergleichbar ist. Alles wirkt dann sehr realistisch. Hinzu kommt, dass auch der Gegner versucht, einen zu erwischen, sodass man taktisch vorgehen und den Gegnern Fallen stellen muss.

Wir fahren jeden Monat ein- bis zweimal auf solche alten Militärbasen. Um Berlin herum gab es im Abstand von etwa sechs Kilometern solche Stellungen der Russen, wie Kasernen, Raketenstellungen, Panzerbataillone, Artillerie, Gefechtsstände, Bunker, Radarstationen oder Luftwaffenstützpunkte.

Deshalb befinden sich meist tief im Wald solche Lost Places. Oft sehen die aus, als wäre man direkt in Tschernobyls verlassener Stadt Pripyat gelandet.

Ein Beispiel ist die alte Giftgasfabrik in Briesen, der Atombunker Harnekop oder die SA-2-Raketenbasis in Prötzel. Diese Gelände bestehen meist aus Bunkern, alten Produktionshallen, Wohnblöcken und Kasernen.

Diese Gebäude bestehen aus vielen Räumen, die morbide, abgerockt und verlassen sind. Allein dieser Charme des Verfalls schafft ein sehr mulmiges und schauriges Gefühl. Keller in diesen Gebäuden sind zumeist stockdunkel und überflutet. Man muss sich dann mit einer Lampe am Helm und durch tiefes Wasser watend einen Weg bahnen. Das Gefühl dazu ist unbeschreiblich.

Da wir auch noch ein WW2-Reenactment-Projekt am Laufen haben, das der Serie „Band of Brothers" nachempfunden ist, wird die Atmosphäre noch einmal gesteigert. Wir tragen Uniformen und Ausrüstungen aus der Zeit, ich zum Beispiel die der 101st Airborne-Paratrooper. Auch nutzen wir nur Markierer, die Waffen aus dieser Epoche nachempfunden sind, wie Tommy-Gun, Kar98, PPSh, BAR, M1 Garand, Arisaka und so weiter. Die Amis sprechen auf dem Feld nur Englisch, Funk gibt es nicht, nur Feldtelefone aus dem Zweiten Weltkrieg. Wir stellen dann Gefechte aus dem Zweiten Weltkrieg nach. Einfach großes Kino.

Ich der „Lone Survivor"

Mein Freund war ein fitter, durchtrainierter Typ, 52 Jahre alt. Wir sind in Harnekop den Sandhügel hochgestürmt und haben mit 20 Kilo Gepäck im Affenzahn die gegnerischen Stellungen geräumt. Ich war immer erstaunt, wie fit er noch für sein Alter war, was natürlich auch auf mich zutraf.

Er ist plötzlich verstorben, beim Schippen eines Grabens auf seinem Grundstück. Ohne Vorerkrankungen, einfach so. Das war ein echter Schock und hat mich viele Monate sehr beschäftigt. Ich sah nun unmittelbar und in voller Brutalität, wie schnell das Licht ausgeknipst werden kann. So lichtet sich mein „Umfeld" immer mehr, und gute Freunde und Kameraden sind für immer weg.

Es bleibt nur Wehmut und die Erinnerungen an eine tolle Zeit mit großartigen Menschen. Die Zeit verrinnt unaufhörlich, die Jahre schwinden dahin. Das ist es, was mir sehr zu schaffen macht. Jedenfalls geht es mir so. Die Jahre, die noch vor mir liegen, sind auf jeden Fall nicht mehr viele.

Ich habe meinen „Wingman" bei jedem Spiel vermisst und denke oft daran, wie oft er mir „Feuerschutz" gab und welche großartigen Aktionen wir zu zweit durchgezogen haben.

Einmal haben wir zu zweit, ohne Unterstützung, ein ganzes Gebäude mit 25 Gegnern geräumt und waren die Helden des Tages. Ein anderes Mal haben wir gemeinsam eine Sniper-Stellung auf einem alten Flughafentower eingerichtet und 15 Gegner getroffen. Er war mein Spotter/Supporter, und ich der Schütze. Die Aktion erinnerte mich sehr an den Film „American Sniper".

Oft übermannt mich auf dem Spielfeld die Trauer, wenn ich an Stellen komme, an denen wir großartige Erlebnisse hatten.

So bleibt er für mich unvergessen und ist irgendwie trotzdem weiter da. Ich frage mich dann, ob sich auch jemand an mich erinnern wird, wenn ich einmal weg bin.

Diese Frage stelle ich mir sehr oft, wenn ich mich abends schlafen lege. Wache ich noch einmal auf? Wie schnell das Leben zu Ende sein kann, sieht man in letzter Zeit oft in den Nachrichten. Gewalt, Krieg und Naturkatastrophen nehmen dramatisch zu.

Vielleicht sollte man in unserem Alter auch gar nicht so weit in die Zukunft planen, sondern mehr im Hier und Jetzt leben und die Momente, die man erlebt, genießen?

Klassentreffen nach 30 Jahren – Ach du Scheiße, sind wir alt

Das Klassentreffen vor zwei Jahren war wie ein heftiger Schlag ins Gesicht – unser erstes Wiedersehen nach gut 30 Jahren, und schon beim Betreten des Raums fühlte ich mich wie in einer Zeitmaschine, die einen bitteren Beigeschmack hinterlassen hatte. Von den zehn Jungs aus unserer Klasse lebten nur noch drei. Sieben waren bereits verstorben, und das war ein echter Schock. Die meisten hatten den Kampf gegen Krebs verloren, und das schon in einem Alter von gerade mal 45 bis 50 Jahren. Das Leben kann erbarmungslos sein, dachte ich mir.

Von den Mädels habe ich kaum eine wiedererkannt. Ich hatte sie seit der Schulzeit nicht mehr gesehen, und irgendwie hatte ich mir vorgestellt, dass sich vielleicht nur wenig verändert hätte. Aber die Realität holte mich schnell ein. Fast alle hatten deutlich zugelegt und wirkten so, als hätten sie das halbe Buffet mitgebracht. Selbst meine erste heimliche Schwärmerei, die Schönste der Klasse, war kaum wiederzuerkennen. Früher mit langen, glänzenden Haaren und strahlenden Augen, war sie jetzt eine unansehnliche ältere Dame geworden, mit einem lila Haarschopf und dicker Brille, die ihr halbes Gesicht verdeckte. Das Gefühl der Jugend, das sie einst in mir weckte, war wie weggeblasen.

Es war ein bittersüßes Erlebnis, das Klassentreffen. Wir tauschten Geschichten aus, lachten über alte Streiche und erinnerten uns an unsere Streitereien und Romanzen. Aber irgendwo war da immer das nagende Gefühl, wie viel Zeit vergangen war und wie vergänglich das Leben ist.

Manche hatten ihre Kinder großgezogen, andere waren zum zweiten Mal verheiratet, wieder andere erzählten von ihren Hobbys, die ihnen halfen, die „ruhigere" Phase des Lebens zu genießen. Die Gespräche waren geprägt von einem Hauch von Nostalgie, aber auch der Erkenntnis, dass wir alle älter geworden sind – und dass die Zeit uns Stück für Stück einholt.

Wie soll man(n) damit umgehen? Auf jeden Fall sagte ich mir, dass man das Leben genießen sollte. Ich versuche nun, schöne Dinge mehr auf mich wirken zu lassen und sie zu genießen. Ich sage mir jetzt immer: Wer weiß, wie lange und wie oft man so etwas noch erleben kann?

Gerade bei Aktionen mit meinen Freunden frage ich mich jetzt immer öfter, wie oft man sich überhaupt noch einmal wiedersieht.

Auch wenn ich mit meiner Frau unterwegs bin, machen wir uns eine schöne Zeit und lassen uns nicht mehr stressen. Wenn uns Leute auf die Nerven gehen, verschwinden wir und fahren woanders hin.

Ich habe keine Lust mehr, mich über ignorante, unerzogene und dreiste Pissnelken zu ärgern. Damit fahren wir in letzter Zeit ganz gut. Oder wir suchen uns gleich Locations, die öko- und kinderfrei sind. „Adult only" ist das neue Zauberwort.

Wir haben bereits sechs Enkel, auch hier ertrage ich das Herumgeschreie nicht mehr. Eigentlich bin ich froh, wenn sie nach drei bis vier Stunden wieder abhauen. Klingt krass, ist aber die Wahrheit. In solchen Augenblicken merke ich immer, dass eine jüngere Partnerin mit Kinderwunsch mich nie und nimmer glücklich gemacht hätte. So gut hätte der Sex nicht sein können, dass ich mir das noch einmal antun würde.

Körperlich merke ich das Älterwerden noch nicht so stark. Jedenfalls fühle ich mich noch fit genug. Klar, ich renne keinen Marathon mehr und habe zu kämpfen, den Bauchansatz wegzubekommen, aber insgesamt geht es mir gut.

Dieses Erlebnis hat mir wirklich vor Augen geführt, wie schnell sich alles ändern kann. Letztes Jahr hätte ich beinahe das Zeitliche gesegnet – und das wegen eines kleinen, aber hochgefährlichen Virus, der meinen Körper komplett aus der Bahn geworfen hat.

Es begann mit einer Magen-Darm-Erkrankung, die sich schnell verschlimmerte und letztlich sogar zu einem Nierenversagen führte. Wenn meine Ärztin und meine Frau nicht so hartnäckig darauf bestanden hätten, dass ich ins Krankenhaus gehe, wäre ich heute wohl nicht mehr hier.

Ein kurzer Krankenhausaufenthalt, etliche Tests und Infusionen später war ich glücklicherweise wieder auf den Beinen. Diese Erfahrung hat mir klargemacht: Ein kleiner Virus kann schneller zur Gefahr werden, als man denkt, und plötzlich steht man auf der Kippe.

Seither achte ich besser auf mich und nehme meine Vorsorgeuntersuchungen ernster. Wir haben das große Glück, in Deutschland zu leben, wo die medizinische Vorsorge bestens geregelt ist – und das auch noch fast kostenlos. Es ist zwar lästig und kostet Zeit, aber lieber investiere ich ein paar Stunden, als irgendwann den Preis für meine Nachlässigkeit zu zahlen.

Das gehört eben zum Älterwerden dazu – und auch dazu, dass die Enkel einen jetzt fröhlich „Opa" nennen. Klar, ich bin immer noch mit stylischen, kaputten Jeans und modernen Outfits unterwegs, und ich achte darauf, fit zu bleiben. Aber das ändert nichts daran, dass die 60 quasi um die Ecke steht.

Wenn ich mich an meine eigenen Großeltern erinnere oder daran denke, wie andere Männer damals mit 60 aussahen, ist der Unterschied schon riesig. Früher wirkten die 60-Jährigen oft wie uralte Opas mit Hut, steifem Anzug und stockendem Gang. Heute hingegen – ich fühle mich und sehe auch eher wie ein sportlicher, aktiver Mann aus. Und genau so soll es bleiben! Ich bin fest entschlossen, alles zu tun, um mir dieses Lebensgefühl zu bewahren und nicht einfach „älter" zu werden, sondern meinen eigenen Weg zu gehen.

Die Spiritualität des Mannes – Glaube, Sinnsuche und die großen Fragen des Lebens

Ich war nie ein religiöser Mensch. Glaube und Spiritualität spielten lange Zeit keine große Rolle in meinem Leben. Für mich war der Alltag bestimmt von greifbaren Realitäten – Arbeit, Familie, Ziele, die ich mir setzte und erreichen wollte. Doch im Laufe des Lebens kommen diese Momente, die dich auf eine Art berühren, die du nicht erwartet hast, und sie zwingen dich, innezuhalten und nachzudenken. Einer dieser Momente ereignete sich auf einer Reise nach Griechenland, auf der Insel Rhodos. Es war ein Erlebnis, das ich bis heute nicht vollständig erklären kann, das aber etwas in mir verändert hat.

Wir besuchten eines Tages das Schmetterlingstal, einen magischen Ort, der voller Leben und von mystisch aussehenden Bäumen und kleinen Wasserfällen durchzogen ist. Es sah dort aus wie in einem Märchenwald, beinahe wie der Elbenwald aus **Herr der Ringe**. Die Luft war erfüllt von den Geräuschen der Natur, dem Rascheln der

Blätter, dem Plätschern des Wassers, und man konnte förmlich spüren, dass dieser Ort eine besondere Energie hatte. Als Hobbyfotograf entdeckte ich unzählige Motive, die meine Begeisterung für diesen Ort noch verstärkten. Jeder Baum, jede Lichtung bot etwas Neues, etwas Magisches.

Am Ende des Aufstiegs durch das Tal gelangten wir zu einem kleinen Kloster, das versteckt auf einem Hügel thronte, als wäre es schon seit Jahrhunderten dort verankert. Einige andere Besucher waren ebenfalls dort, doch die Stimmung war ruhig, fast ehrfürchtig. Vor dem Kloster stand ein alter Mönch, der an einem kleinen Stand Rosenkränze, Weihwasser und Ketten mit Holzkreuzen verkaufte. Er hatte einen langen grauen Bart, trug eine abgewetzte braune Mönchskutte und sah aus wie der Weihnachtsmann – mit einem dicken Bauch und unglaublich liebevollen Augen. Es war, als ob dieser Mann aus einer anderen Zeit stammte, als ob er eine Weisheit in sich trug, die über das Alltägliche hinausging.

Ich war ergriffen von der Schönheit des Tals und der friedvollen Atmosphäre des Klosters. Plötzlich bemerkte ich, wie der Mönch zu mir herüberschaute. Er kam von seinem kleinen Verkaufsstand herüber und trat direkt auf mich zu. Ohne ein Wort zu sagen, nahm er eine der Ketten mit einem Holzkreuz, hängte sie mir um den Hals und umarmte mich. Er sagte etwas auf Griechisch, das ich nicht verstand, aber es spielte keine Rolle. In diesem Moment geschah etwas, das ich bis heute nicht wirklich in Worte fassen kann. Ich begann plötzlich zu weinen. Ich weiß nicht warum, aber es war, als ob mir eine Last genommen wurde, von der ich bis dahin nicht einmal wusste, dass ich sie trug. Es war, als ob dieser Mann – dieser Fremde – mir all das abgenommen hatte, was mich bedrückte, ohne dass ich es ihm je gesagt hätte. Ich fühlte mich auf eine Weise geliebt und angenommen, die ich nicht erwartet hatte.

Er hielt mich weiter im Arm, während ich weinte, und um uns herum schien sich die Stimmung zu verändern. Die anderen Besucher, die zuvor still das Kloster erkundet hatten, waren plötzlich auch ergriffen. Einige Frauen begannen ebenfalls zu weinen, als ob meine Emotionen etwas in ihnen ausgelöst hätten. Es war ein Moment von tiefer Verbundenheit, den ich so noch nie erlebt hatte. Alles um mich herum schien stillzustehen, als ob die Welt für einen Augenblick innehielt.

Meine Frau kam ein paar Minuten später zu mir, nachdem sie sich Wasser an einem Kiosk gekauft hatte. Sie konnte kaum glauben, was sie sah. In all den Jahren unserer Ehe hatte sie mich noch nie weinen sehen, und jetzt stand ich da, gehalten von einem fremden Mönch, die Augen voller Tränen. Es war ein Moment, der uns beide tief berührte. Sie wusste sofort, dass etwas in mir aufgebrochen war, etwas, das lange in mir verborgen gelegen hatte. Nachdem der Mönch mich schließlich losließ, gingen wir zusammen in die kleine Kapelle des Klosters, um die Stille zu genießen. Es war, als ob diese Stille nach dem emotionalen Sturm genau das war, was ich brauchte.

Dieser Tag, dieser Moment, hat etwas in mir verändert. Er war eines der Schlüsselerlebnisse in meinem bisherigen Leben, ein Wendepunkt, der mich dazu brachte, über den Sinn des Lebens nachzudenken. Ich hatte zuvor nie wirklich über den tieferen Sinn meines Daseins nachgedacht, aber dieser Moment im Schmetterlingstal ließ mich nicht mehr los. Von da an begann ich, mich mehr mit den großen Fragen des Lebens zu beschäftigen. Was ist der Sinn unseres Daseins? Warum sind wir hier? Was kommt nach dem Tod?

Ich würde nicht sagen, dass ich seit diesem Erlebnis religiös geworden bin. Es ist nicht so, dass ich plötzlich an eine bestimmte Gottheit oder Religion glaube. Aber ich habe begonnen, nach Antworten zu suchen – nicht unbedingt in einem spirituellen oder religiösen Kontext, sondern in mir selbst. Ich habe erkannt, dass es mehr im Leben gibt, als nur den Alltag und die Ziele, die wir uns setzen. Es gibt diese Momente, in denen das Leben uns zwingt, innezuhalten und nachzudenken, und ich glaube, dass das Schmetterlingstal für mich so ein Moment war.

Seitdem habe ich mich mehr mit den großen Fragen des Lebens beschäftigt, nicht unbedingt in der Hoffnung, alle Antworten zu finden, sondern um mich selbst besser zu verstehen. Dieser Moment hat mir gezeigt, dass es manchmal Dinge gibt, die wir nicht erklären können, die uns aber trotzdem tief berühren. Es war, als hätte dieser Mönch eine Saite in mir zum Klingen gebracht, die ich bis dahin nicht gehört hatte. Eine Saite, die nach Sinn, nach Verbundenheit und nach innerem Frieden sucht.

Vielleicht ist das die wahre Bedeutung von Spiritualität: die Fähigkeit, in Momenten der Stille und der Schönheit des Lebens innezuhalten und zu erkennen, dass wir alle Teil von etwas Größerem sind. Ob das nun ein göttlicher Plan ist oder einfach die Schönheit der Natur, die uns umgibt, spielt letztlich keine Rolle. Was zählt, ist, dass wir uns diesen Momenten öffnen und bereit sind, die Lasten loszulassen, die wir unbewusst mit uns herumtragen.

Dieser Moment im Schmetterlingstal hat mir gezeigt, dass es nie zu spät ist, nach dem Sinn zu suchen – und dass diese Suche, egal wohin sie führt, eine Bereicherung für das eigene Leben sein kann.

Das zweite prägende Ereignis in meinem Leben war unser Besuch in der Hagia Sophia während einer Städtereise nach Istanbul. Dieser Ort hat mich schlichtweg überwältigt. **Die Atmosphäre dort ist voller Kraft und Geschichte, die Magie dieses Ortes ist fast greifbar.** Man kann spüren, wie bedeutend er für die Menschen und die Kultur ist. Die Mauern erzählen von Jahrhunderten, in denen Glaube, Macht und Geschichte sich überschneiden – ein Ort, der die Tiefe menschlicher Spiritualität und Hingabe ausstrahlt. Es ist schwer zu beschreiben, aber dort in dieser gigantischen Kuppel, umgeben von all dieser Geschichte und Bedeutung, wurde mir plötzlich klar, was für eine unglaubliche Frau ich an meiner Seite habe.

In diesem Moment entschloss ich mich, spontan vor allen Leuten meiner Frau einen Heiratsantrag zu machen. Es fühlte sich einfach richtig an. Passend, weil sie mir so viel verziehen hatte, weil sie der großartigste und liebevollste Mensch ist, den ich kenne. Die Frau, die mir durch all meine Eskapaden hindurch zur Seite stand, die mir nie den Rücken gekehrt hat – **die loyalste Partnerin, die man sich vorstellen kann.** Was wäre also ein besserer Ort, um unser Eheversprechen zu erneuern und einen Neustart zu wagen? Genau dort, in dieser Atmosphäre, beschloss ich, die Chance zu nutzen und alles hinter uns zu lassen, um mit einer zweiten Hochzeit ein neues Kapitel zu beginnen.

Der Moment war voller Emotionen. Vor all diesen Menschen zu knien, an diesem kraftvollen spirituellen Ort, der so viel Geschichte in sich trägt, und meiner Frau zu sagen: **„Ich möchte den Rest meines Lebens mit dir verbringen, egal was war, egal was kommt."** Das war einer der ehrlichsten Momente meines Lebens. Ich wollte unsere Liebe erneuern, alles Negative, alles, was uns belastet hatte, hinter uns lassen und neu anfangen.

Und was dann folgte, war einer der schönsten Tage in unserem Leben: **Ein Jahr später haben wir am Strand in der Türkei noch einmal geheiratet.** Die Sonne, das Meer, der Sand unter unseren Füßen – es war perfekt. Ein symbolischer Neuanfang, den ich lange zuvor nicht für möglich gehalten hätte. Wenn ich ehrlich bin, war ich ein Narr, weil ich vergessen hatte, wie unglaublich toll meine Frau ist. Diese zweite Hochzeit war für mich wie ein Erwachen. Es war der Moment, in dem ich realisierte, dass ich das Glück, das ich mit ihr habe, viel zu oft als selbstverständlich angesehen hatte.

Manchmal müssen wir Männer durch Krisen gehen, um zu verstehen, was wirklich zählt. **Ich hatte meine Frau für selbstverständlich gehalten und vergessen, wie stark, wie liebevoll und wie loyal sie ist.** Diese zweite Hochzeit war nicht nur ein Versprechen an sie, sondern auch an mich selbst – nie wieder zu vergessen, was für einen wunderbaren Menschen ich an meiner Seite habe. Es war eine Art spiritueller Erneuerungsprozess. Ein tiefes Gefühl der Dankbarkeit und der Demut, das mich an diesem Tag durchströmte.

Diese Momente der Spiritualität, ob in der Hagia Sophia oder am Strand unserer zweiten Hochzeit, haben mir gezeigt, dass es im Leben mehr gibt als nur den Alltag. Es geht nicht nur um Karriere, um Probleme oder um Ziele. Es geht um die Menschen, die uns begleiten. Es geht um die Liebe, die uns trägt. Und es geht darum, das Wunder des Lebens zu erkennen, das sich in solchen Momenten entfaltet.

Diese spirituelle Erfahrung hat mich verändert. Sie hat mir geholfen, wieder zu sehen, was wirklich wichtig ist. **Manchmal braucht man diese tiefe, fast magische Erfahrung, um aus dem Nebel des Alltags herauszutreten und sich darauf zu besinnen, was das Herz wirklich nährt.** Für mich war es meine Frau, die immer für mich da war, auch in den Momenten, in denen ich es nicht verdient hatte.

Die Spiritualität, die ich in diesen Momenten gespürt habe, war keine religiöse Offenbarung, sondern ein tiefes Bewusstsein für das, was Liebe und Partnerschaft wirklich bedeuten. **Es geht um Hingabe, Vergebung, Loyalität und die Fähigkeit, neu anzufangen.** Diese zweite Hochzeit war der symbolische Akt, mit dem ich meiner Frau, aber auch mir selbst, bewiesen habe, dass wir es wert sind, für unsere Liebe zu kämpfen und dass es nie zu spät ist, sich neu zu entscheiden – für den Menschen, den man liebt.

Von diesem Moment an habe ich mir geschworen, meine Frau nie wieder als selbstverständlich hinzunehmen. **Sie ist nicht nur die Frau, die mich auf meinem Lebensweg begleitet, sondern auch die, die mir immer wieder zeigt, was Liebe wirklich bedeutet.** Und das ist eine Erkenntnis, die ich nie mehr loslassen will.

Hat das Leben einen Sinn – oder steht alles schon geschrieben?

Die Frage, ob es ein Leben nach dem Tod gibt, hat sich wohl jeder einmal gestellt. Die Religionen sagen ja. Meiner Meinung nach sind Religionen jedoch ohnehin nur ein Instrument der Mächtigen, um uns zu steuern und zu kontrollieren. Ihre Konzepte erscheinen mir als Nonsens, insbesondere die Idee eines sogenannten Lebens nach dem Tod. Ich will niemandem zu nahe treten – jeder soll an das glauben, was ihm Erfüllung und Trost bringt. Wer in der Religion seinen Frieden findet, soll damit glücklich werden.

Ich behaupte jedoch, es gibt kein „Allmächtiges Wesen", und ich behaupte weiter, dass es noch nicht einmal einen freien Willen gibt.

Der freie Wille ist meiner Ansicht nach eine Illusion, und alles ist vorherbestimmt. Warum?

Determinismus

Der Determinismus ist eine Hypothese, nach der jedes Elementarteilchen einen vorherbestimmten Weg hat. Wir sind uns einig, dass alle Materie im Universum aus einem einzigen Punkt, einer Singularität, im Urknall entstanden ist. Alle Elementarteilchen, also die Bausteine aller Dinge, sind an diesem Punkt entstanden. Wir wissen auch, dass alles auf physikalischen Gesetzen beruht, wie wir es in der Schule gelernt haben. Somit auch die Bewegung eines jeden einzelnen Elementarteilchens. Wir, unsere Umwelt, alles, was uns umgibt, besteht aus Elementarteilchen. Die Atome unseres Körpers sind im Kern einer sterbenden Sonne entstanden. Wir sind buchstäblich Sternenstaub.

Stellen wir uns den Weg eines einzelnen Teilchens seit dem Urknall vor. Das Teilchen wird von anderen Teilchen angezogen oder abgestoßen und hat seit dem Urknall einen Weg zurückgelegt, der sich nach physikalischen Gesetzmäßigkeiten richtet.

Nehmen wir an, wir hätten einen Supercomputer mit unbegrenzter Rechenleistung. Dieser Supercomputer könnte den Weg aller Teilchen im Universum berechnen. Der Computer kennt den aktuellen Standort jedes Teilchens und könnte den Weg eines jeden Teilchens bis zu seinem Ursprung, dem Urknall, zurückverfolgen.

Erkennen Sie etwas? Genau. Wenn der Computer den Weg der Teilchen zurückrechnen kann, kann er auch den zukünftigen Weg eines jeden Teilchens berechnen.

Was bedeutet das? Das bedeutet, dass der Weg eines jeden Teilchens vorherbestimmt ist – vom Urknall bis in die ferne Zukunft. Somit ist der freie Wille nur eine Illusion. Denn wir, unsere Gedanken und Gefühle, unsere Umwelt – alles besteht aus Elementarteilchen und Schwingungen. Klingt esoterisch? Ist es aber nicht, sondern Logik.

Als ich das erste Mal von dieser Theorie hörte, dachte ich mir: Irgendwie macht das Sinn. Ein Leben voller Entscheidungen, von denen wir glauben, sie zu kontrollieren – doch in Wahrheit scheint alles einem bereits festgelegten Muster zu folgen. Für mich ergab sich daraus nur ein Schluss: Alles ist vorherbestimmt und unveränderlich. Es war ein befreiender Gedanke. Denn wenn alles vorgezeichnet ist und der freie Wille nur eine Illusion, dann tragen wir auch keine Schuld an dem, was geschieht. Wir sind nicht mehr als Zuschauer in einem Theaterstück, das längst geschrieben wurde.

Das klingt zunächst vielleicht ernüchternd, aber ich sehe es eher als eine Einladung, gelassener zu werden. Warum sich über jede Kleinigkeit aufregen, warum sich anstrengen, einen bestimmten Weg zu erzwingen? Wenn alles seinen Lauf nimmt, warum nicht zurücklehnen und das Leben so nehmen, wie es ist? Natürlich, das bedeutet nicht, dass wir uns aufgeben oder nichts mehr tun sollen. Aber wenn man das Leben als einen vorgegebenen Fluss sieht, gegen den man ohnehin nicht anschwimmen kann, dann eröffnet sich ein ganz neues Gefühl von Freiheit. Es ist nicht notwendig, alles krampfhaft in der Hand zu halten.

Ob ich mit meiner Vermutung Recht habe, bleibt jedem selbst überlassen. Du bist wie ein Lokführer, der in einem Zug ohne Frontscheibe auf Schienen fährt. Du kannst nur zur Seite herausschauen. Der Weg ist vorgegeben, aber du siehst ihn nicht als Ganzes, sondern nur, wo du dich gerade in diesem Augenblick befindest.

Diese Fakten stellen für einige sicherlich einen Schock dar, denn vieles, was sie im Laufe ihres Lebens gelernt haben, widerspricht meiner Aussage. Aber aus den Atomen, die bei der Zersetzung unseres Körpers nach dem Tod frei werden, entsteht wieder etwas Neues. Die frei gewordenen Atome gehen wieder neue Bindungen ein und tun das bis zum Ende aller Zeiten.

In gewisser Weise haben die Religionen also teilweise Recht: Nichts wird verschwendet; alles wird recycelt, und aus uns entsteht wieder etwas anderes. In diesem Sinne ist das Konzept der Reinkarnation sogar zum Teil richtig, zumindest in einer gewissen Hinsicht.

Unser Bewusstsein hingegen ist eine reine Illusion, die mit unserem Tod verschwindet und in jeglicher Hinsicht verloren ist. Denn unsere Gedanken und damit unser Bewusstsein sind das Ergebnis eines komplexen biochemischen Prozesses.

Natürlich passt es den großen Religionen und denen, die an den Hebeln der Macht sitzen, nicht in den Kram, dass wir über so etwas nachdenken. Der Gedanke, dass alles vorbestimmt sein könnte, dass unser vermeintlicher freier Wille nur eine Illusion ist – das wollen sie uns nicht glauben lassen. Warum? Ganz einfach: Wenn wir die Hypothese des Determinismus erst einmal auf uns wirken lassen, wenn wir wirklich begreifen, was das bedeutet, dann verlieren wir den Drang, immer weiter zu funktionieren. Wir fügen uns dann nicht mehr blind den Erwartungen und Vorstellungen, die die „Mächtigen" für uns vorgezeichnet haben.

Stell dir vor, was passiert, wenn Menschen aufhören, dieses Spiel mitzumachen. Wenn wir nicht mehr nur als Rädchen in einem endlosen Getriebe arbeiten, Steuern zahlen und konsumieren, damit einige wenige an der Spitze der Nahrungskette weiterhin in Wohlstand und Luxus leben können. Denn das ist doch der Trick, oder? Sie wollen uns beschäftigt halten – im Job, beim Konsumieren, in der ewigen Jagd nach mehr. Dabei ist es eine Illusion, die uns nur dazu verleiten soll, bis ans Lebensende zu schuften, während andere von unserer Arbeit profitieren.

Zu pessimistisch? Vielleicht. Aber genau deshalb sage ich: Denk intensiv darüber nach. Wir sind nicht hier, um nur als Arbeiter und Konsumenten zu enden.

Ich werde zum Nordpol meiner Familie

Die Weisheit des Alters. Das ist das Bild, das ich vor Augen habe, wenn ich einen weißhaarigen alten Mann sehe. Weisheit trifft jedoch nach all den Jahren und dem vielen Chaos, das ich angerichtet habe, nicht unbedingt auf mich zu. Allerdings kann ich aufgrund der vielen Erlebnisse und des ständigen Hinfallens und Wiederaufstehens auf einen reichhaltigen Erfahrungsschatz zurückgreifen. Dadurch kann ich meinen Kindern ein guter Ratgeber sein und ihnen zeigen, wie man es besser nicht machen sollte.

Ein Jammer ist es jedoch oft, dass die Kinder nicht auf einen hören und zwangsläufig die gleichen Erfahrungen machen müssen. Im Nachhinein sagen sie dann immer: „Papa, hätte ich mal auf dich gehört."

Aber seien wir ehrlich: Haben wir auf unsere Eltern gehört? Nein, wir haben auch unser eigenes Ding gemacht. Rückblickend wäre mir viel Leid erspart geblieben, wenn ich gleich auf meine Eltern gehört hätte.

Ein gutes Beispiel dafür ist, dass mir meine Eltern von der Ehe mit meiner ersten Frau abgeraten haben. Sie hatten bereits erkannt, was für ein Kaliber sie war. Aber ich war blind und habe das nicht erkannt. Was daraus geworden ist, habe ich im vorhergehenden Kapitel bereits beschrieben.

Im Prinzip habe ich mir mit dieser Frau und der darauffolgenden Trennung mein ganzes weiteres Leben „versaut". Wer weiß, wo ich heute wäre und wie viele meiner Träume ich hätte verwirklichen können, wenn ich nicht bei dieser Frau gelandet wäre. Mein Traum war es immer, mit 50 aufzuhören zu arbeiten, auf einer Finca in Griechenland zu leben, aufs Meer zu schauen und die Brise zu genießen.

Leider gibt es keinen Reset-Knopf im Leben, man muss mit seinen falschen Entscheidungen leben und zurechtkommen. Ich würde Jahre meines Lebens opfern, um noch einmal neu zu beginnen und die Fehler rückgängig zu machen.

Das Einzige, was ich nicht bereue, sind die wunderbaren Kinder, die ich habe. Aber zurück zu den Kindern und der Rolle des guten Ratgebers. Was ich immer an meinem verstorbenen Stiefvater bewundert habe, war, dass er wie ein Magnet war, der die Familie zusammenhielt.

Wie gelang ihm das? Ganz einfach: Er war immer ein guter Zuhörer und Ratgeber. Geduldig hörte er sich jeden Sch… an und gab einen Ratschlag, wie er entscheiden würde und warum. Ein weiterer wichtiger Punkt war der Umgang mit Streit. Er hasste Streit in der Familie und ließ ihn nicht zu. Er erstickte Streit sofort im Keim, indem er die Familienmitglieder zwang, eine Lösung zu finden und sich zu vertragen.

Familientreffen waren für ihn ein Ausdruck von Loyalität. Wer nicht erschien, wurde mit Anrufen bombardiert, bis er doch noch kam.

Das einzige Mal, dass er es zuließ, dass wir nicht erschienen, war am zweiten Weihnachtstag 2002. Minus 20 Grad, Schneefall und Glatteis auf den Straßen. Es war mir zu gefährlich, mit meinen beiden kleinen Kindern und meiner Frau 60 Kilometer Autobahn zu fahren. Er sah es ein und meinte: „Junge, du hast Recht, darauf hätte ich selbst kommen können." Zwei Stunden später stand er mit Schwiegermutter und einem köstlichen Gänsebraten vor unserem Haus. Ich freute mich riesig, und wir hatten einen echt schönen zweiten Weihnachtstag.

Das fand ich klasse. So wollte ich auch sein, wenn ich einmal in seinem Alter wäre. Nun bin ich in seinem Alter und mache es genau wie er. Und siehe da, es funktioniert.

Ich bin wie ein Hütehund, der seine Herde beschützt. Früher war ich ein Wolf, der alles zerstörte und allein sein Ding machte. Heute sehe ich es als meine Aufgabe, meine Familie zusammenzuhalten und zu beschützen, genau wie mein Stiefvater es tat. Es ist eine Rolle, die mir viel bedeutet und die mir zeigt, dass wahre Stärke nicht darin liegt, allein durch das Leben zu gehen, sondern darin, für die Menschen da zu sein, die man liebt.

Der Selbstwert des Mannes – Karriere, Familie und die Angst vor dem Versagen

Die Wechseljahre sind nicht nur eine Phase körperlicher Veränderungen. Sie führen auch dazu, dass Männer innehalten und zurückblicken – auf das, was sie erreicht haben, auf das, was ihnen fehlt, und auf das, was noch vor ihnen liegt. Es ist, als würde man in einen Spiegel schauen, der nicht nur das eigene Bild zeigt, sondern all die Erwartungen, die man an sich selbst gestellt hat. Und mit diesem Blick kommen oft Unsicherheiten ans Licht, die lange im Verborgenen schlummerten.

Besonders in dieser Phase wird der Selbstwert eines Mannes auf den Prüfstand gestellt. Jahrelang definiert man sich über Erfolg, Leistung und Anerkennung – vor allem durch den Beruf. Die Karriere war die Säule, auf der das Selbstbewusstsein ruhte. Man arbeitete hart, vielleicht mit dem Ziel, irgendwann das Gefühl zu haben, angekommen zu sein. Doch was passiert, wenn man merkt, dass die beruflichen Erfolge nicht das geben, was man sich erhofft hat? Oder wenn der Karriereweg plötzlich ins Stocken gerät?

In den Wechseljahren passiert etwas, das man nicht erwartet: Der eigene Wert wird hinterfragt. Es stellt sich die Frage: **Was habe ich erreicht?** Oft ist die Antwort ernüchternd. Der Gedanke, dass es nicht genug war, nistet sich ein. Vielleicht gibt es diesen jüngeren Kollegen, der mit frischer Energie aufsteigt, während man selbst das Gefühl hat, auf der Stelle zu treten. Man bemerkt, dass der berufliche Ruhm vielleicht nicht mehr so glänzt wie früher. Plötzlich erscheint die eigene Bedeutung im beruflichen Umfeld weniger gewiss. Der einst sichere Status beginnt zu wanken.

Doch nicht nur die Karriere gerät in den Fokus dieser kritischen Selbstreflexion. Auch die familiäre Rolle wird neu betrachtet. Viele Männer haben jahrelang die Verantwortung für ihre Familie getragen, sich als Versorger und Beschützer definiert. Aber was passiert, wenn die Kinder erwachsen werden und das Haus verlassen? Wenn die Dynamik in der Familie sich verändert und die Rolle des Vaters plötzlich weniger klar ist?

Es ist, als würde das Fundament, auf dem das Leben aufgebaut wurde, langsam Risse bekommen. **Wer bin ich noch, wenn meine Kinder mich nicht mehr so brauchen wie früher?** Diese Frage begleitet viele Männer in dieser Lebensphase, und sie lässt sich nicht so leicht beantworten. In einer Gesellschaft, die Männer oft über ihre Rolle als Ernährer und Beschützer definiert, wird diese Phase zur Herausforderung. Die eigene Identität wird in Frage gestellt.

Hinzu kommt die Angst vor dem Versagen. Diese Angst begleitet viele Männer durch das Leben, aber in den Wechseljahren wird sie besonders drängend. Es ist nicht nur die Frage, ob man in der Vergangenheit genug erreicht hat, sondern auch, ob man für die Zukunft noch relevant ist. Der Gedanke, dass die besten Jahre vielleicht hinter einem liegen, ist schwer zu ertragen. **Was, wenn ich mein Potenzial nicht ausgeschöpft habe? Was, wenn das, was kommt, nur noch ein Abstieg ist?**

Diese Angst kann lähmend wirken. Sie führt oft zu dem Versuch, noch einmal alles herauszuholen – sei es durch übermäßigen beruflichen Ehrgeiz oder durch den Drang, sich auf andere Weise zu beweisen. Manche Männer stürzen sich in Affären oder riskante Abenteuer, weil sie das Gefühl haben, noch einmal „leben" zu müssen, bevor es zu spät ist. Es ist der Versuch, sich selbst zu beweisen, dass man noch immer die Kontrolle hat.

Aber die Wahrheit ist: In dieser Phase des Lebens geht es nicht darum, sich selbst etwas zu beweisen. Es geht darum, den eigenen Selbstwert neu zu definieren. Denn der Wert eines Mannes liegt nicht in seiner Karriere oder in den Erwartungen, die andere an ihn stellen. Es geht darum, einen neuen Maßstab zu finden – einen, der nicht auf äußeren Erfolgen basiert, sondern auf innerer Stärke und Zufriedenheit.

Der Weg zu dieser Erkenntnis ist nicht leicht. Es erfordert, die eigenen Unsicherheiten anzuerkennen und den Mut zu haben, sich von alten Vorstellungen zu lösen. Es bedeutet, die Wechseljahre nicht als Bedrohung zu sehen, sondern als Chance, sich neu zu erfinden. Dabei geht es nicht darum, die Vergangenheit zu leugnen, sondern sie anzunehmen – mit all ihren Erfolgen und Misserfolgen. Denn am Ende zählt nicht, was man erreicht hat, sondern wie man sich selbst sieht.

Diese Phase bietet die Möglichkeit, sich auf das zu besinnen, was wirklich zählt. Nicht die Position im Job, nicht der materielle Erfolg, sondern die Frage: **Wer bin ich als Mensch?**. Indem man den Blick auf sich selbst richtet und lernt, den eigenen Wert abseits von äußeren Bestätigungen zu erkennen, kann man den Frieden finden, den man vielleicht jahrelang im Außen gesucht hat.

Und so, wie man sich neu definiert, kann man auch lernen, die Angst vor dem Versagen loszulassen. Denn das Leben ist kein Wettkampf, und der Wert eines Mannes liegt nicht in dem, was er leistet, sondern in dem, was er ist. Die Wechseljahre sind nicht das Ende, sondern der Anfang eines neuen Kapitels – eines Kapitels, in dem der Selbstwert nicht mehr von äußeren Erfolgen abhängt, sondern von innerer Stärke und Akzeptanz.

Meine Bucket-List -verpasste Träume, oder doch nicht?

Unsere Ziele und Lebensplanungen formen unser Leben, ebenso wie unsere Träume und Vorstellungen davon, was wir im Leben erreichen wollen. Doch gefangen in Alltagsproblemen und dem täglichen Trott, verblassen unsere Träume immer mehr, bis sie nur noch ein leiser Hall aus der Vergangenheit sind oder sich völlig auflösen.

Ich kann diese ganzen angeblichen Coaches, die uns mit ihrem auf Pump finanzierten Lebensstil vorgaukeln, wie toll ihr Leben ist, nicht mehr sehen.

Die Wahrheit liegt oft weit davon entfernt. Die große Masse der Menschen führt genau das Leben, das ich beschrieben habe: Es besteht aus Arbeit, Verpflichtungen und dem alltäglichen Kampf, unterbrochen von wenigen schönen Augenblicken.

Man ist versklavt von seinem Alltag und dem Zwang, Geld zu verdienen, um überhaupt noch einigermaßen vernünftig leben zu können.

Für mich hat das Leben irgendwie an Farbe verloren, die Ziele sind verschwunden, und was bleibt, ist der fade Beigeschmack von Resignation. Unsere Welt wird von skrupellosen Psychopathen gelenkt, von denen, die nur auf Macht und Profit aus sind und dabei keine Rücksicht auf Verluste nehmen.

Stück für Stück treiben sie uns alle an den Abgrund, und als ob das nicht schon genug wäre, haben wir noch die Politiker, die das Chaos vervollständigen, das Leben immer schwerer machen und uns nur noch weiter drangsalieren.

Wenn ich ihre Gesichter dieser Gestalten auf den Wahlplakaten sehe, packt mich eine Abneigung, die ich kaum in Worte fassen kann. Am liebsten würde ich sie alle nicht mehr sehen oder wünsche mir einen großen Reset-Knopf zu drücken.

Meine Bucket-List war nie lang; so ein Nonsens wie Fallschirmspringen oder Bungee-Jumping brauche ich nicht, um glücklich zu sein.

Meine Liste bestand aus Reisen und einem schönen Leben. Ich wollte immer mit 50 aufhören zu arbeiten und irgendwo in Spanien oder Griechenland in der Sonne leben – ein Haus am Meer und ein einfaches Leben.

Mit einigen meiner Geschäftsideen hätte ich es fast geschafft, aber irgendein Mist ist auf der Welt passiert, der mir einen Strich durch die Rechnung gemacht hat.

Wenn deine Träume zerplatzen, bist NICHT DU SCHULD. Ich wage zu behaupten, dass diese teuflische Welt sogar aktiv dafür sorgt, dass DU KEINEN DEINER TRÄUME verwirklichen kannst.

Du sollst billiges Konsum- und Arbeitsvieh bleiben, gefangen und gebunden an deine „Scholle". Am besten...

...hoch verschuldet, für irgendwelchen Kram, den du nicht brauchst,

...mit einem Haus, das du bis zur Rente abbezahlen musst und wahrscheinlich verlierst, wenn solche Pisser wie die Grünen mit einem Heizungsgesetz kommen, das dich in neue Schulden zwingt,

...mit einem auf Pump gekauften Schickimicki-Auto, damit du bei deinen Nachbarn glänzen kannst, die du wahrscheinlich ohnehin scheiße findest,

...mit einem Haustier, das dafür sorgt, dass du dich nicht von deiner „Scholle" wegbewegst und jeder Urlaub damit beginnt, das Tier irgendwo unterzubringen,

...und mit dem neuesten Technik-Quatsch, damit sie dich rund um die Uhr überwachen und alles nachverfolgen können, was du tust – wann, wo und mit wem du redest und all deine Geheimnisse kennen!

Das Lustige daran ist, dass du noch nicht einmal kapiert hast, in was für einer skurrilen, beschissenen und andauernden Versklavung du lebst!

Als Krönung zeigen sie dir im Fernsehen dann immer die „Schönen und Reichen" und erzählen dir, dass du das auch haben kannst.

Was für ein teuflischer, abgrundtief böser Sarkasmus von irgendwelchen narzisstischen Psychopathen inszeniert.

Die Wahrheit ist: Diese „tollen schönen Menschen" sind entweder mit dem „goldenen Löffel" im Mund geboren oder sie wurden künstlich „gepusht", nur um dir zu zeigen, was für ein armseliges Würstchen du bist.

Denen geht bei dem Gedanken sicher einer ab, und sie lachen sich kaputt über uns Lemminge.

Schau dir Typen wie die Eigner Amazon oder Tesla an, die lachen dich ganz offen aus und sagen dir ins Gesicht: „Go and fuck yourself."

Dieses asoziale Dreckspack – nennen wir sie Milliardärs-Schmarotzer – wollen, dass du noch mehr ackerst, um zur vermeintlichen Oberschicht zu gelangen.

Aber sie wollen sicher nicht, dass es dir irgendwie besser geht, und du wirst es aus den genannten Gründen nie schaffen. Du lebst in einer trügerischen Scheinwelt. Genauso wie es der größte Lügner, Blender und Betrüger aller Zeiten will: der Teufel!

Der Witz ist aber, dass du diesen Lebensstil nie erreichen wirst. Dafür sorgen Spekulanten, Politiker und Betrüger.

Sparen lohnt sich auch nicht, weil: die nächste Blase, Börsenkrise oder Währungsreform kommt sicher und nimmt dir dein Erspartes. Oder noch besser: der Staat erhöht mal wieder die Steuern.

Von jedem Euro bleiben dir ohnehin nur 41 Cent, wenn man direkte und indirekte Steuern einrechnet. Du zahlst Steuern auf bereits versteuertes Geld und darauf wiederum Steuern. Das können sich nur völlig verblödete Politiker-Arschlöcher ausdenken.

Wenn du dann noch Kreditzinsen zahlen musst, bleibt dir nichts mehr. Und genau so ist das gewollt, damit du schön in diesem Kack-System gefangen bleibst.

Und für was? Damit du fast kostenlos zum Arzt gehen kannst, und weil alles so schön sauber ist in Shithole-Germany, oder weil alles so schön „sicher" ist?

Was für ein Witz! Guck dich um. Die Kohle, die du zahlst, wird für irgendwelche dahergelaufenen, messerschwingenden Fachkräfte verpulvert und für überteuerten Tüdelkram, aber nicht für das, was wichtig ist – nämlich unsere Renten, Schulen, Sicherheit, Polizei und eine funktionierende Infrastruktur.

Also wirst du auch im Alter nicht die Möglichkeit haben, auszubrechen und das Leben zu führen, das du dir wünschst. Denn: Es ist nichts mehr da, oder das, was da ist, **ist nichts mehr wert**!

Fällt dir etwas auf? Ja genau, ich habe gerade dein Leben beschrieben. Oder?

Wenn dir das klar wird, hast du nur drei Möglichkeiten:

Möglichkeit 1: Du änderst nichts, bleibst im Trott, machst das Beste daraus und genießt die wenigen schönen Augenblicke, bis irgendwann der Deckel zu ist. Du findest dich damit ab, dass du einmal im

Jahr für drei Wochen in den Urlaub darfst, den du dir aber ohnehin bald nicht mehr leisten kannst, ohne einen Kredit aufzunehmen! Du lebst einfach weiter von Wochenende zu Wochenende.

Möglichkeit 2: Du hörst auf zu funktionieren, kündigst deinen Job, kündigst deine Kredite, gehst in die Insolvenz, lebst nur noch von Stütze, bist nach drei Jahren schuldenfrei und lebst wie ein Asket auf einem niedrigen Level, bist aber frei von allen Verpflichtungen.

Möglichkeit 3: Du kehrst diesem Land und seiner schwachsinnigen Politik den Rücken und wanderst in ein Land aus, in dem es sich noch leben lässt. Suchst dir einen Job, der auch in Teilzeit genug abwirft, um gut zu leben. Am besten in ein Land, wo es entschieden weniger Menschen gibt. Ich denke, dass dieses Aufeinanderge-hocke in Deutschland die Leute aggressiv macht. Wenn du wochen-lang keinen Nachbarn sehen würdest, wärst du sicher froh, wenn mal einer vorbeikommt und dich besucht. Ein ganz anderes Mindset.

Oft denke ich an einen Besuch auf der kleinen Insel Pserimos in der Ägäis zurück. Oben auf einer Klippe stand ein schlichtes Haus, gebaut aus hellen Steinen, die die Sonne des Mittelmeers aufgenommen hatten. Von der Terrasse aus konnte man direkt auf die weitläufige Bucht blicken, das tiefe Blau der Ägäis erstreckte sich bis zum Horizont, und die Luft war erfüllt von einer Ruhe, die in meiner hektischen Welt nur schwer zu finden ist. Ich erinnere mich an den sanften Wind, der durch die Olivenbäume strich, und das Gefühl der völligen Abgeschiedenheit von allem, was mich sonst im Leben beschäftigt.

Mein Traum war immer, eines Tages in einem solchen Haus zu leben. Ein Ort, an dem die Zeit langsamer zu vergehen scheint, wo der Alltag mit seinen Anforderungen, seinen ständigen Erwartungen und der Jagd nach Erfolg keinen Platz hat. Dort, so stellte ich mir vor, könnte ich zur Ruhe kommen, die Gedanken ordnen, mich auf das Wesentliche besinnen. Ein Leben ohne den ständigen Druck, etwas zu erreichen oder zu beweisen, wer ich bin. Nur das Meer, der Wind, die Sonne und die einfachen Dinge des Lebens.

Blick von der Terrasse des Hauses auf die Ägäis.

Aber dieser Traum wird wohl immer ein Traum bleiben. Nicht, weil es unmöglich wäre, dieses Haus zu besitzen oder weil Pserimos zu weit weg wäre. Sondern aus genau den Gründen, die ich bereits erwähnt habe:

Die Erwartungen an mich, das Leben, das ich aufgebaut habe, die Verantwortung, die ich trage – all das hält mich gefangen in einer Realität, die mich selten loslässt. Selbst wenn ich das Geld und die Zeit hätte, dieses Leben zu verwirklichen, was würde es mir bringen, wenn die inneren Zweifel und der ständige Drang nach Bestätigung immer noch an mir nagen?

Ich denke oft, dass es nicht nur der Ort ist, der mich anzieht, sondern die Idee, einfach auszubrechen, all das hinter mir zu lassen. Aber selbst wenn ich auf dieser Terrasse sitzen würde, mit dem Blick über die Ägäis, würde ich wohl nicht die Ruhe finden, nach der ich mich so sehr sehne. Denn der wahre Konflikt liegt nicht in der äußeren Welt, sondern in mir selbst. Es ist der ständige Kampf zwischen dem, was ich sein will, und dem, was ich geworden bin. Zwischen den Träumen, die ich hatte, und der Realität, die ich akzeptieren musste.

Und so bleibt dieser Traum ein Traum, weil ich tief in mir weiß, dass der wahre Weg zu dem Frieden, den ich suche, nicht über geografische Flucht führt, sondern über die innere Auseinandersetzung mit mir selbst.

Dennoch halte ich an dieser Vorstellung fest. Vielleicht nicht als Ziel, das ich eines Tages erreiche, sondern als Symbol für den Wunsch, eines Tages tatsächlich loslassen zu können. Nicht nur den Alltag, sondern auch die inneren Kämpfe. Vielleicht werde ich nie in einem Haus auf einer Klippe in der Ägäis leben, aber vielleicht kann ich irgendwann den Frieden finden, den ich mir dort immer erträumt habe – egal, wo ich bin.

Und deshalb sage ich dir: „Scheiß auf die Bucket-List, fick dich, Bucket-List!"

Ich für meinen Teil habe erkannt, was los ist, und mir braucht niemand etwas über verpasste Chancen oder Versagen zu erzählen.

Auch nicht über zerplatzte Träume. Was zerplatzt ist, entscheide ich selbst und nicht andere.

Wenn das Buch an einigen Stellen zu krass oder beleidigend geschrieben ist, möchte ich mich dafür entschuldigen. Es war nie meine Absicht, jemanden zu verletzen oder Anstoß zu erregen. Mein Ziel war es, meine damaligen Erfahrungen so authentisch wie möglich zu schildern – roh, ehrlich und ungefiltert, so wie ich sie in jenem Moment empfunden habe. Dazu gehört auch ein etwas derber Slang, den manche als „Berliner Proleten-Großschnauze" bezeichnen würden. Diese Ausdrucksweise ist ein Teil meiner Herkunft, sie ist direkt, unverblümt und manchmal auch hart.

Ich habe mich entschieden, diesen Ton beizubehalten, weil ich glaube, dass er am besten transportiert, was ich durchgemacht habe. Die Gefühle, die Wut, die Verletzung – all das lässt sich nicht immer in sanfte Worte kleiden. Es wäre nicht echt. In einem Leben, das oft voller Komplexität und Kontraste ist, spiegelte sich diese direkte Sprache wider, und sie half mir, meine Emotionen zu ordnen und zu verarbeiten.

Wenn also manche Passagen zu unverblümt oder provokant erscheinen, bitte ich um Verständnis. Manchmal ist das Leben nicht nur schwarz und weiß, sondern laut, unbändig und ungeschönt. Es ist mir wichtig, die Wahrheit meiner eigenen Geschichte zu erzählen, so wie ich sie erlebt habe – nicht, um zu schockieren, sondern um ehrlich zu sein. Und manchmal gehört dazu auch ein bisschen mehr Kanten und Ecken.

Mit Schrammen durch eine schwierige Zeit

Wenn ihr dieses Buch bis hierhin gelesen habt, möchte ich euch erst einmal danken. Ich weiß, an einigen Stellen ist es sehr pessimistisch und sarkastisch rübergekommen. Ihr habt euch sicher oft gesagt: "Was ist das für ein Vollidiot?"

Ich denke, ihr dürft das zu Recht denken. Denn mein Leben war an einigen Stellen alles andere als normal oder durchschnittlich. Aber genau das macht das Leben aus. Nicht vielen Menschen ist es vergönnt, solch einen Weg zu gehen. Ich habe viel erlebt, viele Fehler gemacht, aber am Ende sicher auch einige gute Entscheidungen für mich getroffen.

Der erste Schritt in eine bessere Zukunft war, zu erkennen, wer man ist und warum vieles so läuft, wie es läuft. Nur dann ist es möglich, dass man(n) sich ändern kann.

Reflexion und Erkenntnis

„Das Leben wird vorwärts gelebt und rückwärts verstanden." – Søren Kierkegaard

Dieses Zitat des dänischen Philosophen Søren Kierkegaard beschreibt treffend, wie man oft erst im Nachhinein die Bedeutung von Ereignissen und Entscheidungen im Leben begreift. Rückblickend auf meine eigenen Erfahrungen erkenne ich nun klarer, warum ich gewisse Wege eingeschlagen und bestimmte Fehler gemacht habe. Diese Reflexion war essenziell, um mich weiterzuentwickeln und zu wachsen.

Die Bedeutung der Fehler

„Der größte Ruhm im Leben liegt nicht darin, niemals zu fallen, sondern jedes Mal wieder aufzustehen." – Nelson Mandela

Fehler und Rückschläge sind unvermeidliche Teile des Lebens. Sie bieten uns jedoch auch die größten Lernmöglichkeiten. Nelson Mandela betonte die Wichtigkeit des Wiederaufstehens nach einem Fall. In meinem Leben gab es zahlreiche Momente des Scheiterns, aber jedes Mal wieder aufzustehen und weiterzumachen, hat mich letztendlich stärker gemacht.

Selbstverwirklichung und Erkenntnis

„Das Einzige, was wir zu fürchten haben, ist die Furcht selbst." – Franklin D. Roosevelt

Angst kann uns oft davon abhalten, unser volles Potenzial zu entfalten und mutige Entscheidungen zu treffen. Franklin D. Roosevelt erinnerte uns daran, dass Furcht oft der größte Feind ist. Die Überwindung meiner eigenen Ängste war ein entscheidender Schritt auf meinem Weg zur Selbstverwirklichung. Erst als ich lernte, meine Ängste zu konfrontieren und ihnen ins Auge zu sehen, konnte ich wirklich frei und authentisch leben.

Die Suche nach dem Sinn

„Wer ein Warum zum Leben hat, erträgt fast jedes Wie." – Friedrich Nietzsche

Friedrich Nietzsches berühmtes Zitat unterstreicht die Bedeutung eines tiefen, inneren Sinns oder Ziels im Leben. Mein eigener Weg war oft von Sinnsuche geprägt. Zu verstehen, warum ich lebe und was meine Bestimmung ist, hat mir geholfen, selbst die schwierigsten Herausforderungen zu meistern. Es ist dieser Sinn, der uns antreibt und uns die Kraft gibt, durchzuhalten.

Resilienz und Ausdauer

„Es ist nicht der Berg, den wir bezwingen, sondern uns selbst." – Sir Edmund Hillary

Resilienz und Ausdauer sind Schlüsselkomponenten, um schwierige Zeiten zu überstehen. Der Bergsteiger Sir Edmund Hillary, der als Erster den Mount Everest bestieg, wusste, dass die größte Herausforderung oft darin besteht, die eigenen Grenzen zu überwinden. In meinem Leben habe ich immer wieder gelernt, dass es nicht die äußeren Umstände sind, die uns definieren, sondern unsere Fähigkeit, trotz aller Widrigkeiten weiterzumachen.

Akzeptanz und Veränderung

„Die einzige Konstante im Leben ist die Veränderung." – Heraklit

Veränderung ist unvermeidlich und konstant. Der griechische Philosoph Heraklit erkannte dies schon vor Tausenden von Jahren. Mein Leben war von vielen Veränderungen geprägt, und oft habe ich versucht, gegen diese anzukämpfen. Doch je mehr ich lernte, Veränderungen zu akzeptieren und sogar zu begrüßen, desto mehr konnte ich mich weiterentwickeln und wachsen.

Die Kraft der Selbstliebe

„Du selbst, so wie jeder andere im gesamten Universum, verdienst deine Liebe und Zuneigung." – Buddha

Selbstliebe ist der Schlüssel zu einem erfüllten Leben. Oft sind wir unser eigener schärfster Kritiker. Buddha lehrt uns, dass Selbstliebe und Selbstakzeptanz essenziell sind. In meinem Leben habe ich gelernt, mich selbst zu lieben, mit all meinen Fehlern und Unvollkommenheiten. Diese Selbstakzeptanz hat mir geholfen, Frieden mit meiner Vergangenheit zu schließen und positiv in die Zukunft zu blicken.

Gemeinschaft und Unterstützung

„Niemand ist eine Insel." – John Donne

Der englische Dichter John Donne erinnert uns daran, dass wir alle miteinander verbunden sind und Unterstützung brauchen. In den schwierigsten Zeiten meines Lebens habe ich gelernt, wie wichtig es ist, eine starke Gemeinschaft und unterstützende Beziehungen zu haben. Freunde, Familie und Mentoren waren meine Felsen in der Brandung, die mir geholfen haben, durchzuhalten und weiterzumachen.

Die Reise geht weiter

„Es ist nie zu spät, das zu werden, was man hätte sein können." – George Eliot

Dieser Gedanke von George Eliot ist ein ermutigendes Mantra für alle, die das Gefühl haben, zu spät gekommen zu sein. Es ist nie zu spät, sich zu verändern, neue Ziele zu setzen und das Leben zu leben, das man sich immer gewünscht hat. Mein eigener Weg ist ein Beweis dafür, dass Veränderung und Wachstum jederzeit möglich sind, unabhängig von der Vergangenheit.

Letztendlich habe ich nun ein wundervolles Leben. Zwar habe ich meine Träume nicht erfüllen können, aber ich habe eine Familie, die mich liebt, eine Arbeit, die mir Spaß macht, Kollegen, die mich mögen, Freunde, die gern Zeit mit mir verbringen, und ganz wichtig: eine Frau, für die ich der Mittelpunkt bin. Ich kann mich wieder leiden und bin zufrieden mit meinem Leben.

Die Wechseljahre sind und waren bisher eine Tortur, seelisch und körperlich. Ich hoffe, ich konnte euch ein wenig helfen.

Mein Kumpel Tino – ein paar Worte von ihm

Mein Leben in den Wechseljahren

Ich hätte nie gedacht, dass ich jemals über so etwas wie Wechseljahre sprechen würde. Wenn ich ehrlich bin, wusste ich nicht einmal, dass Männer überhaupt Wechseljahre haben können. Aber jetzt, im Alter von 55 Jahren, stehe ich mittendrin und möchte meine Geschichte teilen.

Alles begann vor ein paar Jahren, als ich merkte, dass ich ständig müde war. Früher war ich voller Energie und konnte problemlos lange Arbeitstage und anstrengende Workouts bewältigen. Doch plötzlich fühlte ich mich erschöpft, selbst nach einer vollen Nacht Schlaf. Zunächst schob ich es auf den Stress bei der Arbeit und mein zunehmendes Alter, aber als die Müdigkeit nicht nachließ, begann ich, mir Sorgen zu machen.

Hinzu kamen ständige Stimmungsschwankungen. Ich war gereizt und konnte mich über die kleinsten Dinge aufregen. Das war ganz und gar nicht typisch für mich, und meine Frau und Kinder bemerkten es natürlich auch. Wir stritten häufiger, und ich fühlte mich oft missverstanden und isoliert. Diese emotionale Labilität war beängstigend, und ich fragte mich, was mit mir los war.

Mein Sexualleben litt ebenfalls. Mein Interesse an Sex nahm deutlich ab, und wenn es dann doch einmal so weit war, hatte ich

Schwierigkeiten, eine Erektion zu bekommen. Das war frustrierend und peinlich. Ich fühlte mich weniger männlich und begann, mich für meine Probleme zu schämen.

Nachdem ich einige Zeit mit diesen Symptomen gelebt hatte, beschloss ich, einen Arzt aufzusuchen. Mein Urologe, Dr. Heitkamp, hörte sich geduldig meine Beschwerden an und schlug vor, meinen Testosteronspiegel zu überprüfen. Das Ergebnis bestätigte, was ich bereits befürchtet hatte: Mein Testosteronspiegel war deutlich gesunken.

Dr. Heitkamp erklärte mir, dass ich mich in den männlichen Wechseljahren befinde, auch Andropause genannt. Er erläuterte, dass dies ein natürlicher Prozess sei, bei dem die Testosteronproduktion abnimmt, ähnlich wie bei Frauen in den Wechseljahren. Diese Erkenntnis war für mich ein Schock, aber gleichzeitig eine Erleichterung, weil ich nun wusste, dass meine Symptome eine Ursache hatten.

Wir besprachen verschiedene Behandlungsmöglichkeiten, und ich entschied mich für eine Testosteronersatztherapie. Diese Therapie half, meine Energie und mein allgemeines Wohlbefinden zu verbessern. Auch meine Stimmung stabilisierte sich, und ich fühlte mich wieder mehr wie ich selbst. Mein Sexualleben normalisierte sich ebenfalls, was auch meiner Beziehung zu meiner Frau zugutekam.

Neben der medizinischen Behandlung begann ich, meinen Lebensstil anzupassen. Ich achtete mehr auf meine Ernährung, reduzierte Stress und legte besonderen Wert auf regelmäßige Bewegung. Diese Veränderungen machten einen großen Unterschied. Ich fühlte mich fitter und gesünder und konnte besser mit den Herausforderungen des Alltags umgehen.

Ein weiterer wichtiger Aspekt war die soziale Unterstützung. Ich begann, offen mit meiner Familie und engen Freunden über meine Situation zu sprechen. Es war befreiend zu erkennen, dass ich nicht allein war und dass es anderen Männern ähnlich ging. Diese Gespräche halfen mir, mich weniger isoliert zu fühlen und stärkten mein Selbstvertrauen.

Rückblickend bin ich dankbar, dass ich den Mut hatte, Hilfe zu suchen und offen über meine Probleme zu sprechen. Die männlichen Wechseljahre sind ein Thema, über das noch viel zu wenig gesprochen wird, aber sie sind real und betreffen viele von uns. Es ist wichtig, dass wir Männer uns gegenseitig unterstützen und offen über unsere Erfahrungen sprechen.

Heute fühle ich mich wieder ausgeglichener und kann das Leben genießen, trotz der Herausforderungen, die die Wechseljahre mit sich gebracht haben. Wenn meine Geschichte auch nur einem Mann hilft, den Mut zu finden, sich Unterstützung zu holen und offen über seine Erfahrungen zu sprechen, dann hat sich das Teilen meiner Erlebnisse gelohnt.

Ich und Fremdgehen – nee, fällt aus

Eines Abends, als ich mich wieder einmal von der Müdigkeit und den Stimmungsschwankungen geplagt fühlte, entschied ich mich, alleine auszugehen. Ich wusste, dass meine Freunde Alex und Tom oft in Striptease-Bars gingen, und obwohl ich das bisher nie für mich in Betracht gezogen hatte, reizte mich die Idee, etwas Neues auszuprobieren.

Ich bin nie fremdgegangen, im Gegensatz zu Alex, der regelmäßig seine Frau betrog. Doch das Verlangen nach anderen Frauen war immer da, auch wenn ich meine Frau nie betrügen wollte. Deshalb entschied ich mich, in eine Striptease-Bar zu gehen – es schien mir ein sicherer Weg, meine Fantasien auszuleben, ohne wirklich untreu zu werden.

An diesem Abend ging ich in eine der angesagtesten Striptease-Bars der Stadt. Das schummrige Licht und die laute Musik halfen mir, meine Sorgen für einen Moment zu vergessen. Ich setzte mich an die Bar, bestellte einen Whisky und ließ meinen Blick durch den Raum schweifen. Auf der Bühne tanzte eine attraktive Frau, deren Bewegungen die Aufmerksamkeit aller im Raum fesselten.

Während ich dort saß und meinen Drink genoss, kam eine der Tänzerinnen auf mich zu. Sie war atemberaubend schön, mit langen, dunklen Haaren und einem verführerischen Lächeln. „Möchtest du einen privaten Tanz?" fragte sie mit einer Stimme, die mir einen Schauer über den Rücken jagte.

Zögernd nickte ich und folgte ihr in einen abgetrennten Bereich. Der Raum war kleiner und intimer, mit weichen Sofas und gedämpftem Licht. Sie begann zu tanzen, und für einen Moment vergaß ich all meine Probleme und den Stress, der mich seit Monaten verfolgte. Ihre Bewegungen waren hypnotisierend, und ich konnte nicht anders, als mich in dem Moment zu verlieren.

Doch während des Tanzes schossen mir Gedanken durch den Kopf. Ich dachte an meine Frau zu Hause, an die Jahre, die wir zusammen verbracht hatten, und an die Schwierigkeiten, die wir gemeinsam überwunden hatten. Obwohl ich den Tanz genoss, fühlte ich mich gleichzeitig schuldig. Ich wusste, dass dies nicht der Weg war, um meine inneren Konflikte zu lösen.

Nach dem Tanz bedankte ich mich bei der Tänzerin und verließ die Bar. Als ich in die kühle Nacht hinaustrat, fühlte ich eine Mischung aus Erleichterung und Reue. Ich war froh, dass ich meiner Frau nicht wirklich untreu geworden war, aber ich erkannte auch, dass diese Erlebnisse nur ein temporäres Ventil für meine Probleme waren.

Ich beschloss, dass ich mehr tun musste, um die Ursachen meiner inneren Unruhe zu verstehen und anzugehen. Es war klar, dass ich mit jemandem über meine Gefühle und meine Ängste sprechen musste – vielleicht mit einem Therapeuten oder einem engen Freund. Diese Erfahrung in der Striptease-Bar war ein Weckruf, dass ich mich meinen Problemen stellen musste, anstatt sie zu verdrängen.

Von diesem Tag an begann ich, mich intensiver mit meinen Gefühlen auseinanderzusetzen und nach langfristigen Lösungen zu suchen. Ich redete mehr mit meiner Frau und suchte professionelle Hilfe. Diese Entscheidungen halfen mir, meine Balance wiederzufinden und meine Ehe zu stärken.

Die Erinnerung an diesen Abend bleibt in meinem Gedächtnis eingebrannt, nicht als Moment des Vergnügens, sondern als Wendepunkt in meinem Leben. Es war der Moment, in dem ich erkannte, dass ich Verantwortung übernehmen und proaktiv an meinem Wohl-befinden arbeiten musste, anstatt vor meinen Problemen davonzu-laufen.

Alex der Hallodry -Romance vor Bromance

Eines Abends entschied ich, meine Frau zu einem schönen Abend-essen auszuführen. Wir hatten in letzter Zeit viele Herausforderun-gen zu bewältigen, und ich dachte, dass ein romantischer Abend uns gut tun würde. Wir wählten ein schickes Restaurant in der In-nenstadt, das für seine gemütliche Atmosphäre und exzellente Kü-che bekannt war.

Wir hatten gerade unser Hauptgericht bestellt, als ich im Augenwin-kel eine vertraute Gestalt erkannte. Es war Alex, mein bester Freund, der gerade das Restaurant betrat. Doch er war nicht mit seiner Frau da – an seiner Seite war eine auffällig attraktive Frau, die definitiv nicht seine Ehefrau war. Sie lachten und hielten Händ-chen, offensichtlich in einer intimen Stimmung.

Mein Herz setzte einen Schlag aus. Ich wusste, dass Alex Affären hatte, aber ich hatte es bisher immer geschafft, mich aus seinen Es-kapaden herauszuhalten. Seine Frau war eine liebe Freundin mei-ner Frau, und die Spannung zwischen Loyalität zu meinem Freund und Ehrlichkeit gegenüber meiner Frau war ständig präsent.

„Ist das nicht Alex?" fragte meine Frau plötzlich und drehte sich halb um, um einen besseren Blick zu bekommen. Schnell griff ich nach ihrer Hand und zog sie sanft zurück. „Lass uns nicht neugierig sein", sagte ich, in der Hoffnung, ihre Aufmerksamkeit abzulenken. Doch ihr misstrauischer Blick zeigte, dass sie bereits Verdacht geschöpft hatte.

„Warum verhältst du dich so seltsam?" fragte sie und sah mich durchdringend an. Ich konnte fühlen, wie mein Gesicht heiß wurde. „Ich will einfach nur, dass wir unseren Abend genießen", antwortete ich und bemühte mich, ruhig zu bleiben. Doch innerlich tobte ein Sturm.

Während des restlichen Abends versuchte ich, meine Frau abzulenken und sie von Alex fernzuhalten. Wir wechselten mehrmals die Sitzposition, und ich achtete darauf, dass sie ihn nicht wieder sah. Jedes Mal, wenn sie fragte, warum ich so nervös war, erfand ich eine neue Ausrede. Ich fühlte mich elend dabei, sie anzulügen, aber ich wollte nicht, dass sie in Alexs Chaos hineingezogen wurde.

Nach dem Dessert schlug ich vor, dass wir uns den Nachtisch zu Hause gönnen und einen gemütlichen Filmabend machen. Meine Frau stimmte zu, aber ich konnte sehen, dass sie nicht überzeugt war. Wir verließen das Restaurant, und ich war erleichtert, als wir endlich im Auto saßen und auf dem Weg nach Hause waren.

Zu Hause fragte meine Frau noch einmal: „Sag mir die Wahrheit, hast du gewusst, dass Alex eine Affäre hat?" Ich zögerte, aber schließlich nickte ich. „Ja, ich wusste es. Aber ich wollte nicht, dass du es erfährst, weil ich dachte, es würde dich belasten."

„Natürlich belastet es mich", sagte sie. „Nicht nur, weil er unsere Freundin betrügt, sondern auch, weil du es wusstest und mir nichts gesagt hast."

Diese Worte trafen mich tief. Ich hatte geglaubt, meine Frau zu schützen, aber in Wirklichkeit hatte ich ihr Vertrauen verletzt. Ich entschuldigte mich und versprach, in Zukunft ehrlicher zu sein.

Dieser Abend war ein Wendepunkt für mich. Ich erkannte, dass Loyalität gegenüber einem Freund nicht bedeutete, seine schlechten Entscheidungen zu unterstützen oder zu vertuschen. Von da an entschied ich, meine Werte und Integrität an erster Stelle zu setzen, auch wenn es bedeutete, schwierige Gespräche zu führen und ehrliche Wahrheiten auszusprechen.

Alex und ich haben seitdem über seine Affären gesprochen, und ich habe ihm klargemacht, dass ich sein Verhalten nicht unterstützen kann. Er musste seine eigenen Entscheidungen treffen, aber ich wusste, dass ich nicht länger „dichthalten" würde, wenn es auf Kosten der Ehrlichkeit und des Vertrauens in meinen eigenen Beziehungen ging.

Einsamkeit im Alter – Wie Männer den sozialen Rückzug verhindern können

Einsamkeit im Alter ist ein Thema, das viele Männer betrifft, doch nur wenige sprechen offen darüber. Während Frauen oft enge soziale Netzwerke pflegen, die ihnen helfen, mit dem Älterwerden umzugehen, sind viele Männer nicht daran gewöhnt, ihre Gefühle und Bedürfnisse in sozialen Kreisen zu teilen. Das Resultat ist oft ein schleichender sozialer Rückzug, der im Alter noch verstärkt wird – sei es durch den Ruhestand, das Erwachsenwerden der Kinder oder den Verlust des Partners oder enger Freunde. Doch Einsamkeit ist nicht unvermeidlich. Mit der richtigen Einstellung und etwas Mut zur Veränderung lässt sich der soziale Rückzug im Alter verhindern.

Warum Männer im Alter einsam werden

Es gibt viele Gründe, warum Männer mit zunehmendem Alter dazu neigen, sich sozial zurückzuziehen. Einer der Hauptgründe ist die Rolle, die viele Männer im Laufe ihres Lebens einnehmen. Männer definieren sich oft stark über ihre berufliche Tätigkeit, ihren Status und ihre Fähigkeit, für ihre Familie zu sorgen. Wenn diese Rollen im Alter wegfallen – sei es durch den Ruhestand oder durch das Ende der elterlichen Pflichten –, fühlen sich viele Männer nutzlos oder verlieren ihren Lebensinhalt. Sie haben sich oft so sehr auf ihre Arbeit und Familie konzentriert, dass Freundschaften oder soziale Netzwerke im Laufe der Jahre vernachlässigt wurden.

Hinzu kommt, dass viele Männer es gewohnt sind, Probleme alleine zu lösen. Das Streben nach Unabhängigkeit und Selbstbestimmung ist tief in das traditionelle Männerbild verankert. Gefühle werden nicht gerne mit anderen geteilt, und Hilfe anzunehmen gilt für viele

Männer als Zeichen von Schwäche. Diese Haltung führt jedoch dazu, dass Männer ihre sozialen Verbindungen eher zurückfahren, anstatt sich um neue Freundschaften oder tiefere soziale Kontakte zu bemühen. Die Folge ist ein schleichender Rückzug, der in der Isolation enden kann.

Auch der Verlust enger Bezugspersonen, sei es durch den Tod des Partners oder das Auseinanderdriften von Freundschaften im Laufe der Zeit, verstärkt das Gefühl der Einsamkeit. Viele Männer haben im Alter Schwierigkeiten, neue Freundschaften zu schließen oder sich auf neue soziale Aktivitäten einzulassen, da dies ein gewisses Maß an Verletzlichkeit und Offenheit erfordert – Eigenschaften, die sie im Laufe ihres Lebens oft unterdrückt haben.

Die Folgen von Einsamkeit

Einsamkeit im Alter ist nicht nur eine emotionale Herausforderung, sondern hat auch handfeste gesundheitliche Konsequenzen. Studien zeigen, dass chronische Einsamkeit das Risiko für Herz-Kreislauf-Erkrankungen, Depressionen und Demenz erhöht. Es ist ein Teufelskreis: Einsamkeit führt zu emotionalem Stress, der wiederum körperliche und geistige Gesundheit beeinträchtigt. Auch die Lebenserwartung kann durch soziale Isolation verkürzt werden. Doch obwohl die Folgen der Einsamkeit bekannt sind, fällt es vielen Männern schwer, diesen Kreislauf zu durchbrechen.

Einsamkeit wirkt sich nicht nur auf die Gesundheit aus, sondern auch auf das Selbstbild. Männer, die sich im Alter sozial isoliert fühlen, zweifeln oft an ihrem Wert und ihrer Bedeutung in der Gesellschaft. Sie fühlen sich überflüssig oder nicht mehr gebraucht. Dieser innere Rückzug verstärkt das Gefühl, nichts mehr beitragen zu können, und verhindert, dass Männer sich aktiv um neue soziale Verbindungen bemühen.

Wege aus der Einsamkeit: Soziale Rückzüge verhindern

Einsamkeit muss jedoch nicht das unausweichliche Schicksal des Alters sein. Es gibt viele Wege, wie Männer aktiv gegen den sozialen Rückzug ankämpfen und ihr Leben im Alter erfüllend und sozial gestalten können. Der erste und vielleicht wichtigste Schritt ist, sich bewusst zu machen, dass Einsamkeit kein Zeichen von persönlichem Versagen ist. Sie ist ein Zustand, der viele betrifft – aber er kann verändert werden.

Offenheit für neue Freundschaften Viele Männer glauben, dass Freundschaften nur in der Jugend entstehen und dass es im Alter schwierig ist, neue Kontakte zu knüpfen. Doch das Gegenteil ist der Fall: Es gibt zahlreiche Möglichkeiten, auch im späteren Leben neue Freundschaften zu schließen. Ob durch Sportgruppen, Vereine oder Hobbys – soziale Netzwerke können auch im Alter gepflegt und aufgebaut werden. Ein offener und positiver Blick auf neue Begegnungen ist der Schlüssel dazu, alte Barrieren zu durchbrechen.

Aktive Teilnahme an Gruppen und Vereinen Männer, die sich aktiv in Vereinen oder Gruppen engagieren, bleiben länger sozial eingebunden. Ob es ein Sportverein, ein Buchclub oder eine Wandergruppe ist – gemeinsame Interessen verbinden und fördern das Gemeinschaftsgefühl. Der Vorteil solcher Gruppen liegt darin, dass sie regelmäßige Treffen ermöglichen und so den sozialen Kontakt aufrechterhalten. Auch das Engagement in ehrenamtlichen Tätigkeiten oder gemeinnützigen Projekten kann eine großartige Möglichkeit sein, aktiv zu bleiben und neue Menschen kennenzulernen.

Neue Hobbys entdecken Das Alter bietet die Chance, Dinge zu tun, für die man während des Berufslebens vielleicht keine Zeit hatte. Das Entdecken neuer Hobbys, sei es Malen, Musizieren oder Handwerk, eröffnet nicht nur kreative Freiräume, sondern auch neue soziale Netzwerke. Durch das Teilen von Interessen und das gemeinsame Lernen entsteht oft eine starke Verbundenheit zu anderen Menschen, die ähnliche Leidenschaften teilen.

Die Bedeutung von Nachbarschaft und Gemeinschaft Viele Männer unterschätzen die Bedeutung ihrer direkten Umgebung. Die Nachbarschaft kann eine wichtige soziale Ressource sein. Regelmäßige Gespräche mit Nachbarn oder die Teilnahme an gemeinschaftlichen Aktivitäten in der Umgebung fördern soziale Kontakte. In vielen Städten und Gemeinden gibt es Initiativen und Angebote, die darauf abzielen, ältere Menschen besser zu vernetzen. Es lohnt sich, diese Möglichkeiten zu nutzen und aktiv Teil der Gemeinschaft zu sein.

Technologie nutzen, um Verbindungen aufrechtzuerhalten Auch wenn die Nutzung von Technologie für viele Männer im Alter eine Herausforderung darstellt, kann sie eine großartige Möglichkeit sein, um mit Familie und Freunden in Kontakt zu bleiben. Videotelefonie, soziale Netzwerke und Online-Gruppen bieten Wege, auch über große Entfernungen hinweg soziale Beziehungen zu pflegen. Wer sich die Zeit nimmt, diese Technologien zu erlernen, kann seine sozialen Netzwerke erweitern und aufrechterhalten.

Offen über Gefühle sprechen Der vielleicht schwierigste, aber wichtigste Schritt, um Einsamkeit zu verhindern, ist die Bereitschaft, über Gefühle zu sprechen. Viele Männer empfinden es als Schwäche, Einsamkeit oder Traurigkeit zuzugeben. Doch gerade im Alter ist es wichtig, sich emotional zu öffnen. Ein Gespräch mit einem Freund, einem Familienmitglied oder sogar einem professionellen Berater kann helfen, die innere Isolation zu durchbrechen. Es ist keine Schande, Hilfe anzunehmen oder über die eigenen Bedürfnisse zu sprechen.

Den Kontakt zur Familie pflegen Oft ist die Familie die wichtigste soziale Ressource, besonders im Alter. Doch der Kontakt zu Kindern und Enkeln erfordert manchmal Initiative und den Willen, aktiv an ihrem Leben teilzunehmen. Gemeinsame Aktivitäten, regelmäßige Besuche oder einfach nur ein Anruf können helfen, die Bindungen zur Familie zu stärken. Auch wenn die Kinder inzwischen erwachsen und beschäftigt sind, bleibt die Familie ein wichtiger Anker gegen Einsamkeit.

Drugs & Rock 'n' Roll – Never ever

Ich habe in meinem Leben noch nie harte Drogen angefasst. Dazu zählen für mich Koks, Marihuana und anderes Teufelszeug. Das war für mich immer ein Tabu, da ich es hasse, die Kontrolle zu verlieren. Sicher braucht man auch eine gewisse Veranlagung, um das Zeug anzurühren und toll zu finden. Ich brauchte sowas nie, auch keine

Zigaretten. Das Einzige ist vielleicht eine gute kubanische Zigarre zu Weihnachten oder im Urlaub.

Was ich allerdings immer gern mochte, war ein guter Whisky oder Rum. Allerdings auch nur bis zu einem gewissen Punkt. Ich war in meinem ganzen Leben noch nie so betrunken, dass ich nicht mehr nach Hause gefunden habe.

Meist geht es über angeschwipst sein nicht hinaus. In der Zeit, in der der Druck am größten war, habe ich allerdings fast keinen Tag ausgelassen, an dem ich mir am Abend keinen Whisky reingezogen habe. Oder einen halben Liter Bier. Meine Frau fragte mich öfter, ob ich mich langsam zu einem Alki entwickeln will. Mir selbst ist das gar nicht so bewusst aufgefallen, aber es war zum Schluss fast jeder Abend im Halbrausch. Ich brauchte das einfach, um runterzukommen und meinen Geist zu beruhigen.

Wenn ich einigermaßen einen in der Rübe hatte, konnte ich definitiv besser einschlafen. Das ist bestimmt das Gefährliche am Alkohol. Letztendlich benötigt der Körper immer größere Mengen, damit der Effekt eintritt.

So ist der Schritt zum Alkoholismus sicher nicht weit. Oft war es so, wenn mich meine Frau fragte, ob wir ein Glas Wein trinken wollen, trank sie ein Glas und ich den Rest der Flasche. Klar, dass sie irgendwann keine Lust mehr hatte, mit mir ein gepflegtes Glas Wein zu trinken, weil es bei mir immer in einer Sauforgie endete.

Ich erkannte das erst nach circa einem Jahr und habe dann den Alkohol verbannt, um runterzukommen. Stattdessen habe ich angefangen, mir Kopfhörer aufzusetzen und Hörbücher anzuhören. Das ist so, als wenn dir deine Eltern vor dem Schlafengehen ein Märchen vorgelesen haben. Ich schlief dann meist beim Anhören ein und war in kürzester Zeit völlig entspannt.

Die Folgen des Alkoholkonsums

Alkohol hat eine tiefgreifende Wirkung auf den menschlichen Körper und Geist. Was als gelegentlicher Genuss beginnt, kann sich schnell zu einer zerstörerischen Gewohnheit entwickeln, die sowohl die körperliche Gesundheit als auch das psychische Wohlbefinden beeinträchtigt.

Körperliche Auswirkungen:

Leber: Die Leber ist das Hauptorgan, das Alkohol abbaut. Bei regelmäßigem Konsum muss die Leber härter arbeiten, um den Alkohol zu verstoffwechseln, was zu Leberentzündungen und langfristig zu Leberzirrhose oder Leberkrebs führen kann. Die Leberzellen werden geschädigt, und es kann zu einer Vernarbung des Lebergewebes kommen, was die Funktion des Organs erheblich beeinträchtigt.

Herz: Alkoholkonsum kann das Herz schädigen. Langfristig kann er zu Bluthochdruck, Herzrhythmusstörungen und einer vergrößerten Herzkammer führen. Chronischer Alkoholmissbrauch erhöht das Risiko von Herzinfarkten und Schlaganfällen.

Magen-Darm-Trakt: Alkohol reizt die Magenschleimhaut und kann zu Gastritis und Magengeschwüren führen. Er beeinträchtigt auch die Nährstoffaufnahme im Darm, was zu Mangelerscheinungen und Gewichtsverlust führen kann.

Bauchspeicheldrüse: Alkohol kann die Bauchspeicheldrüse entzünden, was zu Pankreatitis führen kann. Diese Entzündung kann akut oder chronisch sein und schwerwiegende Folgen für die Verdauung und den Blutzuckerspiegel haben.

Immunsystem: Regelmäßiger Alkoholkonsum schwächt das Immunsystem, was die Anfälligkeit für Infektionen erhöht. Der Körper ist weniger in der Lage, Bakterien und Viren zu bekämpfen, was zu häufigeren und schwereren Krankheitsverläufen führen kann.

Psychische Auswirkungen:

Gehirn: Alkohol wirkt als Depressivum auf das zentrale Nervensystem. Kurzfristig führt er zu verminderter Hemmung und einem Gefühl der Entspannung. Langfristig kann er jedoch das Gehirn schädigen, was zu Gedächtnisverlust, Konzentrationsproblemen und dauerhaften kognitiven Beeinträchtigungen führt.

Stimmung und Verhalten: Alkohol verändert die Neurotransmitter im Gehirn, was zu Stimmungsschwankungen, Angstzuständen und Depressionen führen kann. Diese Veränderungen können auch aggressives Verhalten und eine erhöhte Neigung zu riskanten Handlungen begünstigen.

Suchtverhalten: Alkohol kann schnell süchtig machen. Der Körper entwickelt eine Toleranz, was bedeutet, dass man immer mehr trinken muss, um die gleiche Wirkung zu erzielen. Dies kann in einen Teufelskreis aus Abhängigkeit und Entzugserscheinungen führen, wenn der Alkoholkonsum reduziert oder eingestellt wird.

Langfristige Folgen:

Die langfristigen Folgen des Alkoholmissbrauchs sind gravierend und oft irreversibel. Chronische Krankheiten, geistiger Verfall und soziale Isolation sind nur einige der möglichen Auswirkungen. Die körperlichen Schäden können zu einem frühen Tod führen, während die psychischen und sozialen Folgen die Lebensqualität erheblich mindern.

Alkohol bietet eine trügerische Zuflucht, die letztendlich mehr Schaden anrichtet als Nutzen bringt. Die Kontrolle zu verlieren, bedeutet nicht nur, sich selbst zu schaden, sondern auch das Leben der Menschen um einen herum negativ zu beeinflussen. Es ist ein langer, harter Weg, um die Abhängigkeit zu überwinden und die Gesundheit wiederherzustellen, aber es ist ein notwendiger Schritt, um ein erfülltes und gesundes Leben zu führen.

Gesunde Alternativen zu Alkohol

Der Griff zur Flasche mag wie eine einfache Lösung erscheinen, um den Stress des Alltags zu bewältigen und sich zu entspannen. Doch wie wir gesehen haben, bringt Alkohol langfristig mehr Schaden als Nutzen. Es gibt jedoch viele gesunde Alternativen, die helfen können, Stress abzubauen und die Entspannung zu fördern, ohne die negativen Folgen des Alkoholmissbrauchs.

1. Sport und Bewegung:

Regelmäßige körperliche Aktivität ist eine der effektivsten Methoden, um Stress abzubauen und das allgemeine Wohlbefinden zu verbessern. Sport setzt Endorphine frei, die sogenannten Glückshormone, die das Gefühl der Entspannung und Zufriedenheit fördern. Ob Laufen, Schwimmen, Radfahren oder Yoga – es gibt unzählige Möglichkeiten, den Körper in Bewegung zu bringen und dabei den Geist zu beruhigen.

2. Meditation und Achtsamkeit:

Meditation und Achtsamkeitsübungen sind hervorragende Techniken, um den Geist zu beruhigen und im Moment zu leben. Durch die Konzentration auf den Atem und das bewusste Wahrnehmen der eigenen Gedanken und Gefühle kann man lernen, Stress abzubauen und inneren Frieden zu finden. Es gibt zahlreiche Apps und Online-Kurse, die dabei helfen, Meditation in den Alltag zu integrieren.

3. Lesen und Hörbücher:

Sich in ein gutes Buch zu vertiefen oder einem spannenden Hörbuch zu lauschen, kann eine wunderbare Möglichkeit sein, dem Alltag zu entfliehen und sich zu entspannen. Bücher bieten eine Flucht in andere Welten und können helfen, die Gedanken von den eigenen Sorgen abzulenken. Hörbücher haben den zusätzlichen Vorteil, dass man sie überall hören kann, sei es beim Spazierengehen, beim Kochen oder vor dem Einschlafen.

4. Kreative Aktivitäten:

Kreative Tätigkeiten wie Malen, Zeichnen, Schreiben oder Musizieren können ebenfalls zur Entspannung beitragen. Sie bieten die Möglichkeit, sich auszudrücken und gleichzeitig den Geist zu beruhigen. Kreativität fördert das Gefühl der Erfüllung und hilft, den Alltagsstress zu vergessen.

5. Soziale Interaktionen:

Zeit mit Freunden und Familie zu verbringen, kann eine wertvolle Quelle der Entspannung und des Wohlbefindens sein. Soziale Unterstützung ist wichtig, um Stress abzubauen und sich geliebt und geschätzt zu fühlen. Gemeinsame Aktivitäten, sei es ein Spieleabend, ein gemeinsames Essen oder einfach nur ein Spaziergang, können helfen, den Kopf frei zu bekommen und positive Emotionen zu fördern.

6. Entspannungstechniken:

Techniken wie progressive Muskelentspannung, Atemübungen oder autogenes Training können helfen, den Körper zu entspannen und den Geist zu beruhigen. Diese Methoden sind leicht zu erlernen und können überall angewendet werden, um Stress abzubauen und sich zu entspannen.

7. Natur und Gartenarbeit:

Zeit in der Natur zu verbringen, hat eine beruhigende Wirkung auf Körper und Geist. Ob ein Spaziergang im Park, Wandern in den Bergen oder einfach nur das Sitzen im eigenen Garten – die Natur bietet eine wunderbare Möglichkeit, den Alltagsstress hinter sich zu lassen. Gartenarbeit kann zudem therapeutisch wirken und das Gefühl der Verbundenheit mit der Natur stärken.

8. Musik und Tanz:

Musik hat eine starke emotionale Wirkung und kann helfen, sich zu entspannen und die Stimmung zu heben. Ob das Hören von beruhigender Musik, das Singen oder Tanzen – Musik bietet viele Möglichkeiten, Stress abzubauen und Freude zu erleben.

9. Tee und Kräuter:

Anstelle von Alkohol kann eine Tasse beruhigender Kräutertee eine wohltuende Alternative sein. Kräuter wie Kamille, Lavendel oder Melisse sind bekannt für ihre entspannenden Eigenschaften und können helfen, den Geist zu beruhigen und den Schlaf zu fördern.

10. Professionelle Hilfe:

Manchmal ist es schwierig, allein mit Stress und Angst umzugehen. In solchen Fällen kann professionelle Unterstützung durch einen Therapeuten oder Berater hilfreich sein. Therapie und Beratung bieten Werkzeuge und Strategien, um mit Stress umzugehen und gesunde Bewältigungsmechanismen zu entwickeln.

Die Reise zur Entspannung und zum Stressabbau ohne Alkohol mag eine Herausforderung sein, aber sie ist es wert. Es gibt viele gesunde Alternativen, die nicht nur den Geist beruhigen, sondern auch das körperliche Wohlbefinden fördern. Indem wir neue Wege finden, um uns zu entspannen und runterzukommen, können wir ein erfüllteres und gesünderes Leben führen.

Natürliche Präparate zur Unterstützung des Einschlafens

Der Kampf mit dem Schlaf ist für viele Menschen eine tägliche Herausforderung. Schlaflosigkeit kann das tägliche Leben erheblich beeinträchtigen, und der Griff zu verschreibungspflichtigen Schlafmitteln ist oft mit Nebenwirkungen verbunden. Glücklicherweise gibt es eine Reihe natürlicher Präparate, die das Einschlafen unterstützen können, ohne die unerwünschten Nebenwirkungen zu verursachen, die synthetische Medikamente mit sich bringen.

1. Melatonin:

Melatonin ist ein Hormon, das der Körper natürlich produziert und das den Schlaf-Wach-Rhythmus reguliert. Melatoninpräparate können besonders hilfreich sein, wenn der natürliche Schlaf-Wach-Rhythmus gestört ist, zum Beispiel bei Jetlag oder Schichtarbeit. Melatonin wird in niedrigen Dosen eingenommen und hat wenige bis keine Nebenwirkungen, wenn es kurzfristig verwendet wird.

2. Magnesium:

Magnesium ist ein essentielles Mineral, das eine wichtige Rolle bei vielen körperlichen Funktionen spielt, darunter die Muskelentspannung und die Regulierung des Nervensystems. Magnesiumpräparate können helfen, den Körper zu entspannen und die Schlafqualität zu verbessern. Sie sind in verschiedenen Formen erhältlich, darunter Tabletten, Pulver und transdermale Anwendungen (wie Magnesiumöl).

3. Baldrian:

Baldrian ist ein pflanzliches Mittel, das seit Jahrhunderten zur Förderung des Schlafs und zur Linderung von Angstzuständen verwendet wird. Baldrianwurzel ist in Form von Kapseln, Tabletten, Tinkturen und Tees erhältlich. Es hat eine beruhigende Wirkung und kann helfen, schneller einzuschlafen und die Schlafqualität zu verbessern.

4. Passionsblume:

Passionsblume ist ein weiteres pflanzliches Mittel, das für seine beruhigenden und angstlösenden Eigenschaften bekannt ist. Sie wird oft in Kombination mit Baldrian und anderen beruhigenden Kräutern verwendet, um den Schlaf zu fördern. Passionsblume ist in Form von Kapseln, Tabletten, Tinkturen und Tees erhältlich.

5. L-Theanin:

L-Theanin ist eine Aminosäure, die hauptsächlich in grünem Tee vorkommt. Es hat beruhigende Eigenschaften und kann helfen, die Entspannung zu fördern, ohne Schläfrigkeit zu verursachen. L-Theanin-Präparate können helfen, den Geist zu beruhigen und die Schlafqualität zu verbessern, insbesondere wenn sie vor dem Schlafengehen eingenommen werden.

6. Ashwagandha:

Ashwagandha ist ein adaptogenes Kraut, das in der traditionellen indischen Medizin (Ayurveda) verwendet wird. Es hilft, den Körper an Stress anzupassen und fördert die Entspannung. Ashwagandha kann helfen, den Cortisolspiegel zu senken und die Schlafqualität zu verbessern. Es ist in Form von Kapseln, Pulvern und Tinkturen erhältlich.

7. Zitronenmelisse:

Zitronenmelisse ist ein weiteres beruhigendes Kraut, das seit Jahrhunderten zur Förderung des Schlafs und zur Linderung von Stress verwendet wird. Es hat milde sedierende Eigenschaften und kann in Form von Kapseln, Tees und Tinkturen eingenommen werden.

8. Lavendel:

Lavendel ist für seine beruhigenden und schlaffördernden Eigenschaften bekannt. Lavendelöl kann in einem Diffusor verwendet werden, um den Raum zu beruhigen, oder direkt auf die Haut aufgetragen werden (verdünnt mit einem Trägeröl). Lavendeltee kann ebenfalls eine entspannende Wirkung haben und den Schlaf fördern.

9. Glycin:

Glycin ist eine Aminosäure, die als Neurotransmitter im zentralen Nervensystem wirkt. Es hat eine beruhigende Wirkung und kann helfen, die Schlafqualität zu verbessern. Glycin ist in Form von Pulver und Kapseln erhältlich und kann vor dem Schlafengehen eingenommen werden.

10. Kamille:

Kamille ist eines der bekanntesten Kräuter für die Förderung des Schlafs. Kamillentee ist eine einfache und angenehme Methode, um vor dem Schlafengehen zu entspannen. Kamille hat milde beruhigende Eigenschaften und kann helfen, den Geist zu beruhigen und die Schlafqualität zu verbessern.

Diese natürlichen Präparate bieten eine sanfte und effektive Möglichkeit, den Schlaf zu fördern und die Schlafqualität zu verbessern, ohne die Nebenwirkungen, die oft mit verschreibungspflichtigen Schlafmitteln verbunden sind. Es ist jedoch immer ratsam, vor der Einnahme neuer Präparate einen Arzt zu konsultieren, besonders wenn bereits gesundheitliche Probleme bestehen oder andere Medikamente eingenommen werden. Mit den richtigen Ansätzen und Hilfsmitteln kann der Weg zu einem erholsamen Schlaf deutlich erleichtert werden.

Love-Letter – the biggest fool of us

Der Brief meiner Frau, den sie mir schrieb, nachdem meine Affären ans Licht gekommen waren.

"Ich habe immer darauf gewartet, dass Du endlich bereit bist. Darauf gewartet, dass Deine Unsicherheit verschwindet, darauf gewartet, dass Du mit mir sprichst, mich wirklich siehst und Dich für mich entscheidest. Gewartet, bis Du meinen wahren Wert erkennst. Und wenn ich zugelassen hätte, dass Du so weitermachst wie bisher, würde ich wahrscheinlich heute noch warten.

Ich wollte uns so viele Chancen geben. Vielleicht habe ich das ja bereits getan. Vielleicht sogar zu viele. Ich habe so sehr gehofft und gewartet, dass Du Dich ändern würdest, dass Du mich endlich wahrnimmst und erkennst, wie großartig wir zusammen sein könnten, wenn Du uns nur eine echte, ehrliche Chance gegeben hättest. Aber das konntest Du nie tun, oder? Du warst emotional so verletzt und geschädigt, dass Du mich immer von Deinem Herzen ferngehalten hast.

Du warst alles, wovon ich geträumt habe. Du hast gesehen, wie tief meine Liebe für Dich war, und trotzdem hast Du diese Tatsache oft zu Deinem Vorteil genutzt. Ich war nie ganz oben auf Deiner Prioritätenliste, und das hast Du mich oft spüren lassen. Ich war jemand, der sich mit den Resten Deiner Aufmerksamkeit und Zuneigung zufriedengegeben hat. Das war mein größter Fehler, denn ich habe Dir erlaubt, mich schlecht zu behandeln. Indem ich mich damit begnügt habe, wurde ich zu nichts mehr als einer Option. Und das ist das Niedrigste, was man jemandem bedeuten kann, der einem wichtig ist.

Indem ich mich mit weniger zufrieden gegeben habe, als ich verdiente, habe ich mich selbst immer wieder verletzt. Jedes Mal, wenn ich an Deiner Seite blieb, habe ich mir erneut das Herz gebrochen. Ich habe so viele Tränen vergossen, bis mir irgendwann klar wurde, dass ich mich selbst nicht mehr fühlte. Ich gab Dir alles – Liebe,

213

Verständnis, Respekt und Hingabe. Und Du hast nie versucht, dasselbe zu tun. Du hast mich einfach aufgerieben. Du hast mich für selbstverständlich gehalten, als ob es keine Konsequenzen hätte. Du hast einfach angenommen, dass Du immer so weitermachen könntest.

Irgendwann hast Du vielleicht selbst erkannt, dass ich irgendwann genug haben würde. Aber ich hatte gehofft, dass Du diesen Moment erkennst, bevor es zu spät ist. Jedes Mal, wenn ich etwas für Dich tat, habe ich geglaubt, es würde uns näher bringen. Aber in Wahrheit hat es mich nur weiter von Dir entfernt. Ich habe versucht, für Dich da zu sein, wenn Du mich brauchtest, auch wenn Du mich nie voll und ganz in Dein Leben gelassen hast.

Ich wollte Dich nicht ändern, ich wollte nur, dass Du mich genauso liebst, wie ich Dich liebe. Ich habe immer auf Dich gehört, versucht, Deine Bedürfnisse zu verstehen und zu erfüllen. Ich habe alles getan, um unsere Liebe zu retten, weil ich wirklich daran geglaubt habe, dass wir es schaffen können. Aber am Ende fühlte ich mich leer. Ich war so lange stark, doch irgendwann ging es nicht mehr.

Ich habe für uns gekämpft, weil ich dachte, dass Du es wert bist. Aber gleichzeitig habe ich erkannt, dass ich dabei selbst verloren gegangen bin. Doch als wir am Rand unserer Trennung standen, geschah etwas. Du hast Dich verändert. Du hast angefangen, mich wirklich zu sehen, angefangen, die Dinge zu tun, die ich mir so lange gewünscht hatte. Du hast begonnen, mich zu lieben – so, wie ich es mir immer erträumt hatte."

Liebesbrief zum 13. Hochzeitstag – Ein Jahr nach dem Auffliegen der Affäre

„Mein geliebter Schatz,

Vielleicht bin ich nicht die Traumfrau, die Du Dir immer vorgestellt hast, aber ich kann Dir eines sagen: Ich bin die Frau, die Dich in saubere Kleider hüllt. Ich bin die, die Dich wärmt, wenn Dir kalt ist. Ich bin die, die Dich streichelt, wenn Du Ruhe und Entspannung suchst. Ich bin die, die Dich hält, wenn Du traurig bist. Ich bin die,

die Dich pflegt, wenn Du krank bist. Ich bin die, die Dir den Rücken stärkt, egal was kommt.

Ich bin die, die Dich nie aufgegeben hat. Die, die immer an Deiner Seite geblieben ist, selbst in den Momenten, in denen es so aussah, als würden wir uns verlieren. Ich bin die, die Dich aus tiefstem Herzen liebt. Ich bin die, die Dich auffängt, wenn Du fällst, die Dir hilft, wenn Du nicht weiterkommst.

Was bedeutet schon 'Traumfrau'? Für mich bedeutet es, dass ich die Frau bin, die an Deiner Seite bleibt, komme was wolle. Ich liebe Dich, nicht weil Du perfekt bist, sondern weil Du mir gezeigt hast, dass Du bereit bist, Dich zu verändern. Alles Liebe zum 13. Hochzeitstag."

Im Türkeiurlaub hatte ich dann eine Cabana für einen Abend am Strand für uns gebucht. Das Hotelpersonal hatte die Cabana zauberhaft hergerichtet mit einem Herz aus Rosen, Leuchtfackeln und Lichterketten. Ich hatte ein Fünfgängemenü für uns organisiert, mit allem Drum und Dran. Es war perfekt geplant, und ich wollte sie damit überraschen.

Statt wie üblich zum Abendessen ins Hotelrestaurant zu gehen, nahm ich sie an die Hand und führte sie Richtung Strand. Sie schaute mich mit einem fragenden Blick an und fragte auf dem Weg: „Schatzi, was ist los? Wo führst du mich hin?" Ich grinste nur und sagte: „Lass dich einfach überraschen."

Als wir bei der Cabana ankamen, blieb sie stehen. Ihre Augen wurden groß, und sie hielt sich die Hand vor den Mund. Der Anblick, mit all den Lichtern, den Blumen und dem liebevoll gedeckten Tisch, überwältigte sie. Sie drehte sich zu mir, und ihre Augen waren voller Tränen.

„Schatzi", sagte sie mit bebender Stimme, „so etwas hat noch nie jemand für mich gemacht." Dann brach sie in Tränen aus, aber es waren Tränen der Freude. Sie war sichtlich gerührt und ergriffen. „Du bist so lieb, ich liebe dich", flüsterte sie und fiel mir in die Arme.

Wir verbrachten einen unvergesslichen Abend, nur wir zwei, mit dem Rauschen der Wellen im Hintergrund und dem warmen Sand unter unseren Füßen. Das war einer dieser Momente, in denen man weiß, dass es genau richtig ist, diesen Menschen an seiner Seite zu haben.

Dieser Liebesbrief war für mich der zweite in meinem Leben, der mich wirklich tief berührt hat. Ich erkannte in diesem Moment endgültig, was für eine starke Frau ich an meiner Seite habe. Wie viel Glück ich habe, und wie dankbar ich für die zweite und letzte Chance sein sollte, die sie mir gegeben hat. Wenn ich daran denke, wie unser Leben heute aussehen würde, wenn wir uns getrennt hätten, wird mir klar, dass es wohl in einer Katastrophe für uns beide geendet hätte. Allein durch das Leben zu gehen, hätte ich mir nicht vorstellen können.

Ich weiß heute, dass ich viel früher hätte handeln sollen. Hätte ich damals schon das Wissen gehabt, das ich heute habe, wäre ich viel schneller dabei gewesen, mir Hilfe zu holen.

Man(n) kann nicht alles mit sich selbst ausmachen. Doch wir Männer neigen oft dazu, genau das zu tun. Wir denken, wir könnten unsere Probleme allein lösen, ohne fremde Hilfe. Aber manchmal geht das einfach nicht. Einige Dinge kann man sich nicht selbst beibringen. Es ist wie bei einem neuen Handwerk: Man holt sich Hilfe im

Baumarkt, um die richtigen Materialien und Werkzeuge zu bekommen – und um Fehler zu vermeiden.

Nur bei unserer eigenen inneren Baustelle sind wir oft zu stolz oder zu feige, um jemanden um Rat zu fragen. Vielleicht liegt es daran, dass wir über Jahrtausende darauf programmiert waren, allein zu kämpfen und für unsere Familien zu sorgen. Diese Strategie der Problemlösung sitzt tief in uns. Doch die Zeiten haben sich geändert, und wir müssen erkennen, dass wir nicht mehr alles allein bewältigen können.

In den letzten Jahren habe ich oft gemerkt, dass meine Einschätzungen falsch waren. Das Leben ist zu komplex geworden, um einfache Antworten zu liefern. Und wenn man es sich zu einfach macht, kommt am Ende nur noch Murks dabei raus. Meine Frau ist zu meinem besten Ratgeber geworden – und das war sie eigentlich schon immer. Ich habe nur nie richtig zugehört. Sie hat einen klaren Blick auf die Dinge und gibt mir erstaunlicherweise immer die richtigen Ratschläge. Vor allem, wenn es um meine schlechte Menschenkenntnis geht.

Wenn ich früher auf sie gehört hätte, wäre mir so einiges erspart geblieben. Der alte Spruch „Hinter jedem erfolgreichen Mann steht eine starke Frau" hat sich als wahr erwiesen. Ich dachte immer, das sei nur so ein Klischee, doch nach all den Jahren muss ich zugeben, dass es stimmt. Frauen haben oft einen anderen Blickwinkel auf die Dinge – und das ist oft genau das, was wir Männer brauchen.

In den letzten Monaten habe ich viel über mich und meine Ehe nachgedacht. Ich bin neugierig, wie andere Männer und ihre Frauen die Wechseljahre erlebt haben. Vielleicht haben wir alle ähnliche Herausforderungen durchlebt, vielleicht ganz andere. Mich würde interessieren, welche Erfahrungen Ihr gemacht habt. Schreibt mir gerne und teilt Eure Geschichten mit mir. Wir sind schließlich alle auf diesem Weg, und vielleicht können wir voneinander lernen.

Ich bin mir sicher, dass diese starke Frau für immer an meiner Seite bleiben wird. Was für ein toller Mensch verzeiht einem solchen Bockmist? Ich kann mich wirklich glücklich schätzen, solch eine loyale, ehrliche und zugleich liebenswerte Partnerin an meiner Seite zu haben. Sie ist mein Fels in der Brandung, und ich weiß, dass ich ohne sie nicht der Mann wäre, der ich heute bin.

Auf einer Städtereise nach Istanbul im Jahr 2023 wollte ich ihr zeigen, wie sehr ich sie liebe und schätze. In der Hagia Sophia, umgeben von tausenden Menschen, ging ich vor ihr auf die Knie und machte ihr einen Heiratsantrag. Ich bat sie, mich ein zweites Mal zu heiraten – ein Zeichen dafür, dass ich unser Versprechen erneuern wollte. Sie hatte keine Ahnung von meinem Vorhaben, denn die Ringe hatte ich wochenlang sorgfältig versteckt und den perfekten Moment geplant.

Als ich den Ring zückte und und meine sogrfältig auswenig gelernten Worte vortrug, war sie völlig überwältigt. Ich sagte ihr, wie sehr ich sie liebe und was für ein unglaublich liebevoller Mensch und was für eine tolle Gefährtin sie ist.

Tränen strömten ihr über das Gesicht, und sie brachte nur ein zitterndes, aber bestimmtes „Ja" heraus, bevor sie mir in die Arme fiel. Sie konnte nicht aufhören zu weinen, und mir ging es genauso. Es war ein extrem emotionaler Augenblick, der sich für immer in mein Herz eingebrannt hat.

Die Menschen um uns herum klatschten und jubelten, manche machten Fotos, andere filmten die Szene. Aber das alles interessierte mich nicht. Für mich zählte in diesem Moment nur die Frau vor mir, die ich über alles liebe. Ihre Augen, ihr Lächeln, ihre Wärme – sie war der Mittelpunkt meiner Welt.

Wenn die Leute um uns gewusst hätten, was für ein Sünder ich war und wie viel Schmerz ich dieser Frau einst zugefügt hatte, hätten sie an diesem heiligen Ort sicher nicht gejubelt. Aber für mich war es ein Neuanfang, ein Moment, in dem ich beschloss, ein besserer Mann zu sein – für sie und für uns.

Neuanfänge – Mut zur Veränderung in der zweiten Lebenshälfte

Meinen Lebensweg habe ich in den vorangegangenen Kapiteln bereits ausführlich beschrieben. Rückblickend stelle ich fest, dass der Mut zur Veränderung in meinem Alter bei den meisten Männern sicher kaum vorhanden ist.

Das liegt vor allem daran, dass eingefahrene Gleise und starres Denken dazu führen, dass Veränderungen eher als Bedrohung denn als Chance gesehen werden. Wir gewöhnen uns an das, was wir kennen, und das Unbekannte wird zum beängstigenden Raum, den wir meiden. Aber ich habe gelernt, dass genau dieser Mut zur Veränderung notwendig ist, um nicht nur im Leben, sondern auch in uns selbst voranzukommen.

In meinem Fall war es das immer schwieriger werdende geschäftliche Umfeld, das mich schließlich dazu brachte, nach 30 Jahren meine Selbstständigkeit aufzugeben und wieder als Angestellter zu arbeiten. Es war keine leichte Entscheidung. Ich war lange Zeit mein eigener Herr gewesen, habe meine Geschäfte selbst geführt, meine eigenen Entscheidungen getroffen. Und plötzlich war ich in der Situation, mich wieder in eine Struktur einfügen zu müssen, die von anderen vorgegeben wird. Für viele Männer wäre das undenkbar, vor allem nach so vielen Jahren eigenbestimmten Handelns. Aber für mich war es notwendig. Ich hatte das Gefühl, in meiner Selbstständigkeit an einem Punkt angekommen zu sein, an dem ich mich nur noch im Kreis drehte. Der Druck wurde immer größer, und ich merkte, dass die Freude, die ich früher an meiner Arbeit hatte, längst verschwunden war.

Veränderungen wie diese verlangen Mut. Es bedeutet, alte Sicherheiten hinter sich zu lassen und etwas Neues zu wagen, ohne genau zu wissen, was einen erwartet. Viele Männer in meinem Alter haben Angst davor, weil es einfacher scheint, am Altbekannten festzuhalten. Aber für mich war der Wechsel eine Befreiung. Ich hatte das Gefühl, wieder einen klaren Kopf zu bekommen, und obwohl die Umstellung auf ein Angestelltenverhältnis nach so langer Zeit nicht leicht war, habe ich es nie bereut. Ich kann nur sagen, dass es für mich die richtige Entscheidung war – eine, die ich viel früher hätte treffen sollen. Ich bin sicher, dass nicht viele Männer diesen Schritt schaffen, besonders nach so langer Zeit in einer selbstbestimmten Rolle. Aber wer den Mut hat, sich auf Neues einzulassen, wird oft belohnt. Manchmal ist es genau das, was man braucht, um wieder Zufriedenheit und Ausgeglichenheit zu finden.

Ein weiterer Punkt, der mich zu tiefgreifenden Veränderungen in meinem Leben geführt hat, ist die Entscheidung, meine Partnerschaft ausschließlich monogam zu führen. Es ist kein Geheimnis, dass ich fremdgegangen bin, und ich weiß, dass ich damit nicht allein bin. Statistiken zeigen, dass jeder dritte Mann in einer festen Beziehung fremdgeht – und vermutlich gibt es eine Dunkelziffer, die noch höher liegt. Was mich dazu brachte, mich zu ändern? Ich denke, es war die Erkenntnis, dass mein Verhalten nicht nur meine Ehe, sondern auch mich selbst zerstörte.

Ich hoffe, dass meine Worte hier auf fruchtbaren Boden fallen und vielleicht den einen oder anderen Mann zur Umkehr bewegen. Fremdgehen mag in dem Moment aufregend erscheinen, aber der Preis, den man dafür zahlt, ist hoch. In meinem Fall führte es dazu, dass ich geistig und emotional von meiner Partnerin abwesend war. Ich war mit meinem Kopf bei anderen Frauen, bei der Suche nach dem nächsten "Kick", und währenddessen nahm unsere Ehe immer mehr Schaden. Es war, als hätte ich eine unsichtbare Mauer zwischen uns errichtet, ohne es wirklich zu bemerken. Erst als ich bereit war, mein Verhalten zu hinterfragen und die Konsequenzen zu erkennen, die mein Fremdgehen für unsere Beziehung hatte, konnte ich die Kurve kriegen.

Seit ich mich dazu entschieden habe, nicht mehr fremdzugehen und meine gesamte Aufmerksamkeit und Energie auf meine Partnerin zu richten, hat sich unsere Ehe vollständig verändert. Plötzlich waren da wieder Nähe, Vertrautheit und Vertrauen. Die Leere, die ich früher gefühlt hatte, verschwand, und ich merkte, dass all die Dinge, die ich bei anderen Frauen gesucht hatte, eigentlich die ganze Zeit in meiner eigenen Partnerschaft lagen. Ich musste nur lernen, sie wieder zu sehen und wertzuschätzen.

Es war sicherlich kein leichter Weg, aus alten Mustern auszubrechen, aber es war der einzig richtige. Ich bin froh, dass ich den Absprung aus meinem destruktiven Verhalten rechtzeitig geschafft habe, bevor noch mehr Schaden angerichtet wurde. Heute ist unsere Beziehung harmonisch und erfüllt – und das liegt nicht daran, dass ich irgendetwas „aufgegeben" habe, sondern daran, dass ich endlich erkannt habe, was wirklich wichtig ist.

Veränderung ist oft mit Angst und Unsicherheit verbunden. Wir Männer neigen dazu, an dem festzuhalten, was wir kennen, selbst wenn es uns schadet. Aber manchmal braucht es nur diesen einen Moment des Mutes, den ersten Schritt ins Unbekannte, um das eigene Leben wieder in die richtige Richtung zu lenken. Und wenn ich eines aus meiner eigenen Erfahrung gelernt habe, dann das: Es ist nie zu spät, für einen Neuanfang.

Rituale sind unglaublich wichtig in einer funktionierenden Beziehung. Sie geben Stabilität, Sicherheit und schaffen eine Verbindung, die im Alltag oft verloren gehen kann. Aber genauso wichtig ist die **Spontanität – das Salz in der Suppe.** Ohne sie würde das Leben eintönig und vorhersehbar werden. **Es geht darum, gemeinsame Erinnerungen zu schaffen**, an die man sich in schwierigen Zeiten festhalten kann, Erinnerungen, die einem im Alltag Energie und Freude geben. Das ist es, was eine Beziehung stark macht: diese Balance zwischen Beständigkeit und kleinen Abenteuern, die den Funken am Leben erhalten.

Ein Beispiel: **Wir haben in unserer Beziehung einen festen Wellness-Tag eingeführt.** Einmal die Woche gönnen wir uns ein schönes, warmes Bad zusammen, mit Kerzen, Sekt und Entspannung pur. Es ist so simpel und doch so effektiv. In diesem Moment geht es nur um uns beide – keine Ablenkungen, keine Sorgen des Alltags. Es ist ein kleines Ritual, das uns immer wieder zusammenbringt und uns die Möglichkeit gibt, komplett abzuschalten. Manchmal sind es genau diese kleinen Routinen, die eine Beziehung stabil und stark machen. Sie bieten eine Art Anker im ständigen Strom des Alltags.

Aber dann gibt es die Spontanitäten, die den Alltag auflockern. Die kleinen Überraschungen, die unerwarteten Erlebnisse, die das Herz schneller schlagen lassen. Ich denke mir oft spontane Ausflüge aus, meist sonntags, wenn wir beide frei haben und die Woche hinter uns liegt. Nichts Großes, nichts Teures – aber immer etwas, das uns zusammen lachen, staunen oder einfach nur gemeinsam die Zeit genießen lässt.

Manchmal ist es ein Ausflug in den Wald, ein Besuch in einem kleinen Café, das wir noch nie ausprobiert haben, oder eine Tour zu einem See, wo wir einfach die Ruhe genießen. **Diese Ausflüge bringen frischen Wind in unsere Beziehung**, weil sie uns aus der Routine holen und uns neue gemeinsame Erlebnisse schenken.

Es geht nicht darum, jedes Mal das Rad neu zu erfinden oder besonders spektakuläre Dinge zu tun. **Es geht um die gemeinsamen Momente, die uns später wieder in den Sinn kommen und uns**

ein Lächeln auf die Lippen zaubern. Diese Momente sind es, die uns in schwierigen Zeiten festhalten. Sie erinnern uns daran, warum wir zusammen sind und wie viel Spaß wir zusammen haben können, selbst in den einfachsten Dingen.

Die Mischung aus Ritualen und Spontanität ist der Schlüssel. Die Rituale geben uns Halt, die Spontanitäten bringen die Würze. Beides zusammen sorgt dafür, dass wir uns immer wieder neu ineinander verlieben und die Beziehung frisch und lebendig bleibt. Wenn man das erst einmal erkannt hat, merkt man, wie wichtig es ist, sich Zeit füreinander zu nehmen – sowohl für die kleinen Routinen als auch für die spontanen Abenteuer.

Denn am Ende des Tages geht es doch genau darum: **gemeinsame Erinnerungen zu schaffen, die uns durch die schwierigen Phasen tragen und die uns zeigen, dass das Leben – und die Liebe – aus vielen kleinen Momenten besteht, die es wert sind, festgehalten zu werden.**

Mentor und Vorbild – Wie Männer in den Wechseljahren andere inspirieren können

Die Wechseljahre sind oft eine Phase der Reflexion und des inneren Umbruchs. Während viele Männer in dieser Zeit mit Fragen der eigenen Identität, dem Älterwerden und den körperlichen Veränderungen zu kämpfen haben, gibt es gleichzeitig eine Möglichkeit, diese Lebensphase als Chance zu sehen – als Gelegenheit, nicht nur für sich selbst, sondern auch für andere etwas zu bewirken. Denn gerade in den Wechseljahren können Männer als Mentoren und Vorbilder eine entscheidende Rolle spielen, indem sie ihre Lebenserfahrungen teilen und die jüngere Generation unterstützen.

Für viele Männer ist die Vorstellung, ein Mentor zu sein, nicht selbstverständlich. Das klassische Bild eines Mentors, der junge Männer oder Kollegen anleitet, scheint oft nicht in den Alltag integriert. Doch die Rolle des Mentors ist viel mehr als das. Es geht darum, Weisheit, Erfahrungen und Perspektiven weiterzugeben, die im Laufe des Lebens gewonnen wurden. Männer in den Wechseljahren haben genau diese Lebenserfahrungen und die Fähigkeit, anderen Orientierung zu bieten. Sie können das, was sie über Jahre gelernt haben – in beruflichen, familiären und persönlichen Bereichen – teilen und so anderen helfen, ihren eigenen Weg zu finden.

Die Bedeutung des Mentor-Seins

Mentoren sind nicht nur Ratgeber, sondern auch Vorbilder. Sie zeigen durch ihr eigenes Verhalten, wie man schwierige Situationen meistert, wie man mit Rückschlägen umgeht und wie man durch Beständigkeit und Anpassungsfähigkeit Erfolg erzielt. Männer in den Wechseljahren haben oft viele solcher Herausforderungen durchlebt – sei es beruflich, in Beziehungen oder in der Auseinandersetzung mit der eigenen Identität. Diese Erfahrungen machen sie zu wertvollen Ratgebern für jüngere Männer, die vielleicht gerade erst anfangen, sich diesen Fragen zu stellen.

Ein Mentor zu sein bedeutet, präsent zu sein – nicht nur in den guten Zeiten, sondern auch dann, wenn es schwierig wird. Es geht darum, die eigenen Fehler und Schwächen zuzugeben und dadurch anderen zu zeigen, dass auch sie nicht perfekt sein müssen. Diese Offenheit ist oft das, was den größten Eindruck hinterlässt. Denn während es in der jüngeren Generation viel Unsicherheit und das Streben nach Erfolg gibt, fehlt oft die Erkenntnis, dass auch Rückschläge Teil des Lebens sind – und dass man aus diesen Rückschlägen lernen und daran wachsen kann.

Die Kraft des Zuhörens

Eine der wichtigsten Fähigkeiten eines Mentors ist das Zuhören. Gerade in einer Welt, die oft hektisch und laut ist, ist es von unschätzbarem Wert, wenn jemand wirklich zuhört und nicht nur Ratschläge erteilt. Männer in den Wechseljahren haben oft die Geduld und das Verständnis entwickelt, das notwendig ist, um den jüngeren Generationen Raum für ihre eigenen Gedanken und Sorgen zu geben. Es ist nicht immer einfach, als junger Mann offen über Ängste und Unsicherheiten zu sprechen, besonders in einer Gesellschaft, in der Männlichkeit oft mit Stärke und Unverletzlichkeit gleichgesetzt wird.

Hier können Männer in den Wechseljahren eine Brücke bauen, indem sie zeigen, dass wahre Stärke darin liegt, sich auch verletzlich zu zeigen. Das Teilen eigener Unsicherheiten und Zweifel, die man selbst im Laufe des Lebens durchlebt hat, kann jungen Männern helfen, sich verstanden zu fühlen. Es kann sie ermutigen, offener mit ihren eigenen Herausforderungen umzugehen und Hilfe anzunehmen, wenn sie diese brauchen.

Weitergabe von Lebensweisheiten

Mit dem Älterwerden kommt eine gewisse Weisheit, die nur durch gelebte Erfahrung erworben werden kann. Ob es um berufliche Entscheidungen, familiäre Verantwortung oder persönliche Entwicklung geht – Männer in den Wechseljahren haben diese Themen oft schon mehrfach durchlebt und können ihre Erkenntnisse weitergeben. Die Weitergabe dieser Weisheiten ist eine Form des Vermächtnisses, das über die eigene Lebenszeit hinaus wirkt.

Ein Mentor zu sein bedeutet nicht, immer die richtigen Antworten zu haben, sondern zu wissen, dass man auch durch das Stellen der richtigen Fragen anderen helfen kann, ihren eigenen Weg zu finden. Die Bereitschaft, zuzuhören und zu reflektieren, anstatt nur Lösungen zu präsentieren, ist eine der wertvollsten Eigenschaften eines Mentors. Es geht darum, andere dazu zu bringen, über ihre eigenen Ziele, Werte und Herausforderungen nachzudenken – und ihnen dabei zu helfen, ihre eigene Richtung zu finden.

Vorbild für Gelassenheit und Anpassungsfähigkeit

Männer in den Wechseljahren haben oft eine wichtige Lektion gelernt: das Leben verläuft nicht immer geradlinig. Es gibt Wendungen, Rückschläge und Überraschungen, die das Leben in eine Richtung lenken, die man vielleicht nicht erwartet hat. Diese Fähigkeit, sich anzupassen und dabei gelassen zu bleiben, ist etwas, das jüngere Männer oft noch lernen müssen. Sie stehen oft unter dem Druck, in kurzer Zeit alles zu erreichen, und die Vorstellung, dass das Leben Zeit und Geduld erfordert, fällt ihnen schwer.

Männer in den Wechseljahren können hier als Vorbilder dienen, indem sie zeigen, dass das Leben nicht immer nach Plan verläuft – und dass das in Ordnung ist. Gelassenheit und die Fähigkeit, mit Veränderungen umzugehen, sind Schlüsselqualitäten, die sie vermitteln können. Sie können den Druck von jüngeren Männern nehmen, indem sie zeigen, dass es okay ist, wenn nicht alles sofort perfekt ist – dass das Leben ein Prozess ist, bei dem es genauso wichtig ist, Rückschläge zu akzeptieren und sich neu zu orientieren.

Die Rolle in der Familie und der Gemeinschaft

Männer in den Wechseljahren spielen oft auch eine wichtige Rolle innerhalb der Familie und der Gemeinschaft. In vielen Fällen sind sie die „Stützpfeiler" ihrer Familien, und ihre Kinder oder Enkelkinder schauen zu ihnen auf. Auch hier können sie durch ihre Lebenserfahrung inspirieren und als Vorbilder für Integrität, Verantwortung und Mitgefühl dienen. Es geht darum, nicht nur durch Worte, sondern vor allem durch Taten zu zeigen, was es bedeutet, für andere da zu sein und Verantwortung zu übernehmen.

Auch in der Gemeinschaft können Männer in dieser Phase ihres Lebens eine wichtige Rolle spielen. Ob durch ehrenamtliches Engagement, das Teilen von Fachwissen oder einfach durch das Angebot, für andere da zu sein – die Möglichkeiten, als Vorbild zu wirken, sind vielfältig. Das Engagement in der Gemeinschaft gibt nicht nur den Jüngeren Orientierung, sondern bietet den Männern selbst auch eine sinnvolle Aufgabe im Leben. Es verleiht dem eigenen Dasein Bedeutung und stellt eine Verbindung zu den Menschen um einen herum her.

Fazit: Mentor-Sein als Erfüllung

Die Wechseljahre sind eine Zeit des Umbruchs und der Reflexion, aber sie bieten auch die Möglichkeit, als Mentor und Vorbild anderen zu helfen, ihren Weg zu finden. Männer in dieser Lebensphase haben oft eine reiche Schatzkammer an Erfahrungen, die sie mit anderen teilen können. Sie können den Jüngeren zeigen, dass es nicht darauf ankommt, perfekt zu sein, sondern offen, ehrlich und bereit, aus den eigenen Fehlern zu lernen.

Mentor-Sein bedeutet nicht, immer die richtigen Antworten zu haben, sondern anderen dabei zu helfen, ihre eigenen Antworten zu finden. Es bedeutet, durch Zuhören, Gelassenheit und das Teilen von Weisheit einen Unterschied zu machen – nicht nur im Leben des Mentors, sondern auch im Leben derjenigen, die er inspiriert. So kann das Leben in den Wechseljahren nicht nur eine Zeit des Übergangs sein, sondern auch eine Zeit, in der man der Welt etwas zurückgibt und das Leben anderer auf eine tiefgreifende Weise berührt.

Finanzielle Vorsorge – Was Männer in den Wechseljahren beachten sollten

Es gibt wenige Themen, über die Männer so ungern sprechen wie über Geld. Es ist fast schon ein Tabu. Wir reden oft über Erfolge, über Herausforderungen und über die Höhen und Tiefen des Lebens, aber wenn es um finanzielle Vorsorge geht, herrscht oft Stille. Doch das Thema Geld bedeutet mehr als nur Sicherheit – es bedeutet Freiheit und Unabhängigkeit. Gerade im Alter wird dieser Aspekt entscheidend, wenn die eigenen Kräfte nachlassen und die Möglichkeiten, noch etwas zu "reißen", immer begrenzter werden. Der Weg in den Ruhestand ist plötzlich greifbar nah, und die Frage, wie gut man sich auf diesen Übergang vorbereitet hat, rückt in den Vordergrund.

Für viele Männer in den Wechseljahren ist das eine bittere Erkenntnis. Vielleicht, weil das Leben nicht immer nach Plan verlaufen ist. Persönliche Rückschläge, berufliche Krisen oder wirtschaftliche Umstände haben verhindert, dass man genügend Geld auf die Seite legen konnte. Ich selbst bin kein Fremder für diese Erfahrung. Durch verschiedene Tiefschläge im Leben, sei es beruflich oder privat, habe ich es nie geschafft, ausreichend Geld auf die hohe Kante zu legen. Und jetzt, da ich mich dem Rentenalter nähere, spüre ich die Konsequenzen. Meine Rente wird auf einem niedrigen Niveau liegen, und das bedeutet, dass ich mich auf einen radikalen Einschnitt vorbereiten muss.

Der Weckruf in den Wechseljahren

Die Wechseljahre sind oft eine Zeit der Selbstreflexion, und dazu gehört auch, ehrlich auf die eigene finanzielle Situation zu blicken. Viele Männer, die über Jahre hinweg selbstständig gearbeitet haben, finden sich plötzlich in der Situation wieder, dass sie keine ausreichenden Rücklagen haben. In meinem Fall – und ich weiß, dass es vielen anderen Männern ähnlich geht – haben äußere Umstände, Krisen oder auch die Pandemie dazu geführt, dass das Geschäft zusammenbrach. Der Traum von der finanziellen Freiheit hat sich in Luft aufgelöst, und stattdessen stehen wir vor der Frage: **Wie soll es weitergehen?**

Es ist ein Weckruf. In den Wechseljahren merkt man plötzlich, dass die Zeit, in der man noch große Sprünge machen kann, immer knapper wird. Die Energie und die Kraft, noch einmal komplett neu zu starten, sind nicht mehr dieselben wie früher. Doch das bedeutet nicht, dass alles verloren ist. Es gibt immer noch Möglichkeiten, die eigene finanzielle Situation zu verbessern oder zumindest die schlimmsten Szenarien abzumildern.

Was tun, wenn die Rente nicht ausreicht?

Für viele Männer stellt sich die Frage: **Was passiert, wenn die Rente nicht ausreicht?** In meinem Fall bedeutet das, dass ich entweder auswandern muss oder mich im Alter stark einschränken werde. Auswandern mag wie ein radikaler Schritt klingen, aber in Ländern mit niedrigeren Lebenshaltungskosten könnte das Geld, das in Deutschland nicht reicht, deutlich weiter gehen. Länder wie Spanien, Portugal oder sogar einige osteuropäische Staaten bieten günstigere Lebensbedingungen und gleichzeitig ein angenehmes Klima für den Ruhestand.

Für andere bedeutet es vielleicht, dass sie sich auf eine kleinere Wohnung oder eine sparsamere Lebensweise einstellen müssen.

Das ist keine leichte Entscheidung, vor allem wenn man sein Leben lang an einen bestimmten Standard gewöhnt war. Aber hier kommt der wichtigste Punkt ins Spiel: **Flexibilität und Anpassungsfähigkeit.** Die Wechseljahre sind nicht nur eine Phase körperlicher und emotionaler Veränderung, sondern auch eine Zeit, in der man lernen muss, mit den neuen Realitäten des Lebens umzugehen – und dazu gehört auch, sich finanziell neu aufzustellen.

Wie kann man jetzt noch Vorsorge treffen?

Für diejenigen, die das Glück haben, noch einige Jahre bis zum Rentenalter vor sich zu haben, ist jetzt der richtige Zeitpunkt, um aktiv zu werden. Es gibt verschiedene Möglichkeiten, auch in den letzten Jahren der Erwerbstätigkeit noch Vorsorge zu treffen. Dazu gehört zum Beispiel, in private Rentenversicherungen oder Altersvorsorgeprodukte zu investieren, die in Deutschland steuerlich gefördert werden. Die Riester-Rente, Rürup-Rente oder auch betriebliche Altersvorsorge sind Instrumente, die man nutzen kann, um die gesetzliche Rente aufzubessern.

Ein weiterer Ansatz ist, sich intensiv mit den eigenen Ausgaben auseinanderzusetzen. Es mag banal klingen, aber viele Männer haben im Laufe des Lebens Gewohnheiten entwickelt, die finanziell belastend sind, ohne dass sie es merken. Jetzt ist die Zeit, um einen kritischen Blick auf das eigene Konsumverhalten zu werfen und dort zu sparen, wo es möglich ist. Manchmal können bereits kleine Veränderungen, wie ein Wechsel des Stromanbieters oder das Überprüfen von Versicherungsverträgen, finanzielle Spielräume schaffen, die langfristig einen Unterschied machen.

Auch die Möglichkeit, im Alter Teilzeit weiterzuarbeiten oder freiberuflich tätig zu sein, kann eine sinnvolle Lösung sein. Viele Männer unterschätzen, wie wertvoll ihre berufliche Erfahrung ist. Es gibt zahlreiche Möglichkeiten, diese Expertise in beratender Funktion oder auf freiberuflicher Basis weiterhin zu nutzen. Dies bietet nicht nur eine zusätzliche Einkommensquelle, sondern hält auch geistig und körperlich fit.

Die Realität für ehemalige Selbstständige

Besonders hart trifft es oft ehemalige Selbstständige. Viele von uns haben keine ausreichende Altersvorsorge aufgebaut, weil wir immer wieder in unser Geschäft investieren mussten oder von äußeren Krisen betroffen waren. Gerade in den letzten Jahren, durch die Pandemie und die wirtschaftlichen Veränderungen, haben viele Selbstständige alles verloren, was sie sich über Jahrzehnte erarbeitet hatten. Die Vorstellung, nach einem Leben harter Arbeit plötzlich ohne ausreichende finanzielle Mittel dazustehen, ist erschütternd – aber sie ist Realität für viele.

Für uns Selbstständige ist es besonders wichtig, sich frühzeitig mit der Frage der Altersvorsorge zu beschäftigen. In den meisten Fällen gibt es keine automatische Rentenversicherung wie bei Angestellten, und das bedeutet, dass wir selbst die Verantwortung tragen. Doch selbst wenn man das in den jüngeren Jahren vielleicht vernachlässigt hat, ist es nie zu spät, sich jetzt um Alternativen zu kümmern. Auch der späte Einstieg in Vorsorgeprodukte oder das Umschichten von Vermögenswerten kann helfen, die finanzielle Situation im Alter zu stabilisieren.

Mentaler Reset – Neustart in den Wechseljahren

Wechseljahre. Für viele Männer klingt das nach einem „Ende". Das Ende von jugendlicher Energie, sportlicher Höchstleistung oder beruflichem Aufstieg. Aber halt mal, Jungs – wer sagt das eigentlich? Die Wahrheit ist: Die Wechseljahre sind kein Ende, sondern ein Wendepunkt. Eine Phase, in der man sich neu sortieren, alte Ballaststoffe abwerfen und mit frischen Zielen durchstarten kann. Klingt abgedroschen? Mag sein. Aber genau das ist der mentale Reset, den du jetzt brauchst.

Erst mal eins vorweg: Es ist okay, wenn du dich gerade überfordert fühlst. Viele von uns erleben in dieser Zeit, dass alte Sicherheiten bröckeln. Der Job, der dich früher begeistert hat, fühlt sich plötzlich wie eine Sackgasse an. Du schaust in den Spiegel und fragst dich, wer dieser Typ mit den grauen Haaren ist. Die Fitness lässt nach, die Beziehung läuft nicht mehr so rund, und die Kinder – falls du welche hast – sind längst aus dem Haus oder auf dem Sprung. Da steht man dann, mitten im Leben, und fragt sich: „Und jetzt?"

Genau hier liegt die Chance. Denn diese Phase zwingt dich dazu, innezuhalten und Bilanz zu ziehen. Was war gut? Was hat dich wirklich erfüllt? Und vor allem: Was willst du mit der Zeit machen, die vor dir liegt? Das Leben ist kein unendlich langes Spiel, und das wird uns Männern in den Wechseljahren oft besonders klar.

Es geht nicht darum, alles über den Haufen zu werfen oder komplett neu anzufangen. Es geht darum, bewusster zu leben. Vielleicht warst du bisher in deinem Job erfolgreich, hast dir alles erarbeitet, was du dir vorgenommen hast – aber merkst jetzt, dass dir etwas fehlt. Oder dass das, was dich früher motiviert hat, heute nicht mehr den gleichen Kick gibt. Das ist normal. Das bedeutet nicht, dass du gescheitert bist. Es bedeutet nur, dass du gewachsen bist – und dass es Zeit ist, deine Ziele anzupassen.

Ein mentaler Reset bedeutet, dir bewusst Zeit zu nehmen, um über dein Leben nachzudenken. Nicht zwischen Tür und Angel oder bei einem Bier mit Kumpels, sondern wirklich mit Fokus. Schreib dir auf, was du dir für die nächsten Jahre wünschst. Vielleicht willst du dich beruflich weiterentwickeln, ein neues Hobby starten, eine alte Leidenschaft wiederentdecken oder einfach mehr Zeit für dich und deine Gesundheit haben.

Das Gute an den Wechseljahren ist: Sie zwingen dich, Prioritäten zu setzen. Vielleicht hattest du früher immer das Gefühl, überall der Beste sein zu müssen – im Job, beim Sport, als Partner oder Vater. Aber jetzt ist die Zeit, ehrlich zu dir selbst zu sein. Es ist völlig okay, nicht überall perfekt zu sein. Die Kunst liegt darin, die Dinge zu finden, die dir wirklich wichtig sind, und sie in den Vordergrund zu stellen.

Ein mentaler Reset kann auch bedeuten, alte Glaubenssätze loszulassen. Der Druck, immer stark und unverwundbar zu sein, gehört dazu. Jungs, lasst euch eines sagen: Es ist keine Schwäche, über eure Unsicherheiten nachzudenken oder Hilfe zu holen, wenn ihr sie braucht. Im Gegenteil, das zeigt Stärke.

Nutze diese Phase, um deine Ziele neu zu setzen – ohne Angst, ohne Druck. Es geht nicht darum, die Welt zu beeindrucken, sondern darum, ein Leben zu führen, das dich erfüllt. Wechseljahre sind keine Krise, sondern eine Einladung, deinen Weg neu zu definieren. Pack es an. Dein Reset-Knopf wartet.

Ein paar Worte zum Schluss

Leute, ich habe keine Ahnung, ob Euch mein Buch gefallen hat oder, noch wichtiger, ob es Euch wirklich geholfen hat. Als ich anfing, dieses Buch zu schreiben, habe ich mich ziemlich schwergetan. Der gesamte Prozess hat sich über ein Jahr hingezogen, und ehrlich gesagt, war es nicht leicht, all die positiven und negativen Ereignisse meines Lebens noch einmal zu durchlaufen. Es fühlte sich manchmal an, als würde ich mir selbst den Spiegel vorhalten – und in vielen Teilen war es tatsächlich wie eine Art Selbsttherapie.

Durch das Schreiben habe ich vieles über mich selbst gelernt, besonders in Bezug auf mein oftmals impulsives und destruktives Verhalten. Dabei ist mir klar geworden, dass viele dieser Verhaltensweisen nicht nur mit meinen Wechseljahren zu tun haben, sondern tief in meiner Vergangenheit verwurzelt sind. Die Wechseljahre haben diese Verhaltensweisen nicht verursacht, aber sie waren ein echter **Booster** – sie haben meine Impulsivität und Aggressionen verstärkt. In der Rückschau sehe ich klarer, wo meine Probleme lagen und wie die Wechseljahre alles noch einmal auf die Spitze getrieben haben.

Obwohl ich schon einige Bücher geschrieben habe – vor allem Sachbücher – war dieses hier eine echte Herausforderung. Es ist etwas völlig anderes, über seine eigenen Schwächen und Unsicherheiten zu schreiben. Erstens, weil ich keine Ahnung habe, ob es bei den Lesern ankommt und ob die ganze Mühe es wert war. Zweitens, weil ich wirklich Angst davor habe, was Freunde, Kollegen oder

Menschen, die mich kennen, darüber denken werden, wenn sie erfahren, was für ein Voll-Horst ich teilweise war. Es ist nicht leicht, sich so verletzlich zu zeigen, besonders wenn man die Fassade des „starken Mannes" jahrelang aufrechterhalten hat.

Aber dann denke ich mir: **Ok**, vielleicht kann ich mich auf ein Zitat aus der Bibel stützen: „Warum siehst du den Splitter im Auge deines Bruders, aber den Balken in deinem Auge bemerkst du nicht?" (Matthäus 7,3). Oder, noch besser, ein weiteres Zitat von Jesus: „Wer unter euch ohne Sünde ist, der werfe den ersten Stein" (Johannes 8,7). Niemand ist perfekt, und ich hoffe, dass andere Menschen mein Buch mit einem offenen Herzen und Verständnis lesen werden.

In den letzten Monaten hat mich meine Frau ständig ermutigt, weiterzuschreiben. Sie meinte, es wird ein großartiges Buch, so etwas gäbe es bisher nicht, und es würde vielen Männern in meinem Alter sicher helfen. Ohne ihren positiven Druck hätte ich das Projekt vielleicht nie beendet. Sie hat mich motiviert, dranzubleiben, und das hat mir wirklich geholfen, auch wenn es Momente gab, in denen ich einfach hinschmeißen wollte.

Deshalb hoffe ich sehr, dass **Ihr**, meine Geschlechtsgenossen, sowie Eure Partnerinnen, etwas mit meinen Erfahrungen, meinem Leid, meinem Fehlverhalten und den daraus gezogenen Schlüssen anfangen könnt. Ich wünsche mir, dass meine Worte Euch helfen – sei es, um nicht dieselben dummen Fehler wie ich zu machen oder vielleicht rechtzeitig innezuhalten und das eigene Verhalten zu überdenken. Wenn ich auch nur einen von Euch davon abhalten konnte, in die gleichen Fallstricke zu tappen, wäre das für mich schon ein riesiger Erfolg.

Die Wahrheit ist: **Die Wechseljahre hauen bei uns Männern voll rein**. Alles, was uns einmal sicher erschien – unser Körper, unser Lebensgefühl, unsere Psyche – wird plötzlich auf den Kopf gestellt und in Frage gestellt. Es ist eine Zeit, in der sich vieles verändert, und es ist wichtig, mit so wenigen „Schrammen" wie möglich durch diese Lebensphase zu kommen. Aber ich verspreche Euch, es geht vorbei. Und wenn Ihr es geschafft habt, seid Ihr danach stärker und geerdeter als je zuvor.

Falls das Buch an einigen Stellen zu krass oder zu beleidigend rüberkam, möchte ich mich dafür entschuldigen. Es war nie meine Absicht, jemandem auf den Schlips zu treten. Ich wollte einfach meine damaligen Erfahrungen so authentisch wie möglich schildern – mit all dem rauen Ton, der dazugehört. Und ja, ich gebe zu, dass ich manchmal im „Berliner Proleten-Großschnauze"-Slang geschrieben habe. Aber so habe ich es damals empfunden, und so wollte ich es Euch auch rüberbringen.

Was mich wirklich interessiert, ist: Was habt Ihr für Erfahrungen mit Euren Wechseljahren gemacht? Wie geht Ihr mit den körperlichen und emotionalen Veränderungen um? Schreibt mir doch, ich freue mich über jede Rückmeldung. Vielleicht habt Ihr Tipps, die auch anderen Männern helfen könnten, oder seid selbst auf der Suche nach Austausch und Unterstützung. Ich glaube fest daran, dass wir uns gegenseitig helfen können, indem wir offen und ehrlich über das sprechen, was uns bewegt. Wir müssen dieses Thema nicht im Verborgenen halten – im Gegenteil, je mehr wir darüber sprechen, desto mehr können wir voneinander lernen.

Danke, dass Ihr das Buch gelesen habt. Es war mir ein echtes Anliegen, meine Erfahrungen mit Euch zu teilen, und ich hoffe, dass es Euch auf irgendeine Weise geholfen hat – sei es, indem es Euch neue Perspektiven eröffnet hat oder Euch zum Nachdenken gebracht hat. Lasst uns offen über diese Lebensphase sprechen, ohne Scham und ohne Angst. Denn nur so können wir wirklich gestärkt daraus hervorgehen und vielleicht sogar ein neues, bewussteres Kapitel unseres Lebens beginnen.

Ich freue mich über Eure Nachrichten – egal, ob Ihr Fragen habt, Feedback geben wollt oder einfach nur Eure eigene Geschichte teilen möchtet. Schreibt mir an alex@xoloxx.org. Lasst uns den Dialog starten, der uns alle ein Stück weiterbringt.

Euer Alex

Impressum

Alexander von Gruenau (Einzelunternehmer)

Xoloxx Onlineverlag

Brandenburgische Strasse 149 Postfach 39

15366 Schöneiche bei Berlin | Telefon +4917675675916 | E-Mail: alex@xoloxx.org

© 2024 Alexander von Gruenau

Verlag: BoD · Books on Demand GmbH, In de Tarpen 42, 22848 Norderstedt

Druck: Libri Plureos GmbH, Friedensallee 273, 22763 Hamburg

ISBN: 978-3-7693-1255-3